Introducción al *business intelligence*

Josep Curto Díaz

EDITORIAL UOC

Director de la colección: Antoni Pérez

Diseño de la colección: Editorial UOC
Diseño de la cubierta: Natàlia Serrano

Primera edición en lengua castellana: diciembre 2016
Primera reimpresión: 2018

Rambla del Poblenou, 156, 08018 Barcelona
http://www.editorialuoc.com

Realización editorial: Oberta UOC Publishing, SL
Impresión: Prodigitalk

ISBN: 978-84-9116-658-0
Depósito legal: B-24.917-2016

Introducción al *business intelligence*

Autor

Josep Curto Díaz
Consultor, analista de mercado, escritor, emprendedor, mentor y profesor. Compagina su trabajo con una faceta académica. Es profesor en la Universitat Oberta de Catalunya, donde comparte su experiencia y conocimiento de las estrategias de datos.

Índice

Introducción

Las organizaciones necesitan tomar decisiones de manera cada vez más eficiente y rápida. No es suficiente tomar decisiones basándose en la experiencia o la intuición, sino que es necesario fundamentarse en los datos. Y el dato, como resultado, se transforma en uno de los activos más relevantes de una organización.

Sin embargo, no es suficiente apoyarse en tareas manuales para el análisis de datos. Esta aproximación puede llevar a problemas de calidad, errores en los modelos, fallos en la aplicación de las técnicas de análisis, así como a generar visiones divergentes de los eventos sucedidos en una organización.

Para tomar mejores decisiones, las organizaciones deben apoyarse en los sistemas de inteligencia de negocio como estrategia angular para desarrollar sus estrategias de datos. Los sistemas de inteligencia de negocio están formados por múltiples componentes que desempeñan diferentes roles tanto en el despliegue como en la generación de valor.

Esta obra busca presentar qué este concepto, por qué es primordial para una organización y cuáles son sus componentes. Hemos considerado que la mejor manera de ilustrar el potencial y los beneficios que proporcionan estos sistemas de información es mediante un ejemplo. Por ello, los diferentes capítulos presentan un concepto y lo ejemplifican por medio de una las fases de implementación de un proyecto de inteligencia de negocio.

El primer capítulo está centrado en la **inteligencia de negocio**. Es decir, una estrategia que permite conocer el rendimiento pasado de la organización y tomar mejores decisiones. En esta primera sección nos centraremos en conocer su importancia.

El segundo capítulo está dedicado al **almacén de datos**. Estamos hablando del repositorio del dato para la toma de decisiones, por lo que se introducen las técnicas de modelización y qué diferentes bases de datos conforman el almacén de datos. Además, se ilustra este concepto mediante un ejemplo práctico usando MySQL.

El tercer capítulo se focaliza en las técnicas para extraer, transformar y cargar los datos en el almacén del dato, conocidas como **procesos ETL**. También se introducen otras técnicas de integración de datos. Finalmente, se ilustra mediante Pentaho Data Integration.

En el cuarto capítulo se presenta el concepto de **OLAP** (*online analytical processing*), que habilita el análisis multidimensional de datos. Se habla de la dualidad de almacenamiento y análisis del OLAP y se ejemplifica mediante Mondrian y Pentaho Schema Workbench.

El quinto capítulo cubre el diseño de **informes**. Los informes es una de las formas más importantes de distribución de información dentro de la organización. En esta sección se introducen las componentes de un informe y se explica el proceso de creación. Se ejemplifica mediante Pentaho Reporting.

El sexto capítulo está centrado en el **cuadro de mando**. Esta es una de las técnicas más relevantes para presentar información de manera rápida, concisa y precisa. En esta sección, aparte de presentar las componentes de un cuadro de mando y el procedimiento de creación, se comentan las diferencias con el cuadro de mando integral. Se ejemplifica mediante CDE (Community Dashboard Editor).

El séptimo y último capítulo se centra en las **tendencias** que han afectado y afectan a la inteligencia de negocio. Se realiza una retrospectiva desde el año 2009 hasta el año 2015 para presentar la rápida evolución en los últimos años de esta estrategia corporativa, lo que permite identificar en qué situación se encuentra la propia organización.

Capítulo I
Introducción al *business intelligence*

Introducción

La gestión de una organización se fundamenta en tomar decisiones adecuadas respecto a clientes, productos, empleados, proveedores y procesos de negocio. Por lo tanto, es necesario tener mecanismos que den soporte a una toma de decisiones eficiente.

En los últimos años, ha emergido una nueva forma de competir que se fundamenta en tomar decisiones basadas en datos y evidencias dejando atrás la intuición. Esta forma de competir combina diferentes estrategias para generar valor de negocio: *business intelligence* (BI), *business analytics* y *big data*. No extraño que los CIO[1] de las principales empresas del mundo destaquen que su principal prioridad tecnológica son este tipo de iniciativas.

Así, la explotación de la información en el contexto de las organizaciones ha pasado de ser una necesidad a una prioridad de máxima relevancia. El objetivo es poder tomar mejores y más rápidas decisiones informadas de negocio.

Aunque vivimos en la era de los datos complejos, conocida como *big data*, y la progresiva automatización de nuestras capacidades predictivas, la inteligencia de negocio sigue siendo relevante. Muchas organizaciones aún no han desplegado este tipo de iniciativas y entre aquellas que lo han hecho no todas han logrado

1. Son las siglas de *chief information officer*, que equivalen a director de sistemas de una organización.

alcanzar el éxito esperado. No en vano, este tipo de iniciativas son complejas puesto que suponen una transformación de gran calado en la organización. Por ello, en este libro nos centraremos tan solo en la inteligencia de negocio.

El mercado de *business intelligence* existe desde hace bastantes años; ha evolucionado hacia soluciones con mayores prestaciones y podemos considerar que ha alcanzado una significativa madurez. Destacamos, por ejemplo, que:

- Se ha producido una consolidación mediante la compra de empresas pequeñas por parte de los principales agentes del mercado (entre ellas SAP, IBM, Microsoft u Oracle).

- Se ha enriquecido con soluciones *open source* que cubren el espectro de necesidades de una organización para la explotación de la información.

- Han aparecido nuevas empresas con foco en la innovación cubriendo nuevos nichos en el mercado de la inteligencia de negocio, como la visualización, el análisis predictivo, las *virtual appliances* y/o el *real-time business intelligence* (entre ellas Tableau, Qlikview o Yellowfin).

- Las principales soluciones *BI open source*, a saber Pentaho, JasperSoft y Actuate, han sido adquiridas por Hitachi Data Systems, Tibco y OpenText, respectivamente.

- Hemos asistido a la aparición de una nueva generación de soluciones enfocadas a la generación de valor de conjuntos de datos complejos, lo que frecuentemente se refiere como *big data*, que expande el valor de la inteligencia de negocio.

Este libro se centrará en introducir los diferentes conceptos que engloba la inteligencia de negocio. Se discutirán las diferencias entre *business intelligence*, *business analytics* y *big data*. Otro de los objetivos es ejemplificar el desarrollo de un proyecto de *business intelligence* mediante herramientas *open source* para facilitar la comprensión de los conceptos presentados en el libro.

Algunas de las herramientas en el contexto de la inteligencia de negocio acumulan varios años de desarrollo y evolución, y están respaldadas por organizaciones que tienen un claro modelo de negocio y que generan sinergias entre ellas en forma de ecosistemas. Podemos encontrar tanto herramientas de bases de datos como de minería de datos. Tal es la madurez de dichas soluciones, que es posible desarrollar e implementar proyectos de inteligencia de negocio para todo tipo de organizaciones, tanto pymes como grandes organizaciones.

1. ¿Qué es la inteligencia de negocio?

El objetivo de este primer apartado es introducir la inteligencia de negocio y enumerar las tecnologías que engloba.

El contexto de la sociedad de la información ha propiciado la necesidad de tener mejores, más rápidos y más eficientes métodos para extraer y transformar los datos de una organización en información y distribuirla a lo largo de la cadena de valor[2].

La inteligencia de negocio (*business intelligence*; BI) responde a dicha necesidad y podemos entender, en una primera aproxima-

2. Descrita y popularizada por Michael E. Porter en su obra *Competitive Advantage: Creating and sustaining superior performance*, la cadena de valor empresarial es un modelo teórico que permite describir las actividades que generan valor en una organización.

ción, que es una evolución de los sistemas de soporte a las decisiones (*decission suport systems*; DSS). Sin embargo, este concepto, que actualmente se considera crítico en la gran mayoría de las empresas, no es nuevo. En octubre de 1958, Hans Peter Luhn, investigador de IBM, acuñó el término en el artículo *A Business Intelligence System*:

> «La habilidad de aprehender las relaciones de hechos presentados de forma que guían las acciones hacia una meta deseada».

No es hasta 1989 cuando Howard Dresden, en dicho momento analista de Gartner[3], propone una definición formal del concepto:

> «Conceptos y métodos para mejorar las decisiones de negocio mediante el uso de sistemas de soporte basados en hechos».

Desde entonces, el concepto del que estamos hablando ha evolucionado aunando diferentes tecnologías, metodologías y términos bajo su paraguas. Es, por tanto, necesario establecer una definición formal de uso en la presente obra.

Se entiende por ***business intelligence*** el conjunto de metodologías, aplicaciones, prácticas y capacidades enfocadas a la creación y administración de información que permite tomar mejores decisiones a los usuarios de una organización.

3. Es una de las principales empresas de prospección de mercado.

En esencia, mediante la inteligencia de negocio, podemos romper con la siguiente máxima:

> «Lo que no se define no se puede medir. Lo que no se mide, no se puede mejorar. Lo que no se mejora, se degrada siempre».
>
> William Thomson

Algunas de las tecnologías que forman parte de la *business intelligence* son estas:

- *Data warehouse.*
- *Reporting.*
- Análisis OLAP (*online analytical processing*).
- Análisis visual.
- Análisis predictivo.
- Cuadro de mando.
- Cuadro de mando integral.
- Minería de datos.
- Gestión del rendimiento.
- Previsiones.
- Reglas de negocio.
- *Dashboards.*
- Integración de datos (que incluye *extract, transform and load*; ETL).

A lo largo del libro entraremos en detalle en algunas de ellas para tener claro los componentes mínimos que deben tener este tipo de sistemas.

El siguiente diagrama, creado por Forrester Research[4], ilustra las diferentes tecnologías y aspectos que forman parte de la inteligencia de negocio:

Figura 1. Conceptos y tecnologías en *business intelligence*

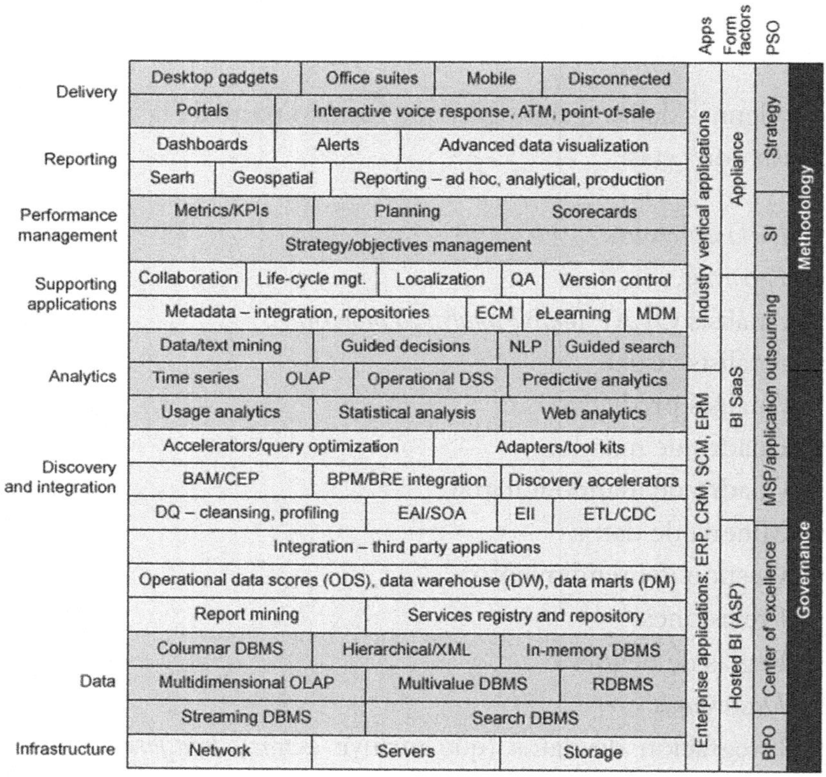

Fuente: Forrester Research (2008).

4. Se trata de una de las principales empresas de prospección de mercado.

1.1. Diferencias entre *business intelligence*, *business analytics* y *big data*

Acabamos de definir lo que es la inteligencia de negocio. Para poder entender las diferencias entre las tres estrategias de explotación a las que hemos hecho referencia, necesitamos definirlas también.

Primero definamos qué es *business analytics* (BA) o analítica de negocio.

Se entiende por ***business analytics*** el conjunto de estrategias, tecnologías y sistemas que permiten analizar el rendimiento pasado de una organización para poder predecir comportamientos futuros, así como para detectar patrones ocultos en la información.

Ahora definamos que es *big data*.

Se entiende por ***big data*** el conjunto de estrategias, tecnologías y sistemas para el almacenamiento, procesamiento, análisis y visualización de conjuntos de datos complejos, que frecuentemente, pero no siempre, viene definida por **volumen**, **velocidad** y **variedad**.

Vamos a comparar estas estrategias respecto a diferentes factores: **herramientas**, **foco**, **uso**, **tipo del dato**, **complejidad del dato** y **alcance**. Además, indicamos su nivel de madurez en el mercado. La siguiente tabla describe las diferencias entre estas estrategias:

Tabla 1. Diferencias entre *business intelligence, business analytics* y *big data*

	BI (madura)	BA (madura)	*Big data* (emergente)
Herramientas	Consultas, alertas, *reporting*, OLAP, etc.	Clasificación, *clustering*, regresión	*Machine learning*, visualización, etc.
Foco	Qué y cómo pasó, cuántos, con qué frecuencia, cuál es el problema, qué es necesario hacer	Por qué está pasando, qué pasaría si todo continua igual, qué pasará a continuación, qué es lo mejor que puede pasar	Capturar, almacenar, procesar, analizar
Uso	Reactivo	Proactivo Predictivo Prescriptivo	Todos
Tipo de datos	Estructurados	Estructurados Semiestructurados	Todo tipo
Complejidad del dato	Baja	Baja/media	Alta
Alcance	Dirección	Procesos	Vertical/procesos

Aunque queda claro que estas estrategias son diferentes, lo normal es que se combinen en los proyectos de explotación del dato. La siguiente gráfica permite identificar casos de uso respecto a la complejidad del dato y las capacidades analíticas que desarrollar en la organización.

Gráfico 1. Combinación de estrategias

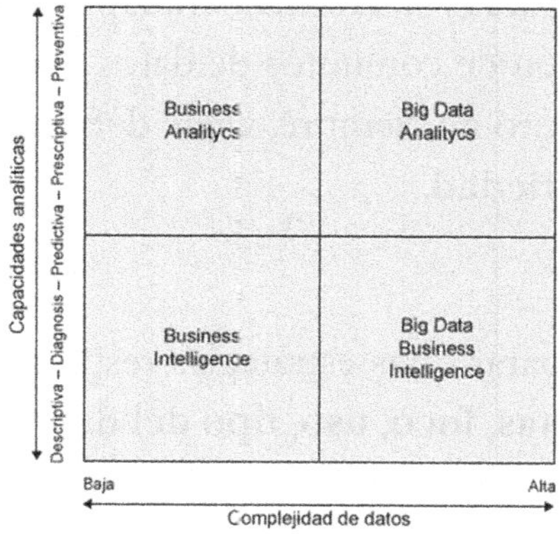

Fuente: Josep Curto.

La lectura de este gráfico se realiza a partir de sus ejes. Por ejemplo, cuando necesitemos desarrollar capacidades analíticas descriptivas y la complejidad de dato sea alta combinaremos *big data* con *business intelligence* formando un único sistema.

1.2. Beneficios de un sistema de *business intelligence*

La implantación de estos sistemas de información proporciona diversos beneficios, entre los que podemos destacar:

- Crear un círculo virtuoso de la información: los datos se transforman en información que genera un conocimiento que permite tomar mejores decisiones que se traducen en mejores resultados y que generan nuevos datos.
- Proporcionar una visión única, conformada, histórica, persistente y de calidad de toda la información relevante para la organización.
- Crear, manejar y mantener métricas, indicadores claves de rendimiento (*key performance indicador*, KPI) e indicadores claves de metas (*key goal indicator*, KGI) fundamentales para la empresa.
- Habilitar el acceso a información actualizada tanto a nivel agregado como en detalle.
- Reducir el diferencial de orientación de negocio entre el departamento TI y la organización.

- Mejor comprensión y documentación de los sistemas de información en el contexto de una organización.

- Mejor compresión de las opiniones y necesidades de los potenciales clientes a partir del análisis de redes sociales.

- Mejora de la competitividad de la organización como resultado de ser capaces de:

  – Diferenciar lo relevante de lo superfluo.
  – Acceder más rápido a información.
  – Tener mayor agilidad en la toma de las decisiones.

1.3. ¿Cuándo es necesaria la inteligencia de negocio?

Existen situaciones en las que la implantación de un sistema de *business intelligence* resulta adecuada. Destacamos, entre todas las que existen:

- La toma de decisiones se realiza de manera intuitiva en la organización.

- Identificación de problemas de calidad de información.

- Uso de Excel como repositorios de información corporativos o de usuario. Lo que se conoce como Excel caos[5].

5. Se entiende por Excel caos el problema resultante del uso intensivo de Excel como herramienta de análisis. Cada usuario trabaja con un fichero personalizado. Como resultado, la información no cuadra entre departamentos y el coste de sincronización es sumamente elevado.

- Necesidad de cruzar información de manera ágil entre departamentos.
- Evitar silos de información.
- Las campañas de marketing no son efectivas por la información base usada.
- Existe demasiada información en la organización para ser analizada de la manera habitual. Se ha alcanzado la masa crítica de datos.
- Es necesario automatizar los procesos de extracción y distribución de información.

En definitiva, los sistemas de *business intelligence* buscan responder a las preguntas:

- ¿Qué pasó?
- ¿Qué pasa ahora?
- ¿Por qué pasó?
- ¿Qué pasará?

Tal y como explica Thomas Davenport en su libro *Competing on Analytics* (2007), una nueva forma de estrategia competitiva está emergiendo basada en el uso de la estadística descriptiva, modelos productivos y complejas técnicas de optimización, datos de alta calidad y una toma de decisiones basada en hechos. En dicho contexto, la inteligencia de negocio es el paso previo para dicha estrategia dado que ayuda a sentar las bases para su futuro despliegue.

2. Estrategia de *business intelligence*

Desplegar un proyecto de inteligencia de negocio en el seno de una organización no es un proceso sencillo. Las buenas prácticas indican que, para llegar a buen puerto, es necesario tener una estrategia de inteligencia de negocio que coordine las tecnologías, el uso, los procesos de madurez, la metodología que emplear, etc.

2.1. ¿Cómo detectar que no existe una estrategia?

Es posible detectar que no existe una estrategia definida a través de los siguientes puntos y percepciones en el seno de una organización:

- Los usuarios identifican el departamento de informática (*information technology*; IT) como el origen de sus problemas de inteligencia de negocio.
- La dirección considera que la inteligencia de negocio es otro centro de coste.
- El departamento de IT continúa preguntando a los usuarios finales sobre las necesidades de los informes.
- El sistema de BI está soportado por *help desk*.
- No hay diferencia entre BI y gestión del rendimiento.
- No es posible medir el uso del sistema de inteligencia de negocio.

- No es posible medir el retorno de la inversión (*return on invest*; ROI) del proyecto de *business intelligence*.
- Se considera que la estrategia para el *data warehouse* es la misma que para que el sistema de inteligencia de negocio.
- No hay un plan para desarrollar, contratar, retener y crecer el equipo de BI.
- No se sabe si la empresa tiene una estrategia para el BI.
- No existe un responsable funcional (o bien el asignado no es el adecuado).
- No existe un centro de competencia.
- Existen múltiples soluciones en la organización distribuidas en diferentes departamentos que repiten funcionalidad.
- No hay un plan de formación real y consistente de uso de las herramientas.
- Alguien cree que es un éxito que la información consolidada esté a disposición de los usuarios finales al cabo de dos semanas.
- Los usuarios creen que la información del *data warehouse* no es correcta.
- No existe una cultura analítica en la que el dato y los hechos son relevantes para tomar decisiones sea cual sea el nivel de la organización.

El desarrollo de una estrategia de negocio es un proceso a largo plazo que incluye múltiples actividades, entre las que es conveniente destacar:

- Crear un centro de competencia (o de excelencia) de BI (BICC). Tiene el objetivo de aunar conocimiento en tecnologías, metodologías, estrategia, con la presencia de un patrocinador a nivel ejecutivo y con analistas de negocio implicados y que tenga responsabilidad compartida en éxitos y fracasos.

- Establecer los estándares de BI en la organización para racionalizar tanto las tecnologías existentes como las futuras adquisiciones.

- Identificar qué procesos de negocio necesitan diferentes aplicaciones analíticas que trabajen de manera continua para asegurar que no existen silos de funcionalidad.

- Desarrollar un *framework* de métricas a nivel empresarial como el pilar de una gestión del rendimiento a nivel corporativo.

- Incluir los resultados de aplicaciones analíticas (minería de datos u otras) en los procesos de negocio con el objetivo de añadir valor a todo tipo de decisiones.

- Revisar y evaluar el portafolio actual de soluciones en un contexto de riesgo / recompensas.

- Considerar inversiones tácticas cuyo retorno de inversión estén dentro de un periodo de tiempo de un año; además tener en cuenta los diferentes análisis de mercado, de soluciones e incluso el *hype cycle* de Gartner para conocer el estado del arte.

- Aprender de los éxitos y fracasos de otras empresas revisando casos de estudio y consultado a las empresas del sector para determinar qué ha funcionado y qué no.

- Evangelizar la organización.

- Alinear el departamento IT y el negocio en caso de no poder organizar un BICC, fundamental para trabajar como equipo integrado. El departamento de IT debe entender las necesidades y entregar la mejor solución ajustada a la necesidad particular y escalable a otras futuras.

- Poner atención a las necesidades que requieren BI en la organización porque se suele satisfacer a los usuarios o departamentos que gritan más fuerte, y esto no significa que den mayor valor a la compañía. Por ejemplo, los departamentos de finanzas son un caso típico de baja atención en soluciones BI.

El *hype cycle* de Gartner

Es una representación gráfica de la madurez, adopción y aplicación de negocio de una o varias tecnologías específicas. Es decir, muestra el ciclo de vida de dichas tecnologías. Las etapas que componen el ciclo son las siguientes:

- Disparador tecnológico: cuando aparece el concepto en el mercado.

- Pico de expectativa inflada: cuando se habla mucho del concepto, pero está poco aplicado.

- Valle de la desilusión: cuando la herramienta está por debajo de lo que se esperaba de ella.

- La pendiente de tolerancia: el camino hacia la madurez.

- *Plateau* de productividad: cuando alcanza la madurez.

Business intelligence maturity model

Si bien el objetivo de este libro no es dar pautas para definir una estrategia de *business intelligence*, sino una introducción de conceptos, un buen punto de partida es identificar cuál es el grado de madurez de la organización con respecto a la inteligencia de negocio.

El BIMM (*business intelligence maturity model*) es un modelo de madurez que permite clasificar nuestra organización desde el punto de vista del grado de madurez de implantación de sistemas *business intelligence* en ella (en relación directa con *frameworks* como COBIT[6]).

1) Fase 1: No existe BI. Los datos se hallan en los sistemas de procesamiento de transacciones en línea (*online transaction processing*, OLTP), desperdigados en otros soportes o incluso solo contenidos en el *know how* de la organización. Las decisiones se basan en la intuición, la experiencia, pero no en datos consistentes. El uso de datos corporativos en la toma de decisiones no ha sido detectado y tampoco el uso de una herramienta adecuada al respecto.

2) Fase 2: No existe BI, pero los datos son accesibles. No existe un procesado formal de los datos para la toma de decisiones, aunque algunos usuarios tienen acceso a información de calidad y son capaces de justificar decisiones con dicha información. Frecuentemente, este proceso se realiza mediante Excel o algún tipo de *reporting*. Se intuye que deben existir soluciones para me-

6. *Control objectives for information and related technology* (COBIT) es un conjunto de mejores prácticas para el manejo de información creado por la Information Systems Audit and Control Association (ISACA) y el IT Governance Institute (ITGI) en 1992.

jorar este proceso pero se desconoce la existencia del *business intelligence.*

3) Fase 3: Aparición de procesos formales de toma de decisiones basada en datos. Se establece un equipo que controla los datos y que permite hacer informes contra estos, que permiten tomar decisiones fundamentadas. Los datos son extraídos directamente de los sistemas transaccionales sin *data cleansing*[7], ni modelización ni existe un *data warehouse.*

4) Fase 4: *Data warehouse*. El impacto negativo contra los sistemas OLTP lleva a la conclusión de que un repositorio de datos es necesario para la organización. Se percibe el *data warehouse* como una solución deseada. El *reporting* sigue siendo personal.

5) Fase 5: El *data warehouse* crece y el *reporting* se formaliza. El *data warehouse* funciona y se desea que todos se beneficien de él, de modo que el *reporting* corporativo se formaliza. Se habla de OLAP, pero solo algunos identifican realmente sus beneficios.

6) Fase 6: Despliegue de OLAP. Después de cierto tiempo, ni el *reporting* ni la forma de acceso al *data warehouse* es satisfactoria para responder a preguntas sofisticadas. OLAP se despliega para dichos perfiles. Las decisiones empiezan a impactar de manera significativa en los procesos de negocio a lo largo de la organización.

7) Fase 7: El *business intelligence* se formaliza. Aparece la necesidad de implantar otros procesos de inteligencia de negocio, como *data mining*, *balanced scorecard*, etc., y procesos de calidad de datos impactan en procesos como *customer relationship management* (CRM), *supply chain management* (SCM), etc. Se ha establecido una cultura corporativa que entiende claramente entre sistemas OLTP y DSS.

---

7. Consiste en el proceso de detectar y mejorar (o borrar) registros incorrectos e incompletos con el objetivo de conseguir datos coherentes y consistentes.

Existen otros modelos de madurez, como el modelo Delta analítico de Thomas Davenport o el de TDWI[8].

3. Soluciones *open source business intelligence*

El *open source* es una filosofía de desarrollo de software que cumple los siguientes principios:

a) Abierto: la comunidad tiene libre acceso, uso y participación del código fuente, así como la posibilidad de uso de foros para proporcionar *feedback*.
b) Transparencia: la comunidad tiene acceso al *roadmap*, documentación, defectos y agenda de las *milestones*.
c) *Early & often*: la información se publica de manera frecuente y pronto a través de repositorios públicos (incluyendo el código fuente).

El *open source* ya no es una tendencia emergente, sino que es un enfoque que tiene un impacto profundo y una presencia importante en todos los sectores, tal y como comentaban los analistas de Gartner (Plummer y otros, 2008):

> «2012, el 80 % del SW comercial incluirá algún componente *open source*. Incluir componentes *open source* en los productos para abaratar costes es considerado la mínima estrategia que las compañías pueden llevar a cabo para mantener su ventaja competitiva en 5 años».

8. Es el acrónimo de The Data Warehouse Institute, organización que se dedica a la investigación del *business intelligence*. En este enlace es posible autoevaluarse contra el modelo de madurez.

En los últimos años, el mercado *business intelligence* se ha enriquecido con soluciones *open source* que cubren todo el espectro de necesidades de una organización para la explotación de la información. Algunas de estas herramientas tienen ya a sus espaldas varios años de recorrido y actualmente se encuentran respaldadas por organizaciones que tienen un claro modelo de negocio orientado a los servicios de valor añadido. Es posible encontrar herramientas solventes y maduras desde el nivel de base de datos hasta el de procesos de minería de datos que pueden, en algunos casos, adaptarse a las necesidades de una organización.

De hecho, el advenimiento de las tecnologías de *big data*, cuyo núcleo está fundamentado en tecnologías con licencia libre, ha reforzado la idea de que el movimiento *open source* es una fuerza de mercado a tener en cuenta para la generación de ventajas competitivas y, sobre todo, en la explotación de los datos.

En el mercado de soluciones *open source business intelligence* (OSBI) existen múltiples soluciones. Las principales son: Pentaho, Tibco Jaspersoft, Birt, que forma parte de OpenText Analytics, y SpagoBI[9]. Entre ellas destaca la solución de Pentaho, que es la que usaremos en este libro porque contiene todas las componentes mínimas de un sistema de *business intelligence* y es posible explicarlas y usarlas de manera unitaria e independiente.

3.1. Pentaho

Nacida en el año 2006, Pentaho es una de las *suites* más conocidas del mercado OSBI. Existen dos versiones: *community* y *enterprise*. Serán comentadas a lo largo de los diferentes capítulos. Es-

9. Cabe comentar que SpagoBI es actualmente la única solución en el mercado BI puramente *open source*.

tá compuesta por diferentes motores incluidos en el servidor de Pentaho:

- ***Reporting***: soporta informes estáticos, paramétricos y *ad hoc*.
- **Análisis**: soporta OLAP (mediante Mondrian) y minería de datos (mediante Weka).
- **Cuadros de mando**: mediante CDF (*community dashboard framework*) y *dashboard designer* (Enterprise).
- **ETL**: mediante la herramienta Pentaho Data Integation (anteriormente llamada Kettle). Incluye un servidor.
- ***Metadata***: que proporciona una capa de acceso de información basada en lenguaje de negocio.

El siguiente gráfico representa la arquitectura de Pentaho:

Gráfico 2. Arquitectura de Pentaho

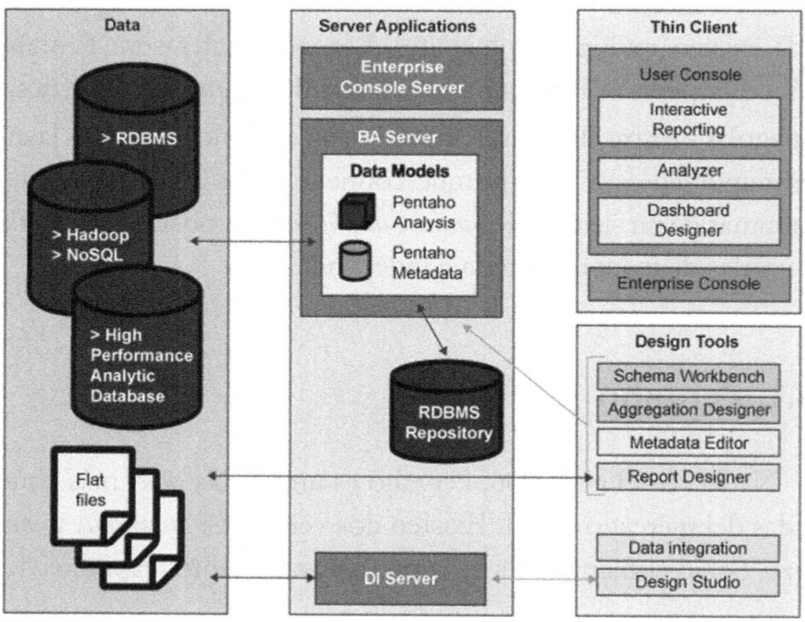

Fuente: Pentaho.

Actualmente, Pentaho está siguiendo la estrategia *open core*, que consiste en, a partir de un núcleo *open source*, ofrecer servicios y módulos mejorados, lo que frecuentemente también se conoce como *commercial open source*. Esta es la razón de encontrarnos dos versiones. La principal diferencia entre ambas es que la versión *enterprise* está bajo una modalidad de suscripción (que incluye funcionalidad extendida) y la versión *community* es completamente gratuita. A lo largo del libro la gran mayoría de las veces se hará referencia a la versión *community*.

Las principales páginas de referencia de Pentaho son estas:

- Página web de la compañía: http://www.pentaho.com/.
- Página de la comunidad: http://community.pentaho.com/.
- Documentación: https://help.pentaho.com/Documentation.
- Wiki comunidad: http://wiki.pentaho.com/display/COM/Community+Wiki+Home.
- Jira Pentaho: http://jira.pentaho.com/.
- Sourceforge Pentaho: http://sourceforge.net/projects/pentaho.
- Sourceforge Mondrian: http://sourceforge.net/projects/mondrian.
- Github Pentaho: https://github.com/pentaho.

Abreviaturas

BI *Business intelligence.*
BICC *Business intelligence competency center.*
BIMM *Business intelligence maturity model.*
COBIT *Control objectives for information and related technology.*

CRM *Customer relationship management.*
DSS *Decision support systems.*
EII *Enterprise information integration.*
ETL *Extract, transform and load.*
IBM *International business machines.*
KGI *Key goal indicator.*
KPI *Key performance indicator.*
ODS *Operational data store.*
OLAP *Online analytical processing.*
OLTP *Online transaction processing.*
OSBI *Open source business intelligence.*
SI Sistemas de información.
SQL *Structured query language.*
TI Tecnologías de la información.

Bibliografía

Castells, M. (1997-1998). *La era de la información: economía, sociedad y cultura* (3 vols.). Madrid: Alianza Editorial.

Davenport, T. H.; Harris, J. G. (2007). *Competing on Analytics: The New Science of Winning.* Nueva York: Harvard Business Press.

Davenport, T. H.; Harris, J. G.; Morison, R. (2010). *Analytics at Work: Smarter Decisions, Better Results.* Nueva York: Harvard Business Press.

Miller, D. (2007). *Measuring Business Intelligence Success: A Capability Maturity Model.* Nueva York: D. M. Morrisey.

Miller, G. J.; Brautigam, D. V.; Gerlach, S. (2006). *Business Intelligence Competency Centers: A Team Approach to Maximizing Competitive Advantage.* Hoboken: Wiley and SAS Business Series.

Plummer; D. C.; Smulders, Ch.; Fiering, L.; Natis, Y. V.; Mingay, S.; Driver, M.; Fenn, J.; McLellan, L.; Wilson, D. R. (2008, 8 de enero). «Gartner's Top Predictions for IT Organizations and Users, 2008 and Beyond: Going Green and Self-Healing». Gartner.

Porter, M. E. (1985). *The Competitive Advantage: Creating and Sustaining Superior Performance.* Nueva York: Free Press.

Capítulo II
Diseño de un *data warehouse*

Introducción

Como se ha comentado, el concepto y el enfoque de la inteligencia de negocio ha evolucionado bastante en los últimos años y convive con otras estrategias. Uno de los conceptos que más ha evolucionado ha sido el repositorio o almacén de datos, también conocido como *data warehouse*.

La importancia del *data warehouse* dentro del BI es máxima por ser el repositorio de la información relevante para la organización. Y de su diseño óptimo depende parte del éxito de la comprensión del rendimiento de la organización y del despliegue de un sistema de inteligencia de negocio.

En la última década han aparecido nuevos enfoques para el *data warehouse* tanto a nivel tecnológico como estratégico:

a) Aparición de bases de datos especializadas en el despliegue de *data warehouse* en forma de software o *appliances*[10].

b) Desarrollo de múltiples metodologías que buscan cubrir el crecimiento exponencial de datos en una organización.

10. El término hace referencia a la combinación optimizada de software y hardware para un determinado objetivo.

c) Uso de SaaS[11] o *in-memory*[12], que busca reducir el tiempo de creación de estructuras de datos.

d) Inclusión de capacidades *multi-parallel processing* (MPP)[13] para habilitar la manipulación y el análisis de grandes volúmenes de datos estructurados.

e) Bases de datos especializadas que combinan capacidades de *data warehouse* con el uso de datos georreferenciados y/o analíticos.

El enfoque que se toma en este capítulo de introducción es el uso de una de las metodologías más frecuentes en el desarrollo de estos sistemas.

El objetivo de este capítulo es introducir el concepto de *data warehouse* o almacén de datos y ejemplificar su diseño empleando una solución *open source*. Por ello, el contenido cubre desde la definición del concepto de *data warehouse*, los principales conceptos de una arquitectura de un *data warehouse*, la presentación del caso práctico y su resolución mediante las técnicas de modelización introducidas, y su cristalización usando una herramienta *open source*.

---

11. Es el acrónimo de *software as a service* y hace referencia al modelo de distribución y consumo de software basado en suscripción o pago por uso empleando una arquitectura *multi-tenant* compartida.

12. En este contexto, el término hace referencia a una base de datos que utiliza la memoria principal para almacenar los datos en lugar del almacenamiento en disco.

13. Consiste en el procesamiento coordinado de un programa por múltiples procesadores que trabajan en diferentes secciones del programa usando su propio sistema operativo y memoria.

1. El núcleo de un sistema de inteligencia de negocio: el *data warehouse*

Como ya se ha comentado, un sistema de inteligencia de negocio está formado por diferentes elementos (ETL, OLAP, *reporting*, etc.), pero de todas las piezas la principal de ellas es el *data warehouse*[14] o almacén de datos.

Un *data warehouse* es un repositorio de datos que proporciona una visión global, común e integrada de los datos de la organización, independiente de cómo se vayan a utilizar posteriormente por los consumidores o usuarios, con las propiedades siguientes: **estable, coherente, fiable** y con **información histórica**. Al abarcar un ámbito global de la organización y con un amplio alcance histórico, el volumen de datos puede ser muy grande (centenas de terabytes). Las bases de datos relacionales son el soporte técnico más comúnmente usado para almacenar las estructuras de estos datos y sus grandes volúmenes.

Resumiendo, el *data warehouse* presenta las siguientes características:

- **Orientado a un tema**: organiza una colección de información en torno a un tema central.
- **Integrado**: incluye datos de múltiples orígenes y presenta consistencia de datos.

14. Según W. H. Inmon (considerado por muchos el padre del concepto), un *data warehouse* es un conjunto de datos orientados por temas, integrados, variantes en el tiempo y no volátiles, que tienen por objetivo dar soporte a la toma de decisiones. Según Ralph Kimball (considerado el principal promotor del enfoque dimensional para el diseño de almacenes de datos), un *data warehouse* es una copia de los datos transaccionales específicamente estructurada para la consulta y el análisis.

- **Variable en el tiempo**: proporciona información histórica de distintos hechos de interés.

- **No volátil**: la información es persistente y solo de lectura para los usuarios finales.

Frecuentemente el *data warehouse* está constituido por una base de datos relacional, pero no es la única opción factible; también es posible considerar las bases de datos orientadas a columnas, basadas en lógica asociativa o *appliances* especializadas.

Debemos tener en cuenta que existen otros elementos en el contexto de un *data warehouse* que se combinan para poder responder a las necesidades de negocio:

a) ***Data warehousing***: es el proceso de extraer y filtrar datos de las operaciones comunes de la organización, procedentes de los distintos sistemas de información operacionales y/o sistemas externos, para transformarlos, integrarlos y almacenarlos en un almacén de datos con el fin de acceder a ellos para dar soporte en el proceso de toma de decisiones de la organización.

b) ***Data mart***: es un subconjunto de los datos del *data warehouse* con el objetivo de responder a un determinado análisis, función o necesidad y con una población de usuarios específica. Está pensado para cubrir las necesidades de un grupo de trabajo o de un determinado departamento dentro de la organización. Por ejemplo, un posible uso sería para la minería de datos o para la información de marketing. Al igual que en un *data warehouse*, los datos están estructurados en modelos de estrella o copo de nieve. Un *data mart* puede ser dependiente o independiente de un *data warehouse*.

c) ***Operational data store***: es un tipo de almacén de datos que proporciona solo los últimos valores de los datos y no su historial; además, resulta admisible generalmente un pequeño desfase o retraso sobre los datos operacionales.

d) *Staging area*: es el sistema que permanece entre las fuentes de datos y el *data warehouse* con el objetivo de:

- Facilitar la extracción de datos desde fuentes de origen con una heterogeneidad y complejidad grande.
- Mejorar la calidad de datos.
- Ser usado como caché de datos operacionales con el que posteriormente se realiza el proceso de *data warehousing*.
- Acceder en detalle a información no contenida en el *data warehouse*.

e) Procesos ETL: tecnología de integración de datos basada en la consolidación de datos que se emplea tradicionalmente para alimentar almacenes de datos de cualquier tipo: *data warehouse*, *data mart*, *staging area* y ODS. Usualmente se combina con otras técnicas de consolidación de datos.

f) Metadatos: datos estructurados y codificados que describen características de instancias conteniendo informaciones para ayudar a identificar, descubrir, valorar y administrar las instancias descritas.

El siguiente gráfico resume las diferentes componentes que encontramos en el contexto del *data warehouse*.

Gráfico 3. Contexto del *data warehouse*

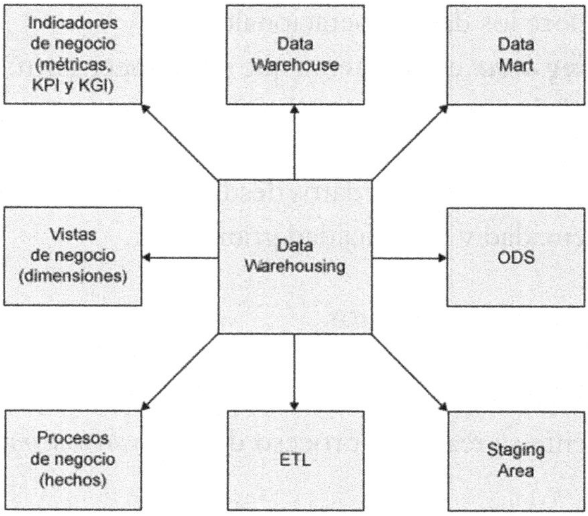

Fuente: Josep Curto.

1.1. Elementos de un *data warehouse*

La estructura relacional de una base de datos operacional sigue las formas normales en su diseño. En un *data warehouse* no debe seguirse ese patrón de diseño. La idea principal es que la información sea almacenada de manera desnormalizada para optimizar las consultas. Para ello, debemos identificar en el seno de nuestra organización los procesos de negocio, las vistas de análisis para el proceso de negocio y medidas cuantificables asociadas a estos.

Es decir, se estructura el dato en procesos de negocio, vistas de análisis y las medidas para comprender su evolución. De esta manera, hablaremos de:

1) Tabla de hecho: es la representación en el *data warehouse* de los procesos de negocio de la organización. Por ejemplo, una venta puede identificarse como un proceso de negocio, de manera que es factible, si corresponde en nuestra organización, considerar la tabla de hecho ventas.

2) Dimensión: es la representación en el *data warehouse* de una vista para un cierto proceso de negocio. Si regresamos al ejemplo de una venta, para esta tenemos el cliente que ha comprado, la fecha en la que se ha realizado, etc. Estos conceptos pueden ser considerados como vistas para este proceso de negocio. Puede ser interesante recuperar todas las compras realizadas por un cliente. Ello nos hace entender por qué la identificamos como una dimensión.

3) Métrica: son los indicadores de un proceso de negocio; aquellos conceptos cuantificables que permiten medir nuestro proceso de negocio. Por ejemplo, en una venta tenemos su importe.

Existen principalmente dos tipos de esquemas para estructurar los datos en un almacén de datos:

a) Esquema en estrella: consiste en estructurar la información en procesos, vistas y métricas recordando a una estrella (de ahí el nombre). Desde el punto de vista del diseño, consiste en una tabla de hechos (lo que en los libros encontraremos como *fact table*) en el centro para el hecho objeto de análisis y una o varias tablas de dimensión por cada punto de vista de análisis que participa de la descripción de ese hecho. En la tabla de hecho encontramos los atributos destinados a medir (cuantificar): sus métricas. La tabla de hechos solo presenta uniones con dimensiones.

b) Esquema en copo de nieve: es un esquema de representación derivado del esquema en estrella, en el que las tablas de dimensión se normalizan en múltiples tablas. Por esta razón, la tabla de hechos deja de ser la única tabla del esquema que se relaciona con otras tablas, y aparecen nuevas uniones. Es posible distinguir dos tipos de esquemas en copo de nieve:

- **Completo**: en el que todas las tablas de dimensión en el esquema en estrella aparecen ahora normalizadas.
- **Parcial**: solo se lleva a cabo la normalización de algunas de ellas.

Es conveniente profundizar en los conceptos de tabla de hecho, dimensión y métrica.

1.2. Tipos de tabla de hecho

Una tabla de hecho es una representación de un proceso de negocio. En cuanto a diseño, es una tabla que permite guardar dos tipos de atributos diferenciados:

- Medidas del proceso/actividad/flujo de trabajo/evento que se pretende modelizar.
- Claves foráneas hacia registros en una tabla de dimensión (o en otras palabras, como ya sabemos, hacia una vista de negocio).

Existen diferentes tipos de tablas de hecho:

a) *Transaction fact table* (tabla de hechos de transacciones): representan eventos que suceden en un determinado espacio-tiempo. Se caracterizan por permitir analizar los datos con el máximo detalle. Por ejemplo, podemos pensar en una venta que tiene como resultado métricas como el importe de esta.

b) ***Factless fact tables/coverage table*** **(tablas de hechos sin medidas)**: son tablas que no tienen medidas y tiene sentido, dado que representan el hecho de que el evento suceda. Frecuentemente se añaden contadores a dichas tablas para facilitar las consultas SQL. Por ejemplo, podemos pensar en la asistencia a un acto benéfico en el que por cada persona que asiste tenemos un registro pero podríamos no tener ninguna métrica asociada más.

c) ***Periodic snapshot fact table*** **(tablas de hechos periódicas)**: son tablas de hecho usadas para recoger información de manera periódica a intervalos de tiempo regulares. Dependiendo de la situación medida o de la necesidad de negocio, este tipo de tablas de hecho son una agregación de las anteriores o están diseñadas específicamente. Por ejemplo, podemos pensar en el balance mensual. Los datos recogen acumulados de forma mensual.

d) ***Accumulating snapshot fact table*** **(tablas de hecho agregadas)**: representan el ciclo de vida completo de una actividad o proceso, que tiene un principio y final. Se caracterizan por presentar múltiples dimensiones relacionadas con los eventos presentes en un proceso. Por ejemplo, podemos pensar en un proceso de matriculación de un estudiante y que recopila datos durante su periodo de vida que suelen sustituir los anteriores (superación y recopilación de asignaturas, por ejemplo).

El siguiente gráfico resume las diferentes tablas de hecho que existen.

Gráfico 4. Tipos de tablas de hecho

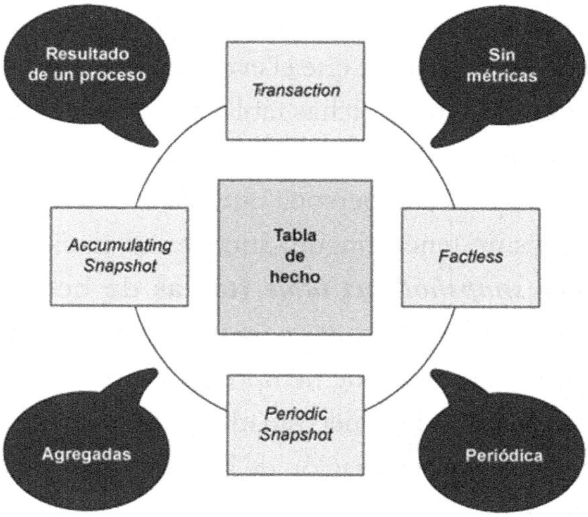

Fuente: Josep Curto.

1.3. Tipos de dimensiones

Las dimensiones recogen los puntos de análisis de un hecho. Por ejemplo, una venta se puede analizar respecto al día de venta, producto, cliente, vendedor o canal de venta, entre otros. Respecto al punto de vista de la gestión histórica de los datos, las tablas de dimensiones –que se denotan por SCD[15]– se pueden clasificar de diferentes maneras:

a) SCD Tipo 0: no se tiene en cuenta la gestión de los cambios históricos y no se realiza esfuerzo alguno. Nunca se cambia la información, ni se reescribe.

15. Significa *slowly changing dimension* y se refiere a la política de actualización de datos en una dimensión.

b) SCD Tipo 1: no se guardan históricos. La nueva información sobrescribe la antigua siempre. Principalmente la sobrescritura se realiza por errores de calidad de datos. Este tipo de dimensiones es fácil de mantener y son usadas cuando la información histórica no es importante.

c) SCD Tipo 2: toda la información histórica se guarda en el *data warehouse*. Cuando hay un cambio se crea una nueva entrada con su fecha y *surrogate key* apropiadas. A partir de ese momento será el valor usado para las futuras entradas. Las antiguas usarán el valor anterior.

d) SCD Tipo 3: toda la información histórica se guarda en el *data warehouse*. En este caso se crean nuevas columnas con los valores antiguos y los actuales son remplazados con los nuevos.

e) SCD Tipo 4: es lo que se conoce habitualmente como tablas históricas. Existe una tabla con los datos actuales y otra con los antiguos o los cambios.

f) SCD Tipo 6 / híbrida: combina las aproximaciones de los tipos 1, 2 y 3 (y claro, entonces 1 + 2 + 3 = 6). Consiste en considerar una dimensión de tipo 1 y añadir un par de columnas adicionales que indican el rango temporal de validez de una de las columnas de la tabla. Si bien el diseño es complejo, entre sus beneficios podemos destacar que reducen el tamaño de las consultas temporales. Existe otra variante para este tipo de dimensión, que consiste en tener versiones del registro de la dimensión (numerados de 0 a *n* + 1, donde 0 siempre es la versión actual).

Existen otros tipos de dimensiones, cuya clasificación es funcional:

1) Degeneradas: se encuentran como atributos en la tabla de hecho, si bien tiene el significado de un punto de vista de análisis. Contiene información de baja cardinalidad[16] formada por relaciones dicotómicas. Frecuentemente, contienen solo un atributo y por ello, no se crea una tabla aparte. Por ejemplo, el sexo de un paciente.

2) *Monster*: es conveniente comentar que algunas dimensiones pueden crecer desmesuradamente. Una buena práctica es romper la dimensión en dos tablas: una que contenga los valores estáticos u otra que contenga los valores volátiles. Un ejemplo claro de ello puede ser la información de cliente. Debemos ser conscientes de cuál es la información primordial de este respecto a la que solo se usa puntualmente en los informes u otros análisis.

3) *Junk*: que contiene información volátil que se utiliza puntualmente y que no se guarda de manera permanente en el *data warehouse*.

4) Conformadas: que permite compartir información entre dimensiones. Se trata de dimensiones definidas correctamente para que sean usadas por dos tablas y poder así realizar consultas comunes. El ejemplo más fácil es la dimensión temporal.

5) *Bridge* (puente): que permiten definir relaciones *n* a *m* entre tablas de hecho. Necesarias para definir, por ejemplo, la relación entre un piloto y sus múltiples patrocinadores.

6) *Role-playing* (roles): que tienen asignado un significado. Por ejemplo, podemos tener la dimensión fecha, pero también fecha de entrega.

7) Alta cardinalidad: que contienen una gran cantidad de datos difícilmente consultables en su totalidad. Por ejemplo, cada uno de los habitantes de un país.

16. El término hace referencia a la cantidad de registros de una tabla.

Gráfico 5. Tipos de dimensiones

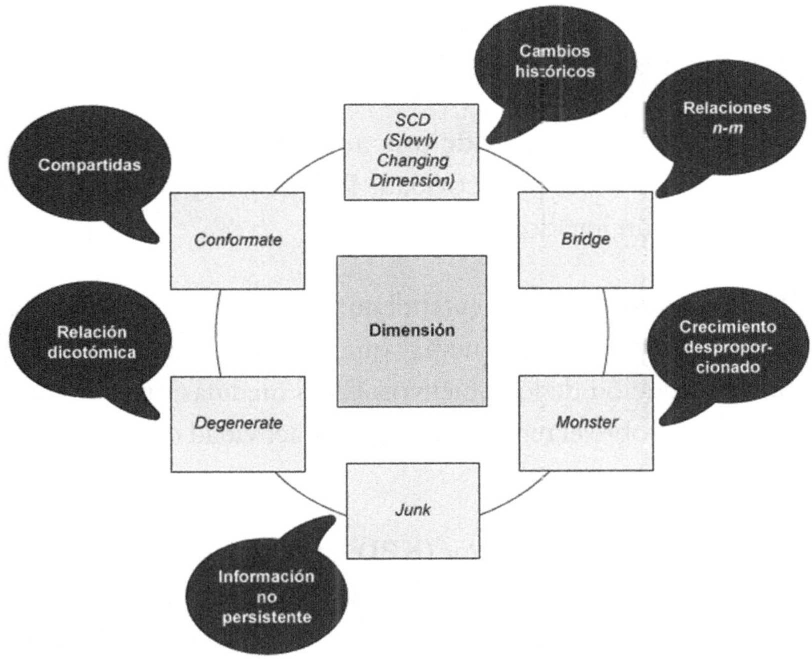

Fuente: Josep Curto.

1.4. Tipos de métricas

Podemos distinguir diferentes tipos de medidas, basadas en el tipo de información que recopilan, así como su funcionalidad asociada:

a) Métricas: valores que recogen el proceso de una actividad o sus resultados. Estas medidas proceden del resultado de la actividad de negocio.

- **Métricas de realización de actividad (*leading*)**: miden la realización de una actividad. Por ejemplo, la participación de una persona en un evento.

- **Métricas de resultado de una actividad (*lagging*)**: recogen los resultados de una actividad. Por ejemplo, la cantidad de puntos de un jugador en un partido.

b) Indicadores clave: entendemos por indicadores clave los valores correspondientes que hay que alcanzar, y que suponen el grado de asunción de los objetivos. Estas medidas proporcionan información sobre el rendimiento de una actividad o sobre la consecución de una meta.

- ***Key performance indicator* (KPI)**: indicadores clave de rendimiento. Más allá de la eficacia, se definen unos valores que nos explican en qué rango óptimo de rendimiento nos deberíamos situar al alcanzar los objetivos. Son métricas del proceso.

- ***Key goal indicator* (KGI)**: indicadores de metas. Definen mediciones para informar a la dirección general si un proceso TIC ha alcanzado sus requisitos de negocio, y se expresan por lo general en términos de criterios de información.

Debemos distinguir que existen también **indicadores de desempeño**. Los indicadores clave de desempeño (en definitiva, son KPI) definen mediciones que determinan cómo de bien se está desempeñando el proceso de TI para alcanzar la meta. Son los indicadores principales que indican si será factible lograr una meta o no, y son buenos indicadores de las capacidades, prácticas y habilidades. Los indicadores de metas de bajo nivel se convierten en indicadores de desempeño para los niveles altos.

Gráfico 6. Tipos de métricas

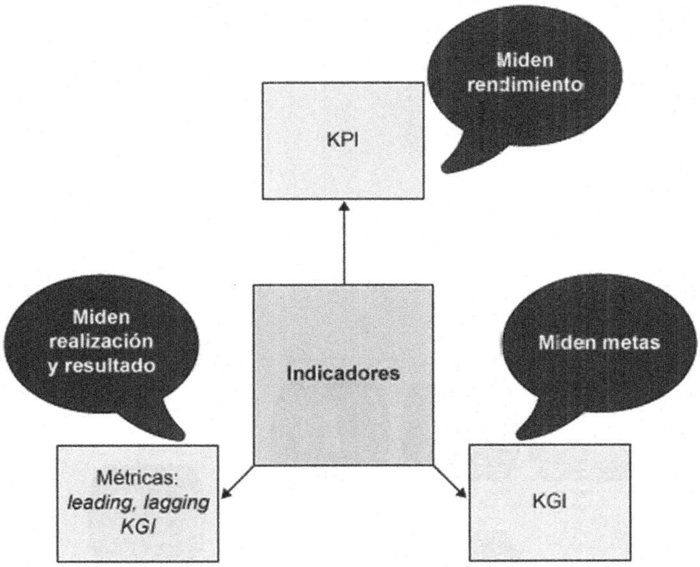

Fuente: Josep Curto.

1.5. Arquitectura de un *data warehouse*

Existen principalmente tres enfoques en la arquitectura corporativa de un *data warehouse*:

1) *Enterprise bus architecture* (o *data warehouse* virtual/federado): también conocido como MD (*multidimensional architecture*), consiste en una arquitectura basada en *data marts* independientes federados que pueden hacer uso de una *stagingarea* en el caso de ser necesario. Federados significa que se hace uso de una herramienta EII (*enterprise information integration*) para realizar las consultas como si se tratara de un único *data warehouse*. Puede existir en el caso de ser necesario un ODS.

Gráfico 7. *Enterprise bus architecture*

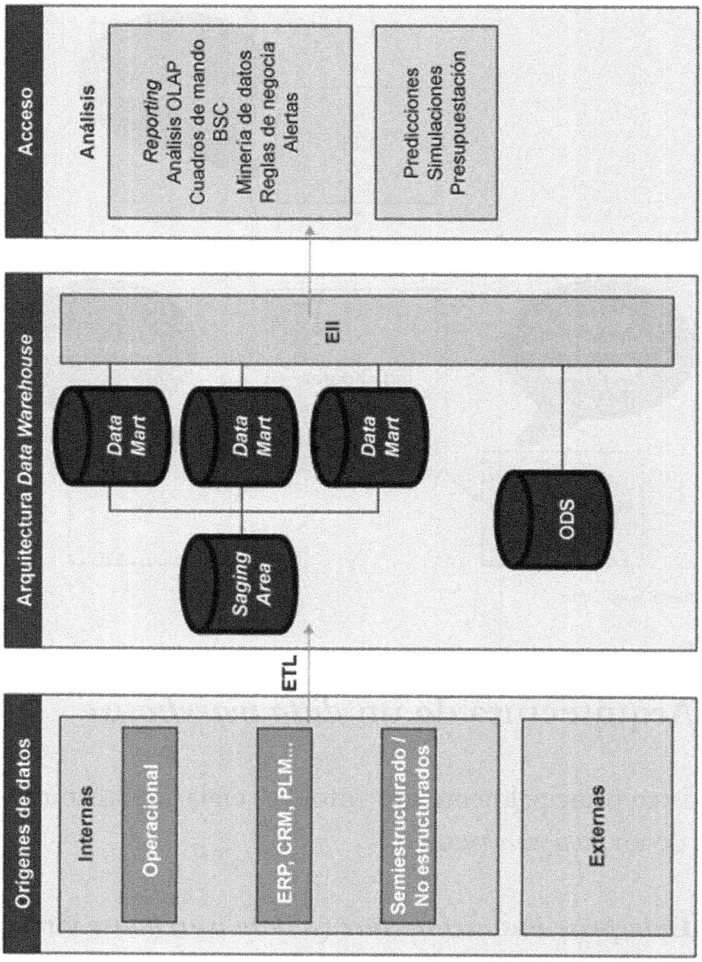

Fuente: Josep Curto.

2) ***Corporate information factory*** (o ***enterprisedata warehouse***): consiste en una arquitectura en la que existe un *data warehouse* corporativo y unos *data marts* (o incluso cubos OLAP) dependientes de este. El acceso a datos se realiza a los *data marts* o a la ODS en caso de existir, pero nunca al propio *data warehouse*. Puede existir en el caso de ser necesaria una *staging area*.

Gráfico 8. *Corporate information factory*

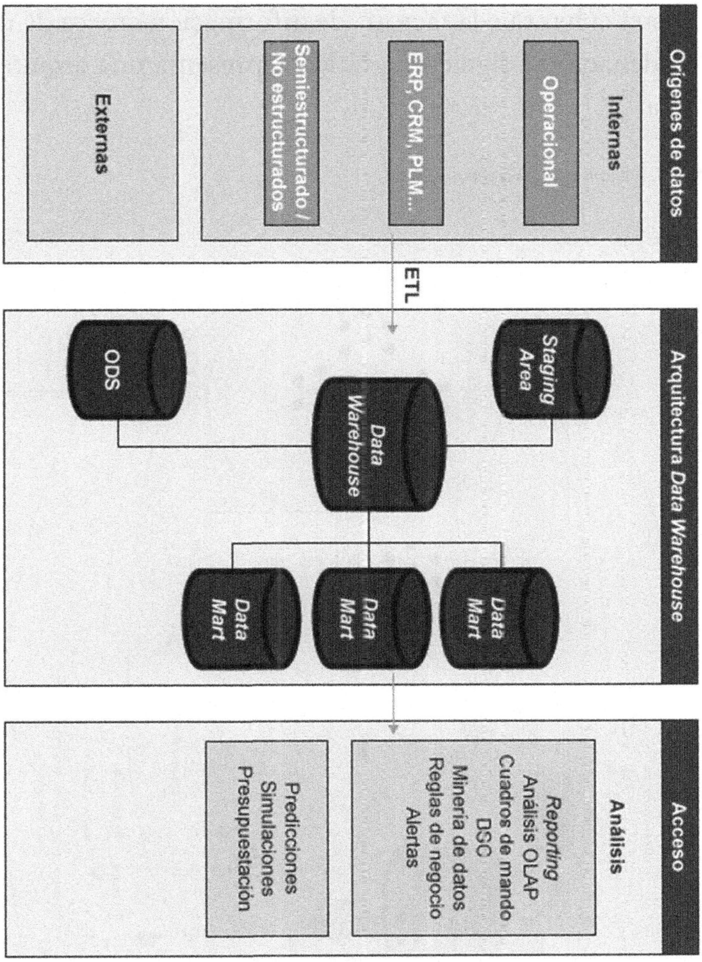

Fuente: Josep Curto.

3) ***Enterprisedata warehouse* 2.0**: consiste en la revisión de la metodología de Bill Inmon para incluir toda la experiencia de los últimos veinte años. El punto diferencial es que se separa la información por la edad de esta y la clasifica por su uso. Se caracteriza por completar tanto la inclusión de información estructurada como no estructurada y por focalizarse en tener el objetivo de responder a todas las necesidades actuales de negocio. Es una propuesta para evitar que la factoría de información crezca de manera desordenada. El siguiente gráfico representa una arquitectura completa:

Gráfico 9. *Enterprisedata warehouse* 2.0

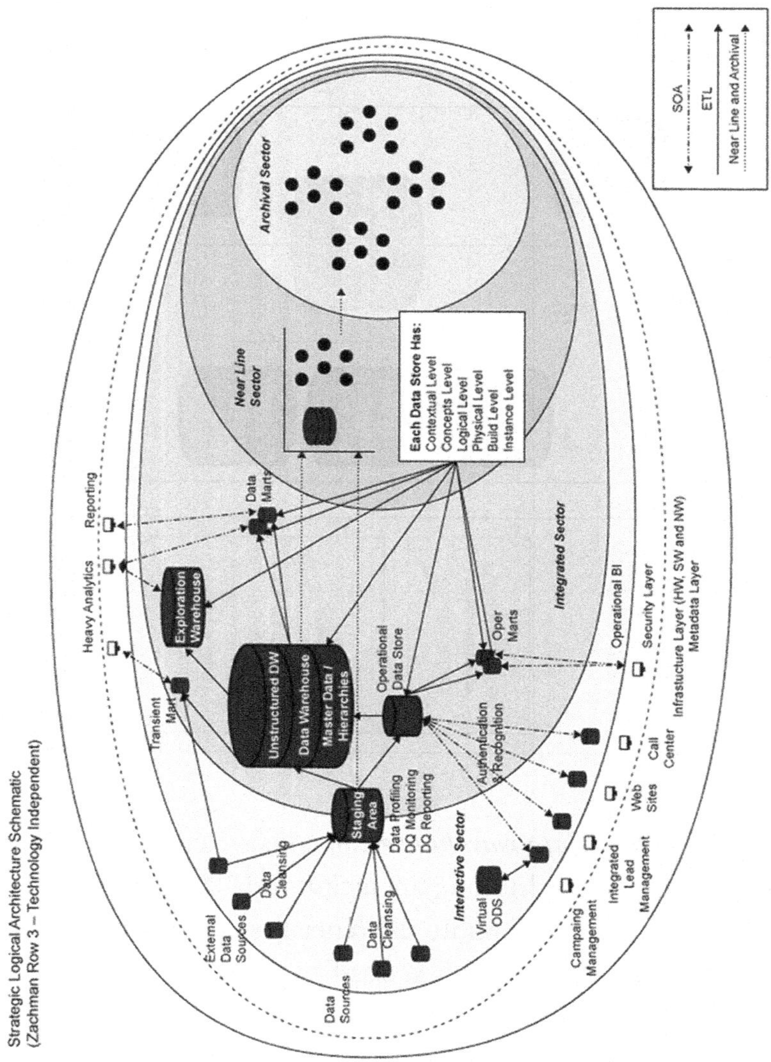

Fuente: Bill Inmon e Inmon Data Systems (2006).

Es decir, distingue diferentes entornos en función de lo actual que es la información y su uso.

Gráfico 10. Distinción del dato en función de su antigüedad

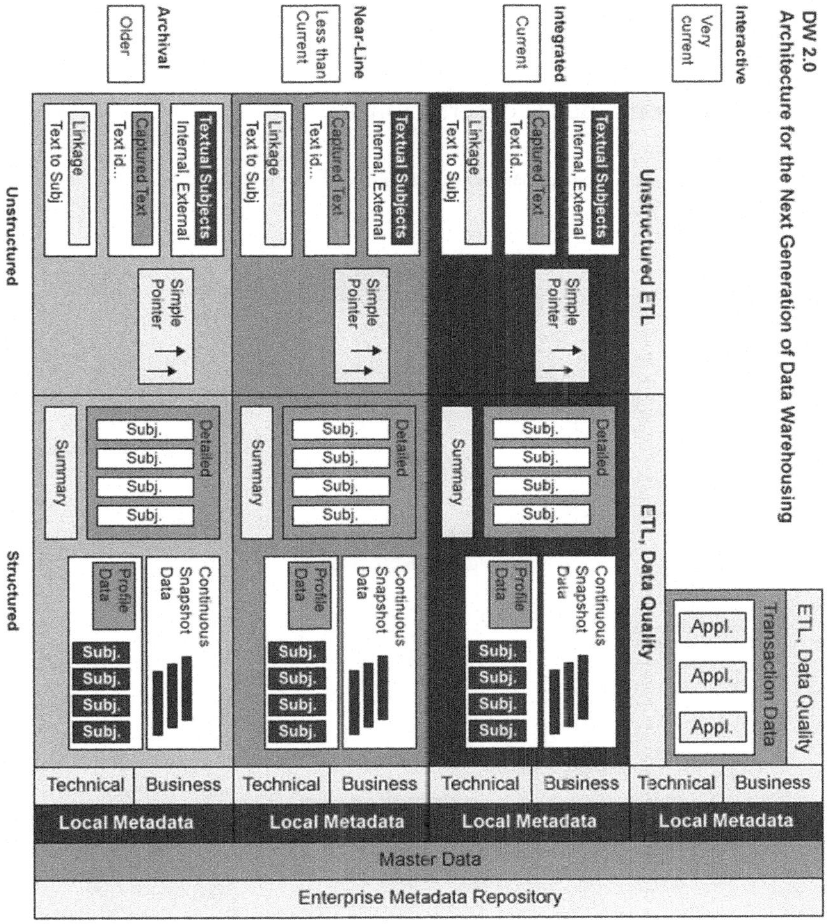

Fuente: Bill Inmon e Inmon Data Systems (2006).

Esta metodología aún está en proceso de despliegue en el contexto empresarial. Se combina, frecuentemente, con *Data vault*[17], una técnica de modelización basada en tres tipos de entidades:

- *Hubs*: contiene los indicadores claves de negocio.
- *Links*: contiene las relaciones.
- *Satellites*: contiene las descripciones.

Gráfico 11. Ejemplo de la modelización basada en *Data vault*

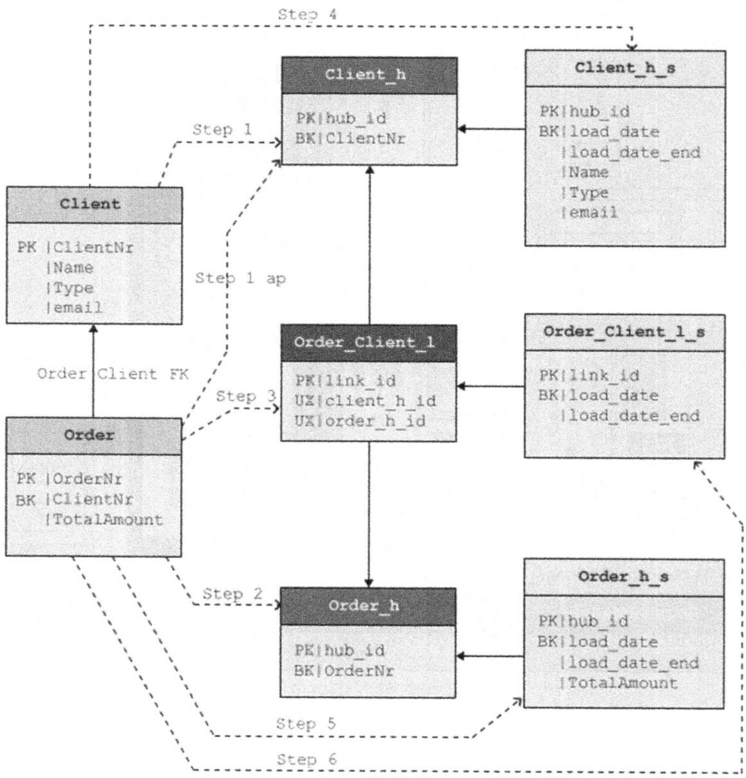

Fuente: Dan Lynsted.

17. Consiste en una técnica de modelización que busca crear un *data warehouse* capaz de adaptarse a un modelo de negocio que evoluciona con el tiempo.

Este tipo de diseño busca la máxima flexibilidad del *data warehouse* con el objetivo que este sea adaptable a cualquier evolución del modelo de negocio de la organización. Para ello, la información de la dimensión se encuentra en los *satellites* y podemos tener tantos como sea necesario, pudiendo extender nuestro modelo a medida que evoluciona el negocio.

2. Presentación de un caso práctico: análisis de estadísticas web

Actualmente la mayoría de las organizaciones tienen aplicaciones web mediante las cuales despliegan tanto soluciones de negocio como de soporte a este. Dichas aplicaciones generan ficheros de texto en los que se guardan los datos de acceso y consulta, comúnmente llamados archivos de *log*. El formato en el que están guardados estos datos y la cantidad generada de información no permite que puedan ser analizados directamente. Sin embargo, la información contenida en dichos archivos permite conocer las tendencias de los usuarios, los servicios más usados, etc.

Además, es conveniente recordar que la legislación vigente obliga a almacenar la información durante al menos un año.

El caso práctico del presente libro consistirá en desarrollar un sistema de análisis de estadísticas web[18] mediante herramientas *open source* de inteligencia de negocio.

18. Actualmente muchas empresas fundamentan este tipo de análisis en terceros, por ejemplo, usando Google Analytics. En este caso, ceden información a terceros para facilitar la analítica web.

En particular, las herramientas que se usarán son:

- MySQL para el *data warehouse.*
- Pentaho y sus correspondientes herramientas de diseño para la solución de inteligencia de negocio.

El objetivo de este sistema es recopilar la información de los *logs* en un único repositorio de datos (el *data warehouse*) y construir una solución de negocio para el análisis consistente en informes, análisis OLAP y cuadros de mando.

A lo largo de los diferentes capítulos se irá explicando progresivamente cómo construir la solución de inteligencia de negocio. El contenido de los capítulos es:

- Capítulo II: Diseño de un *data warehouse.*
- Capítulo III: Diseño de procesos ETL.
- Capítulo IV: Diseño de análisis OLAP.
- Capítulo V: Diseño de informes.
- Capítulo VI: Diseño de cuadros de mando.

2.1. Formato de un *log*

Cualquier servidor web guarda sus *logs*[19] conforme a una información básica común (extraída de los datos de cabecera del protocolo http).

19. Para conocer más sobre el formato de los *logs*, por ejemplo el de Apache, usado en este libro, consultad la siguiente página: Apache HTTP Server Version 2.5.

En resumen, los datos más relevantes son los siguientes:

- **IP**: dirección desde la que se hace la visita.
- **Fecha/hora**: cuándo se realiza la visita.
- **URL**: dirección del recurso visitado o accedido. La URL contiene la información sobre el protocolo utilizado, el puerto, el dominio accedido, parámetros, etc.
- **Resultado**: código que indica si se tuvo éxito en el acceso o por el contrario hubo un error.
- **Tamaño**: en bytes del recurso accedido.
- **Agente de usuario**: indica por ejemplo el navegador utilizado para acceder. Este dato también puede tener codificado el sistema operativo sobre el que esta# ejecutándose dicho navegador.
- **URL previa**: indica la URL a partir de la cual se hizo la visita.

2.2. Necesidades de negocio

Algunas de las cuestiones de negocio a las que es posible responder a través de una herramienta de análisis de estadísticas web son las siguientes:

- Días más visitados.
- Horas con mayor afluencia de visitas.
- Páginas más visitadas.
- Número de visitas.
- Número de usuarios.
- Número de sesiones.
- Evolución de visitas por fecha, por respuesta del servidor, por referente, etc.

Estas necesidades se deben identificar previamente y el sistema que hemos de construir debe ser capaz de darles solución.

2.3. Fases de un sistema de BI

A lo largo de los diferentes capítulos que componen este libro recorreremos de manera resumida las diferentes fases de un sistema de inteligencia de negocio, si bien algunas de ellas no serán necesarias. A modo de resumen, se incluye un gráfico para tenerlas presentes.

Gráfico 12. Fases de un sistema de BI

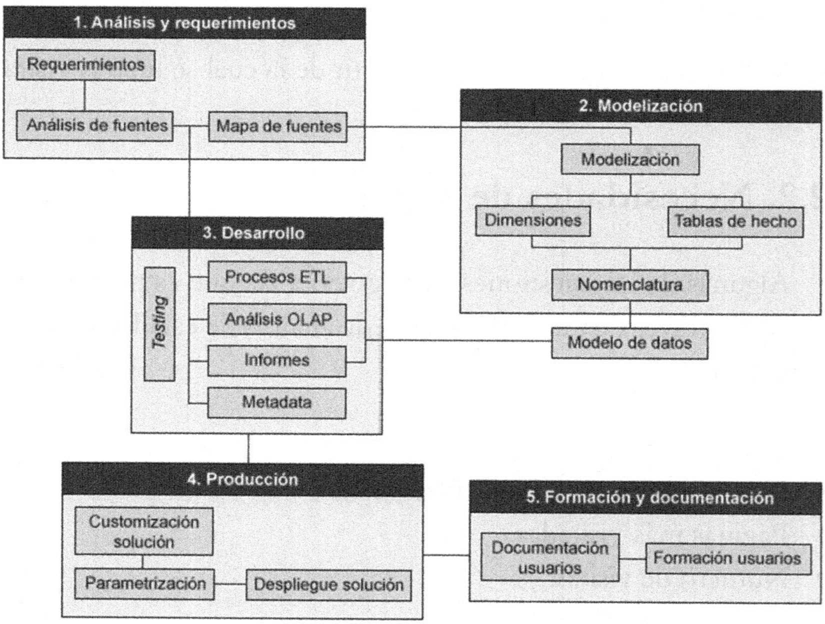

Fuente: Josep Curto.

3. Resolución caso práctico con MYSQL

3.1. Modelo conceptual de datos

El modelo conceptual se basa en identificar qué tipo de procesos y vistas de negocio proporcionan la respuesta a las preguntas que tienen los usuarios finales. Normalmente en esta fase, se debe ser previsor y pensar más allá de las necesidades actuales y poder cubrir las futuras. Un buen consultor *business intelligence* conoce múltiples modelos de negocio y puede aportar opiniones clave en el diseño.

En el análisis de estadísticas web, los datos se extraen de archivos de texto que genera un servidor. Dado que las aplicaciones se despliegan en diferentes plataformas, no todos los *logs* están unificados, lo que dificulta la consolidación de la información o trabajar con el mismo nivel de detalle. Cuando sucede esto, lo habitual es crear una *staging area*. El objetivo de la creación de la *staging area* es facilitar el proceso de transformación de los datos. Si bien para el caso práctico la *staging area* no es necesaria, sus beneficios son claros:

- Realizar otro tipo de análisis *a posteriori* distinguiendo los datos mediante otros criterios, por ejemplo si el acceso ha sido realizado por robots o una amenaza (lo que se conoce como accesos no autorizados).

- Mejorar el rendimiento de la carga de datos al realizar la carga previa a la *staging area* y, *a posteriori*, realizar las transformaciones de los datos entre base de datos.

En el caso de crear una *staging area*, su modelo sería el siguiente:

Gráfico 13. *Staging area*

***Staging* Area. Diseño lógico**

SA_AEW
id_sa_aew
ip
fecha
URL
resultado
tamaño
agente_usuario
url_previa
servicio_origen
protocolo
hora

SA_AEW: Datos extraídos de los logs para el análisis de estadísticas web

Fuente: Josep Curto.

En el momento de hacer el diseño conceptual, es necesario identificar las tablas de hecho y las dimensiones que se pueden deducir del caso práctico. Teniendo en cuenta la información que se extrae identificamos para nuestro ejemplo una tabla de hecho o proceso de negocio: la visita. Cada acceso se traduce en una visita.

Existen otras tablas de hecho y queda como ejercicio para el lector pensar cómo afecta al modelo tener otra tabla de hecho.

Cada visita puede analizarse desde diferentes puntos de vista (lo que nos proporciona las dimensiones del proceso de negocio):

- Dimensión cliente remoto: la IP desde la que se realiza la visita.
- Dimensión referente: la URL previa desde la que se accede.
- Dimensión navegador: el navegador desde el que se realiza la visita.
- Dimensión recurso: información del recurso al que se accede.
- Dimensión fecha: momento en el que se realiza la visita.
- Dimensión resultado: resultado de la visita.
- Dimensión sistema operativo: sistema operativo desde el que se realiza la visita.

De manera que se obtiene el siguiente diseño conceptual:

Gráfico 14. Diseño conceptual

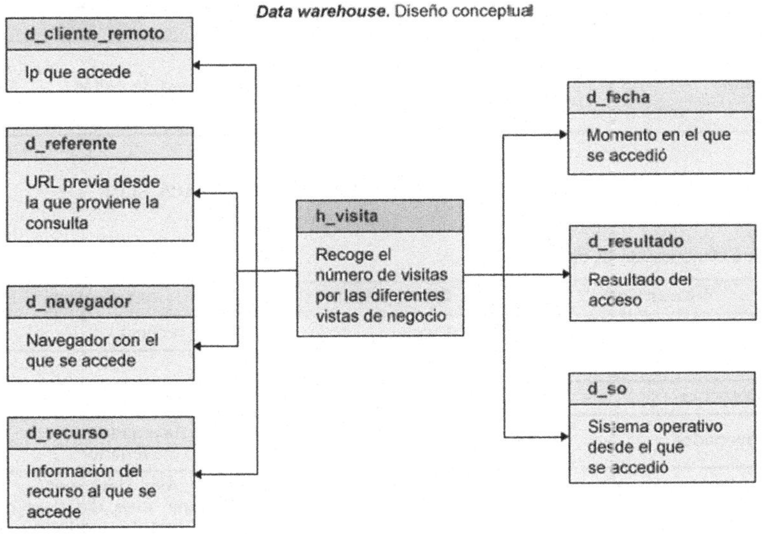

Fuente: Josep Curto.

3.2. Modelo lógico de datos

Después del modelo conceptual, a través del cual hemos identificado las tablas de hecho y las dimensiones, es necesario realizar el diseño lógico con el que se identifican las métricas de las tablas de hecho y los atributos de las dimensiones.

La tabla de hecho contiene la clave subrogada que identifica de manera única cada registro, las claves foráneas a las dimensiones relacionadas con la tabla de hecho y las métricas. Existen otras métricas como el tiempo de respuesta, el número de bytes servidos, el número de sesiones, etc.

Consideraremos la medida más natural en este caso práctico: el número de visitas.

Así, para la tabla de hecho h_visita tenemos:

Tabla 2. Tabla de hecho de h_visita

Tabla de hecho	Claves foráneas	Métricas
h_visita	id_os, id_resultado, id_temporal, id_recurso, id_browser, id_referer, id_cliente_remoto	Número de visitas

Y los atributos de cada una de las dimensiones son:

Tabla 3. Atributos de las dimensiones

Dimensión	Clave primaria	Atributos
d_recurso	id_recurso	desc_recurso
d_cliente_remoto	id_cliente_remoto	Ip
d_protocolo	id_protocolo	desc_protocolo
d_navegador	id_navegador	desc_navegador, versio_navegador
d_fecha	id_fecha	Anyo, mes, desc_mes, semana_anyo, dia, desc_dia, hora, minute, segundo
d_resultado	id_resultado	desc_resultado, num_resultado
d_referente	id_referente	desc_navegador, versio_navegador

Por lo que el diseño lógico resultante es el siguiente esquema en estrella:

Gráfico 15. Diseño lógico

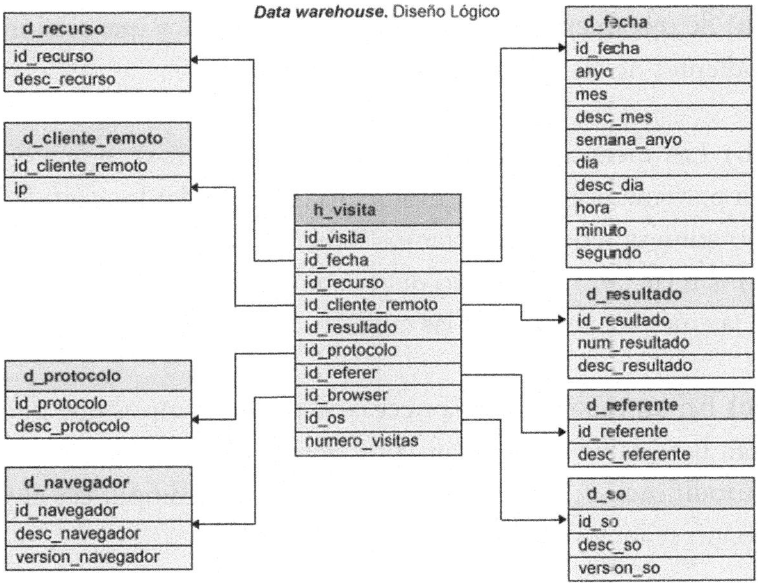

Fuente: Josep Curto.

3.3. Modelo físico de datos

El siguiente paso es el diseño físico. En nuestro caso, trabajaremos con MySQL como la base de datos que será usada como *data warehouse* y con una herramienta de modelización de base de datos. En este caso vamos a utilizar MySQL Workbench[20].

20. Se trata de una herramienta de modelización de base de datos optimizada para los diferentes motores de MySQL. Permite reingeniería inversa, lo que significa que se puede generar el esquema de base de datos a partir del modelo físico. Es la herramienta usada en este capítulo, si bien no es la única existente en el mercado.

Un *data warehouse* está formado por una colección de tablas. El objetivo es definir, para cada tabla, el formato de cada clave y atributo. Debemos apuntar los siguientes criterios:

a) Se recomienda que las claves sean enteros y que sean independientes de las fuentes de origen.

b) Las métricas pueden ser aditivas (números), semiaditivas (con particularidades en el momento de acumular las cantidades) o no aditivas (entonces estamos hablando de atributos cualitativos). En las tablas de hecho deberíamos decantarnos por que todas las métricas fueran de las aditivas.

c) En un caso real, sería necesario incluir campos que permitieran la trazabilidad del dato, por ejemplo, fecha de carga, fecha de modificación, autor, fuente de origen. Para simplificar el modelo, no se incluyen.

Si consideramos cada una de las tablas y el detalle de cada uno de los atributos que la componen, entonces el diseño físico resultante es el siguiente:

Gráfico 16. Ejemplo de diseño físico usando MySQL Workbench

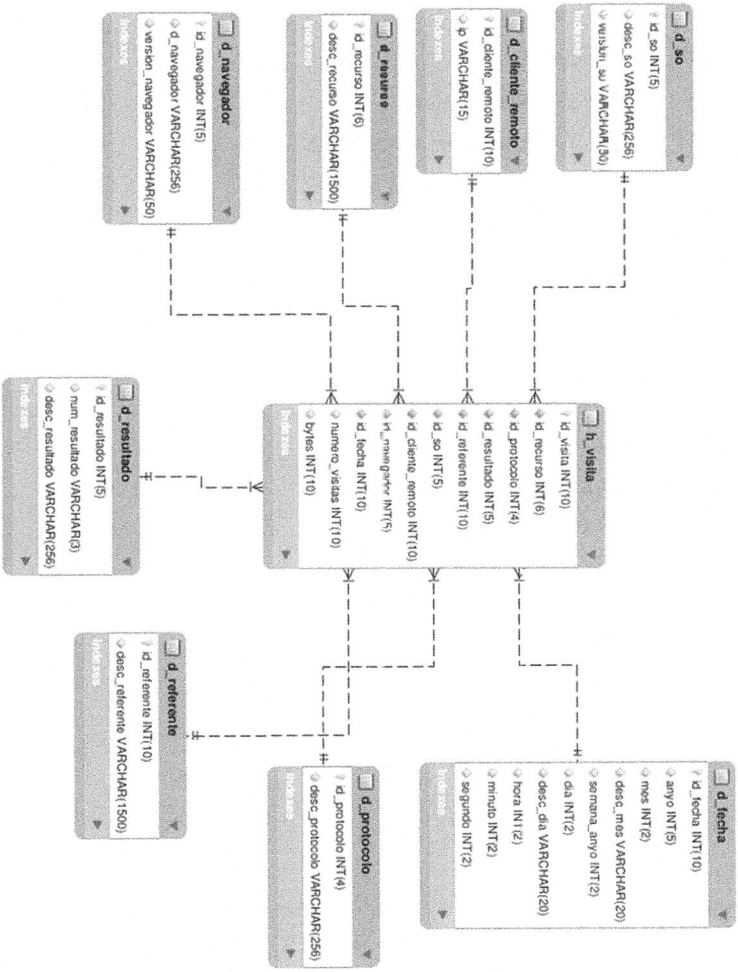

Fuente: Josep Curto.

Este diseño es un ejemplo que puede extenderse de múltiples maneras para responder a muchas más preguntas y, por lo tanto, incluir mucha más información consolidada. También es posible proponer diseños alternativos al modelo propuesto.

Abreviaturas

BI *Business intelligence.*
DSS *Decision support systems.*
EII *Enterprise information integration.*
ETL *Extract, transform and load.*
IBM *International business machines.*
KGI *Key goal indicator.*
KPI *Key performance indicator.*
ODS *Operational data store.*
OLAP *Online analytical processing.*
SaaS *Software as a service.*
SCD *Slowly changing dimension.*
SI Sistemas de información.
SQL *Structured query language.*
TI Tecnologías de la información.
URL *Uniform resource locator.*

Bibliografía

Bouman, R.; Van Dongen, J. (2009). *Pentaho® Solutions: Business Intelligence and Data Warehousing with Pentaho® and MySQL.* Indianápolis: Wiley Publishing.

Inmon, W. H. (2005). *Building the Data Warehouse* (4.ª ed.). Hoboken: John Wiley & Sons.

Inmon, W. H.; Linstedt, D. (2014). *Data Architecture: a primer for the Data Scientist.* Burlington: Morgan Kaufman Series.

Inmon, W. H.; Strauss, D.; Neushloss, G. (2008). *DW 2.0: The Architecture for the next generation of Data Warehousing.* Burlington: Morgan Kaufman Series.

Kimball, R. (2009). *Data Warehouse Toolkit Classics: The Data Warehouse Toolkit* (2.ª ed.); *The Data Warehouse Lifecycle Toolkit* (2.ª ed.); *The Data Warehouse ETL Toolkit.* Hoboken: John Wiley & Sons.

Capítulo III
Diseño de procesos ETL

Introducción

Tras crear un modelo que representa los procesos de negocio relevantes para la organización y las diferentes perspectivas de análisis y haberlo implementado en el *data warehouse*, el siguiente paso es la carga de los datos. Para ello, se usa la integración de datos.

En un contexto empresarial, la integración puede darse en cuatro grandes áreas:

1) Integración de datos: proporciona una visión única de todos los datos de negocio se encuentren donde se encuentren. Este es el ámbito del presente documento y, en particular, en el contexto de la inteligencia de negocio.

2) Integración de aplicaciones: proporciona una visión unificada de todas las aplicaciones tanto internas como externas a la empresa. Esta integración se consigue mediante la coordinación de los flujos de eventos (transacciones, mensaje o datos) entre aplicaciones.

3) Integración de procesos de negocio: proporciona una visión unificada de todos los procesos de negocio. Su principal ventaja es que las consideraciones de diseño del análisis e implementación de los procesos de negocio son aislados del desarrollo de las aplicaciones.

4) Integración de la interacción de los usuarios: proporciona una interfaz segura y personalizada al usuario del negocio (datos, aplicaciones y procesos de negocio).

Este capítulo se centrará en la integración de datos en general y en los procesos ETL (extracción, transformación y carga) en particular, que es una de las tecnologías de integración de datos que se usa en los proyectos de implantación de *business intelligence*. El objetivo es conocer las diferentes opciones de integración de datos en el ámbito de la inteligencia de negocio y, en particular, conocer el diseño de procesos ETL.

1. Integración de datos: ETL

En el contexto de la inteligencia de negocio, las herramientas ETL han sido la opción habitual para alimentar el *data warehouse*. La funcionalidad básica de estas herramientas está compuesta por:

- Gestión y administración de servicios.
- Extracción de datos.
- Transformación de datos.
- Carga de datos.
- Gestión de datos.

Gráfico 17. Funcionalidad ETL

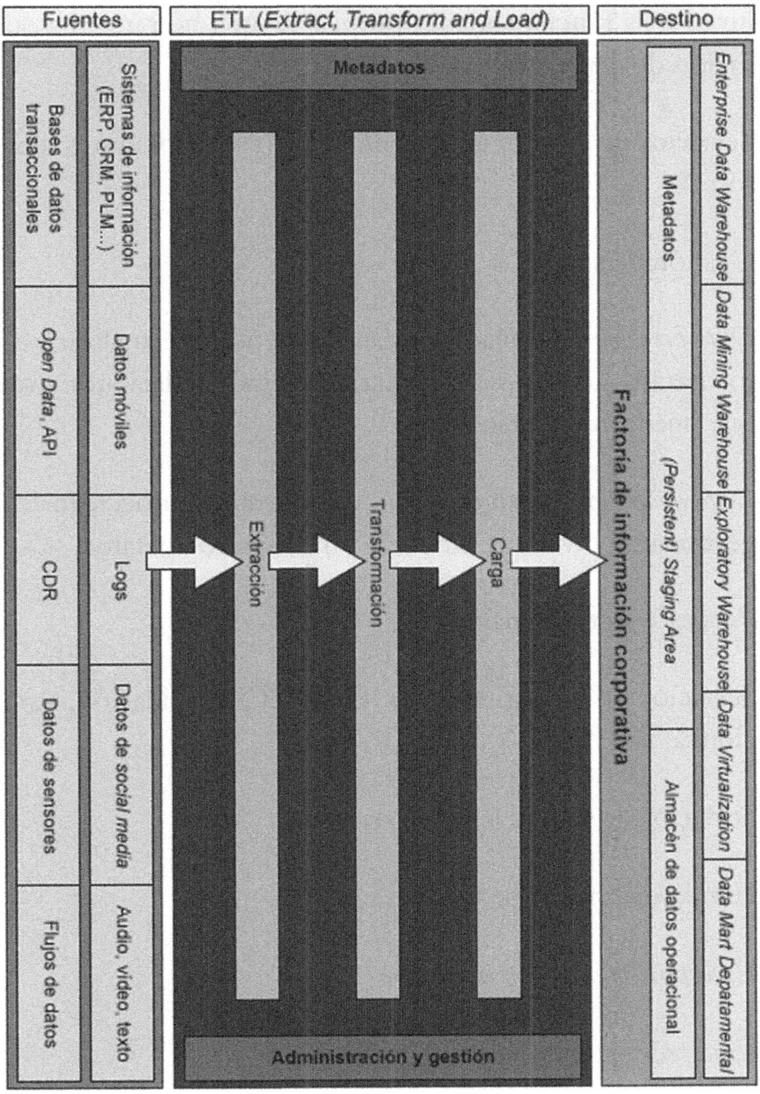

Fuente: Josep Curto.

En los últimos años, estas herramientas han evolucionado e incluyen más funcionalidades propias de una herramienta de integración de datos. Podemos destacar:

- Servicios de acceso/entrega de datos (vía adaptadores/conectores).
- Gestión de servicios.
- *Data profiling* o perfilado de datos, que permite analizar los datos para conocer su estructura, contenido, relaciones y reglas que puedan derivarse de ellos.
- *Data quality* o calidad de datos, que permite conocer, analizar y gestionar el nivel de calidad de un conjunto de datos.
- Procesos operacionales.
- Servicios de transformación: CDC, SCD, validación, agregación.
- Servicios de acceso a tiempo real.
- *Extract, transform and load* (ETL).
- *Enterprise information integration* (EII).
- *Enterprise application integration* (EAI).
- Capa de transporte de datos.
- Gestión de metadatos.

Gráfico 18. *Data integration*

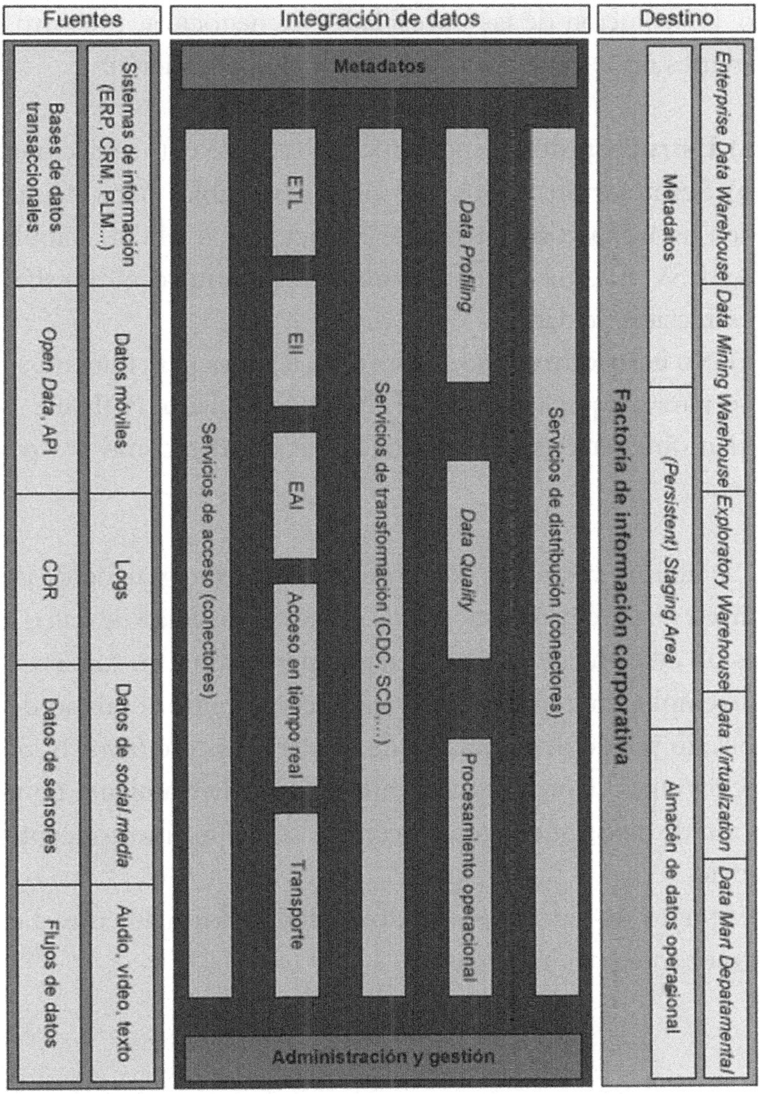

Fuente: Josep Curto.

Esta evolución es consecuencia de diversos motivos. Por un lado, la evolución de las necesidades de negocio y, por otro, los diferentes tipos de datos vinculados a la organización:

a) **Estructurados**: contenidos en bases de datos relacionales.
b) **Semiestructurados**: en formatos legibles para máquinas, si bien no están completamente estructurados: HTML tabulado, Excel, CSV, etc., que pueden obtenerse mediante técnicas estándar de extracción de datos.
c) **No estructurados**: en formatos legibles para humanos, pero no para máquinas: Word, HTML no tabulado, PDF, etc., que pueden obtenerse mediante técnicas avanzadas como *text mining* u otras.

Las últimas versiones de herramientas de integración de datos incluyen mayores prestaciones de curación y calidad de datos, que se basan en técnicas de aprendizaje supervisado y no supervisado. Por ejemplo, en entornos internacionales donde el salario de un empleado puede denominarse de forma diferente (*wages* o *salary*) e incluso incluir prestaciones diferentes, la herramienta de integración de datos puede reconocer que son el mismo concepto de negocio.

El punto de partida adecuado es definir formalmente el concepto de integración de datos.

Se entiende por **integración de datos** el conjunto de aplicaciones, productos, técnicas y tecnologías que permiten una visión única consistente de nuestros datos de negocio.

Respecto a la definición:

- Las aplicaciones son soluciones a medida que permiten la integración de datos en función del uso de productos de integración.
- Los productos comerciales desarrollados por terceros capacitan la integración mediante el uso de tecnologías de integración.
- Las tecnologías de integración son soluciones para realizar la integración de datos.

La integración de datos desempeña un papel cada vez más fundamental en las organizaciones, puesto que en la actualidad el dato puede residir en plataformas internas (sistemas operacionales y decisionales, *cloud* privado) y externas (internet de las cosas, *cloud* público, dispositivos móviles), y es necesario poder capturar y distribuir el dato a los sistemas de análisis necesarios.

1.1. Técnicas de integración de datos

En esta sección vamos a explicar en detalle las diferentes técnicas de integración de datos que existen, y que son las siguientes:

1) Propagación de datos: consiste en copiar datos de un lugar de origen a un entorno destino local o remoto. Los datos pueden extraerse del origen mediante programas que generen un fichero que debe ser transportado al destino, donde se utilizará como fichero de entrada para cargar en la base de datos de destino. Una aproximación más eficiente es descargar solo los datos que han cambiado en origen respecto a la última propagación realizada, generando un fichero de carga incremental que también será transportado al destino. Este tipo de procesos son habitualmente de tipo en línea y trabajan con una arquitectura de tipo *push*[21]. Puede realizarse como:

- Distribución.
- Intercambio bidireccional. Puede ser *master-slave* o *peer-to-peer*.

2) Consolidación de datos: consiste en capturar los cambios realizados en múltiples entornos origen y propagarlos a un único entorno destino, donde se almacena una copia de todos estos datos. Ejemplos de ello son un *data warehouse* o un ODS, alimentado por varios entornos de producción. Con esta técnica es difícil trabajar con tiempos de latencia bajos[22]:

a) Cuando no se requiere latencia baja, se suelen proveer los datos mediante procesos *batch* en intervalos prefijados (superior a varias horas). Se usan consultas SQL para conseguir los datos (lo que se denomina técnica *pull*[23]).

b) Cuando se requiere latencia baja, se utiliza la técnica *push*. En este caso, la aplicación de integración de datos debe identificar los cambios producidos en origen para transmitir solo esos cambios, y no todo el conjunto de datos del origen. Para ello, se suele emplear algún tipo de técnica de tipo CDC (*change data capture*).

21. Consiste en la actualización continua en línea del entorno destino mediante aplicaciones de integración de datos que capturan los cambios en origen y los transmiten a destino, donde son almacenados; los datos son automáticamente enviados al entorno remoto.
22. En redes informáticas de datos, se denomina latencia a la suma de retardos temporales dentro de una red. Un retardo es producido por la demora en la propagación y trasmisión de paquetes dentro de la red.
23. Es la otra cara de la moneda. La petición del proceso de consolidación de datos es la que genera la extracción de los datos del origen.

3) Federación de datos: proporciona a las aplicaciones una visión lógica virtual común de una o más bases de datos. Esta técnica permite acceder a diferentes entornos de origen de datos, que pueden estar en los mismos o en diferentes gestores de datos y máquinas, y crear una visión de este conjunto de bases de datos como si fuese en la práctica una base de datos única e integrada. Funciona de la siguiente manera:

- Cuando una aplicación de negocio lanza una consulta SQL contra esta vista virtual, el motor de federación de datos descompone la consulta en consultas individuales para cada uno de los orígenes de datos físicos involucrados y la lanza contra cada uno de ellos.

- Cuando ha recibido todos los datos de respuesta a las consultas, integra los resultados parciales en un resultado único, realizando las agregaciones y/u ordenaciones necesarias para resolver la consulta original y devuelve los datos a la aplicación que lanzó la consulta original.

- Uno de los elementos clave del motor de federación es el catálogo de datos común. Este catálogo contiene información de la estructura de los datos, su localización y, en ocasiones, información sobre demografía de los datos (volumen de datos, cardinalidad de las claves, claves de distribución, etc.). Ello permite que se pueda optimizar la división de la consulta original al enviarla a los gestores de bases de datos de origen de datos y se elija el camino de acceso global a los datos más eficiente.

4) CDC (*change data capture*): se utilizan para capturar los cambios producidos por las aplicaciones operacionales en las bases de datos de origen, de tal manera que pueden ser almacenados y/o propagados a los entornos destino para que estos mantengan la consistencia con los entornos origen. A continuación trataremos las cuatro principales técnicas de *change data capture*:

a) CDC por aplicación: consiste en que la propia aplicación es la que genera la actualización de datos en origen, y se encarga de actualizar directamente los entornos destino, o almacenar localmente los cambios en una tabla de paso (*staging*) mediante una operación de INSERT dentro de la misma unidad lógica de trabajo.

b) CDC por *timestamp*: se puede emplear cuando los datos de origen incorporan un *timestamp* (por ejemplo, a nivel de fila si el origen es una tabla relacional) de la última actualización de esta. El CDC se limitará a escanear los datos de origen para extraer los datos que posean un *timestamp* posterior al de la última vez que se ejecutó el proceso de CDC: estos datos son los que han cambiado desde la última captura de datos y, por tanto, son los que deben actualizarse en los entornos destino.

c) CDC por *triggers*: Los *triggers* o disparadores son acciones que se ejecutan cuando se actualizan (por UPDATE, DELETE o INSERT) los datos de una determinada tabla sobre la que están definidos. Estos *triggers* pueden utilizar estos datos de la actualización en sentencias SQL para generar cambios SQL en otras tablas locales o remotas. Por lo tanto, una forma de capturar cambios es crear *triggers* sobre las tablas de origen, cuyas acciones modifiquen los datos de las tablas destino.

d) CDC por captura de *log*: consiste en examinar constantemente el fichero de *log* de la base de datos de origen en busca de cambios en las tablas que se deben monitorizar. Estos programas basan su eficiencia en la lectura de los buffers de memoria de escritura en el *log*, por lo que la captura de la información no afecta al rendimiento del gestor relacional al no requerir acceso al disco que contiene el fichero de *log*.

5) Técnicas híbridas: la técnica elegida en la práctica para la integración de datos dependerá de los requisitos de negocio para la integración, pero también en gran medida de los requisitos tecnológicos y de las probables restricciones presupuestarias. En la práctica se suelen emplear varias técnicas de integración, lo que se denomina una técnica híbrida.

1.2. Tecnologías de integración de datos

En esta sección vamos a explicar en detalle las diferentes tecnologías de integración de datos que están basadas en las técnicas que han sido presentadas. Estas son:

1) ETL: permite extraer datos del entorno origen, transformarlos según nuestras necesidades de negocio para integración de datos y cargar estos datos en los entornos destino. Los entornos origen y destino son usualmente bases de datos y/o ficheros, pero en ocasiones también pueden ser colas de mensajes de un determinado *middleware*, así como ficheros u otras fuentes estructuradas, semiestructuradas o no estructuradas. Está basada en técnicas de consolidación. Las herramientas de ETL en la práctica mueven o transportan datos entre entornos origen y destino, pero también documentan cómo estos datos son transformados (si lo son) entre el origen y el destino almacenando esta información en un catálogo propio de metadatos; intercambian estos metadatos con otras aplicaciones que puedan requerirlos y administran todas las ejecuciones y procesos de la ETL: planificación del transporte de datos, *log* de errores, *log* de cambios y estadísticas asociadas a los procesos de movimiento de datos. Este tipo de herramientas suelen tener una interfaz gráfica de usuario y permiten diseñar, administrar y controlar cada uno de los procesos del entorno ETL.

a) ETL de generación de código: constan de un entorno gráfico donde se diseñan y especifican los datos de origen, sus transformaciones y los entornos destino. El resultado generado es un programa de tercera generación (típicamente COBOL) que permite realizar las transformaciones de datos. Aunque estos programas simplifican el proceso ETL, incorporan pocas mejoras en cuanto al establecimiento y automatización de todos los flujos de procesos necesarios para realizar la ETL. Usualmente son los administradores de datos los encargados de distribuir y administrar el código compilado, planificar y ejecutar los procesos en lotes, y realizar el transporte de los datos.

b) ETL basados en motor: permite crear flujos de trabajo en tiempo de ejecución definidos mediante herramientas gráficas. El entorno gráfico permite hacer un *mapping* de los entornos de datos de origen y destino, las transformaciones de datos necesarios, el flujo de procesos y los procesos por lotes necesarios. Toda esta información referente a diseño y procesos del ETL es almacenada en el repositorio del catálogo de metadatos. Se compone de varios motores:

- **Motor de extracción**: utiliza adaptadores como ODBC, JDBC, JNDI, SQL nativo, adaptadores de ficheros planos u otros. Los datos pueden ser extraídos en modo *pull* planificado, típicamente soportando técnicas de consolidación en proceso por lotes, o mediante modo *push*, típicamente utilizando técnicas de propagación en procesos de tipo en línea. En ambos casos se pueden utilizar técnicas de *change data capture* (CDC) ya vistas.

- **Motor de transformación**: proporciona una librería de objetos que permite a los desarrolladores transformar los datos de origen para adaptarse a las estructuras de datos de destino, lo que permite, por ejemplo, la agregación de los datos en destino en tablas resumen.

- **Motor de carga**: utiliza adaptadores a los datos de destino, como el SQL nativo o cargadores masivos de datos para insertar o actualizar los datos en las bases de datos o ficheros de destino.

- **Servicios de administración y operación**: permiten la planificación, ejecución y monitorización de los procesos ETL, así como la visualización de eventos y la recepción y resolución de errores en los procesos.

c) ETL integrado en la base de datos: algunos fabricantes incluyen capacidades ETL dentro del motor de la base de datos (al igual que lo hacen con otro tipo de características, como soporte OLAP y minería de datos). En general, presentan menos funcionalidades y complejidad, y son una solución menos completa que los ETL comerciales basados en motor o de generación de código. Por ello, a los ETL integrados en base de datos se los clasifica en tres clases en relación con los ETL comerciales (basados en motor o de generación de código):

- **ETL cooperativos**: con ellos, los productos comerciales pueden usar funciones avanzadas del gestor de base de datos para mejorar los procesos de ETL. Ejemplos de ETL cooperativos son aquellos que pueden utilizar procedimientos almacenados y SQL complejo para realizar las transformaciones de los datos en origen de una manera más eficiente, o utilizar paralelismo de CPU en consultas para minimizar el tiempo de los procesos ETL.

- **ETL complementarios**: cuando los ETL de bases de datos ofrecen funcionalidades complementarias a los ETL comerciales. Por ejemplo, hay gestores de bases de datos que ofrecen soporte a MQT (*materializad query tables*) o vistas de agregación precalculadas, mantenidas y almacenadas por el gestor que pueden usarse para evitar transformaciones de datos realizadas por el ETL comercial. Además, otros gestores permiten la interacción directa mediante SQL con *middleware* de gestión de mensajes (por ejemplo, leyendo una cola de mensajes mediante una UDF o permitiendo la inserción de nuevos mensajes en colas mediante SQL) o con aplicaciones que se comunican mediante *web services*.

- **ETL competitivos**: algunos gestores ofrecen herramientas gráficas integradas que explotan sus capacidades ETL en lo que claramente es competencia con los ETL comerciales.

2) EII: el objetivo de la tecnología EII es permitir a las aplicaciones el acceso a datos dispersos (desde un *data mart* hasta fichero de texto o incluso *web services*) como si estuviesen todos residiendo en una base de datos común. Por lo tanto, se basa en la federación. El acceso a datos dispersos implica la descomposición de la consulta inicial (habitualmente en SQL) direccionada contra la vista virtual federada en subcomponentes, que serán procesados en cada uno de los entornos donde residen los datos. Se recogen los resultados individuales de cada uno de los subcomponentes de la consulta, se combinan adecuadamente y se devuelve el resultado a la aplicación que lanzó la consulta. Los productos de EII han evolucionado desde dos entornos origen diferenciados: las bases de datos relacionales y las bases de datos XML. Actualmente, la tendencia en productos EII es que soporten ambas interfaces a datos, SQL (ODBC y JDBC) y XML (XQuery y XPath). Los productos comerciales que implementan EII varían considerablemente en las funcionalidades que aportan, siendo el área más diferenciadora la optimización de las consultas distribuidas. Las características básicas de los productos que implementan soluciones de integración de datos EII son las siguientes:

- **Transparencia**: los datos parecen estar en un origen único.
- **Heterogeneidad**: integración de datos de diferentes fuentes (relacionales, XML, jerárquicos) y también no estructurados.
- **Extensibilidad**: posibilidad de federar cualquier fuente de datos.
- **Alta funcionalidad**: acceso en lectura y escritura a cualquier fuente soportada.
- **Autonomía**: acceso no disruptivo para los datos o las aplicaciones.
- **Rendimiento**: posibilidad de optimizar las consultas dependiendo del tipo y fuente de datos.

3) EDR: tiene el objetivo de detectar los cambios que suceden en las fuentes de origen. Está soportada por las técnicas de integración de datos de CDC (*change data capture*) y por la técnica de propagación de datos. Consta básicamente de los siguientes elementos:

a) Programa de captura: se encarga de recuperar los cambios producidos en la base de datos de origen. Esta captura puede ser realizada a través de una salida que lea constantemente el *log* de recuperación de la base de datos, a través de *triggers* o mediante una aplicación externa de usuario. El programa de captura se apoya en una serie de tablas donde se almacena información de control del proceso de captura, como por ejemplo las tablas que son orígenes de replicación.

b) Sistema de transporte: los sistemas de transporte más comunes son a través de tablas de paso (*staging*) que dan lugar a la denominada replicación de tipo SQL, o a través de un *middleware* de gestión de colas, la denominada *queue-replication* o *q-replication.*

c) Programa de aplicación de cambios: es la pieza que o bien lee mediante SQL de las tablas de *staging* los cambios pendientes de aplicar en la *SQL-replication*, o lee del sistema de colas en la *q-replication*, y mediante la información de control almacenada en tablas realiza el mapeo entre datos de origen y destino, realiza las transformaciones necesarias a los datos y actualiza los datos de destino mediante SQL si se trata de destinos relacionales, o publica un registro XML para que pueda ser tratado por aplicaciones de propósito general.

d) Programa de administración: permite las definiciones necesarias de origen de datos y destinos, mapeos, transformaciones y establecer los intervalos de aplicación de cambios. Usualmente es una herramienta de tipo gráfico.

e) Utilidades: programas de utilidad que sirven para, por ejemplo, planificar una carga de datos inicial del destino a partir de los datos de origen.

1.3. Uso de la integración de datos

Los procesos de integración de datos se usan en múltiples tipologías de proyectos. Podemos destacar los siguientes:

1) Migración de datos: consiste en el movimiento de datos entre una fuente de origen y una de destino. Por ejemplo, para migrar de una versión de una base de datos a la siguiente.

2) Procesos de calidad de datos: consiste en auditar la calidad de una fuente de datos, detectar los problemas que existen y aplicar mejoras mediante técnicas de procesamiento. Por ejemplo, antes de una campaña de contacto a antiguos clientes es necesario revisar que los datos relevantes –como correo electrónico o teléfono– tienen el nivel de calidad adecuado para la iniciativa.

3) *Corporate performance management* (CPM): consiste en monitorizar y gestionar el rendimiento de una organización. Aquí los procesos de integración permiten extraer la información relevante para el control del rendimiento.

4) *Master data management* (MDM): incluye los procesos, el gobierno, las reglas, los estándares y las herramientas que definen y gestionan los datos críticos de una organización para proporcionar un único punto de referencia. Por ejemplo, la integración de datos permite la consolidación de datos y su propagación.

5) *Customer data integration* (CDI): consiste en MDM aplicado a los datos de cliente.

6) *Product information management* (PIM): consiste en MDM aplicado a la información de producto.

7) *Enterprise information management* (EIM): consiste en MDM aplicado a la gestión de la información empresarial.

8) ***Data warehousing***: en este proyecto, los procesos de integración de datos permiten extraer los datos, procesarlos en información y cargarlos en el *data warehouse*, *data marts*, etc.

9) ***Business intelligence*** **(BI)**: en este proyecto, los procesos de integración de datos se habrán usado en diferentes iniciativas, como carga de los datos en el *data warehouse*, la generación de informes operacionales, etc.

2. ETL en el contexto de Pentaho

Pentaho Data Integration (PDI), anteriormente llamado Kettle, se inició en 2001 por Matt Casters. En el año 2006, Pentaho adquirió Kettle y lo renombró después de que este pasara a ser *open source*. De esta manera continuaba con la política de crear una *suite* completa de inteligencia de negocio *open source*. Matt Casters pasó a formar parte del equipo de Pentaho.

PDI es una solución de integración de datos programada en java, orientada completamente al usuario y basada en un enfoque de metadatos. Los procesos ETL se encapsulan en metadatos que se ejecutan a través del motor ETL.

Esta herramienta permite cargar datos de múltiples fuentes de origen en un *data warehouse* para que posteriormente la información consolidada sea de utilidad a nivel operativo, táctico y estratégico.

Gráfico 19. PDI en el contexto tradicional del BI

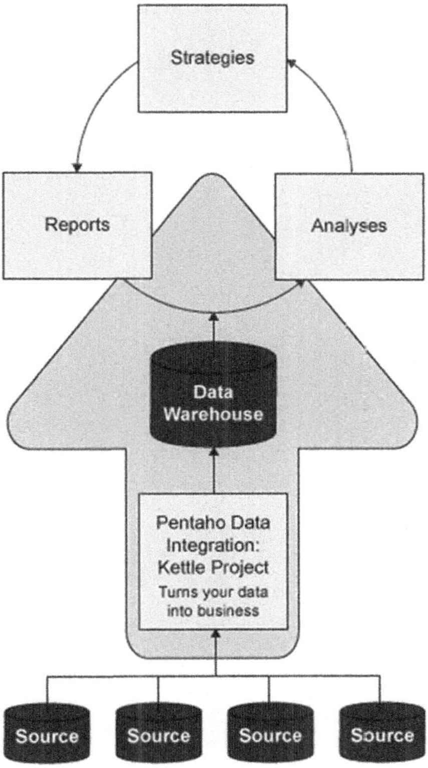

Fuente: Pentaho.

Las principales características de PDI son estas:

a) Entorno gráfico orientado al desarrollo rápido y ágil basado en dos áreas: la de trabajo y la de diseño/vista.

Figura 2. Entorno gráfico de PDI

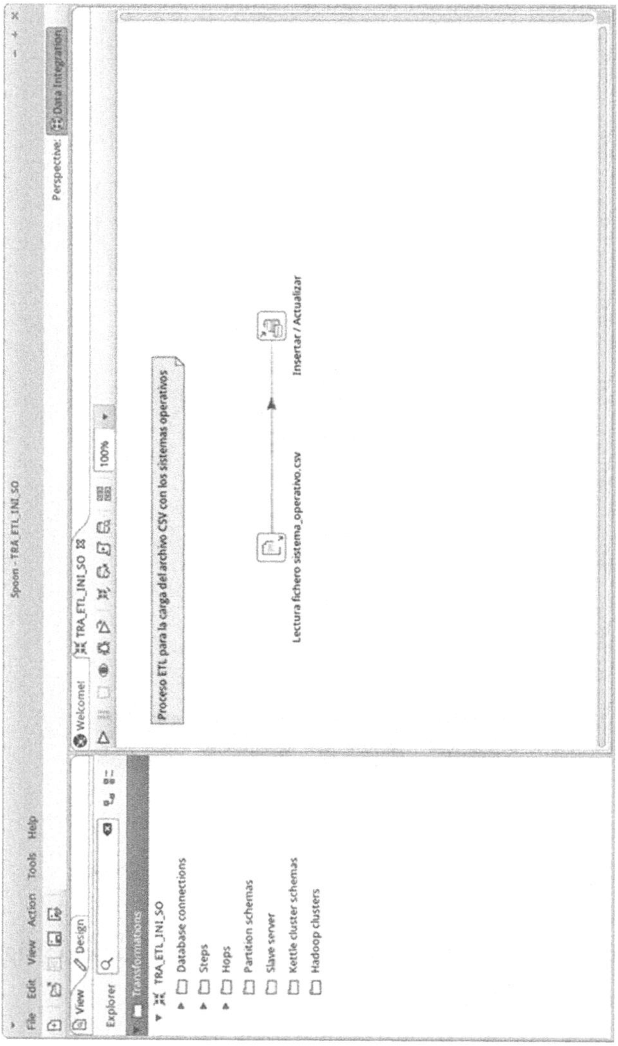

Fuente: Josep Curto.

b) Multiplataforma (Microsoft Windows, Linux y Mac OS).

c) Incluye múltiple conectores a bases de datos, tanto propietarias como comerciales, relacionales y no relacionales, así como conectores a ficheros planos, Excel, XML u otros.

d) Arquitectura extensible mediante *plugins* y perspectivas:

- *Plugins*: permiten extender la funcionalidad de los procesos ETL. Por ejemplo, crear un conector específico a un servicio web. Estos *plugins* están disponibles a través del *marketplace* de PDI.

- Perspectivas: extiende la funcionalidad de PDI más allá del contexto de los procesos ETL. Por ejemplo, para la creación de esquemas OLAP.

e) Soporta uso de clúster, procesos ETL en paralelo y arquitecturas servidor maestro-esclavo.

f) Completamente integrado con la *suite* de Pentaho. Por ejemplo, un proceso ETL programado puede ser el origen de un informe.

g) Basado en el desarrollo de dos tipos de objetos:

- Transformaciones: permite definir las operaciones de transformación de datos.

- Trabajos: permiten gestionar y administrar procesos ETL a alto nivel.

PDI está formado por cuatro componentes:

- **Spoon**: entorno gráfico para el desarrollo de transformaciones y trabajos.

- **Pan**: permite ejecutar transformaciones.

- **Kitchen**: permite ejecutar trabajos.

- **Carte**: es un servidor remoto que permite la ejecución de transformaciones y trabajos.

El siguiente diagrama presenta cómo trabajan de manera conjunta estos cuatro componentes y la relación entre transformaciones y trabajos.

Figura 3. Arquitectura de PDI

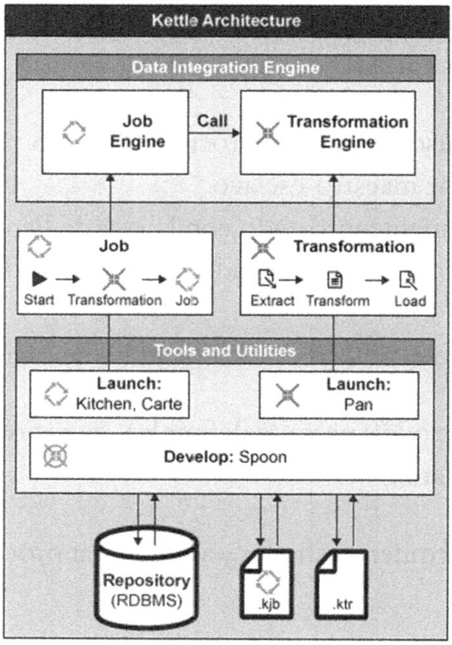

Fuente: Pentaho.

Cada proceso ETL (ya sea una transformación o un trabajo) se compone de uno o varios pasos. Los pasos disponibles para cada uno de ellos son diferentes y están clasificados por categorías. El entorno de desarrollo incluye un buscador de pasos que facilita encontrar el adecuado en cada momento.

A continuación describimos las principales categorías y hacemos referencia a los pasos que contienen:

1) Pasos disponibles para trabajos:

- ***General* (generales)**: permite iniciar un trabajo, ejecutar transformaciones o trabajos entre otras operaciones.
- ***Mail* (correo)**: permite enviar correos, recuperar cuentas o validarlas.
- ***File management* (gestión de ficheros)**: permite realizar operaciones con ficheros, como crear, borrar, comparar o comprimir.
- ***Conditions* (condiciones)**: permiten realizar comprobaciones necesarias para procesos ETL, como la existencia de un fichero, una carpeta o una tabla.
- ***Scripting***: permiten crear scripts de JavaScript, SQL y *shell*.
- ***Big data***: permiten lanzar procesos de MapReduce, cargar datos en HDFS y enviar procesos ETL a plataformas para su ejecución, como Amazon EMR o Spark.
- ***Bulk loading* (carga en bruto)**: permiten realizar cargas *bulk* a MySQL, MSSQL, Acces y ficheros.
- **XML**: permiten validar XML y XSD.
- ***Utilities* (utilidades)**: permiten diferentes funciones para asegurar la ejecución de transformaciones, hacer *ping* a un *host* o borrar los datos de una base de datos.

- ***Repository*** **(repositorio)**: permiten realizar operaciones con el repositorio de transformaciones y trabajos.
- ***File transfer*** **(envío de ficheros)**: permiten enviar o tomar ficheros desde FTP y SFTP.
- ***File encription*** **(encriptación de ficheros)**: uso de PGP para el envío y la recepción de ficheros.
- **Palo**: creación/borrado de cubos en PALO.
- ***Deprecated*** **(obsoletos)**: incluye los pasos que desaparecerán en la siguiente versión del producto.
- **Historial**: solo aparece si se han usado previamente pasos y recopila los pasos frecuentemente usados por el desarrollador.

Figura 4. Pasos disponibles para trabajos

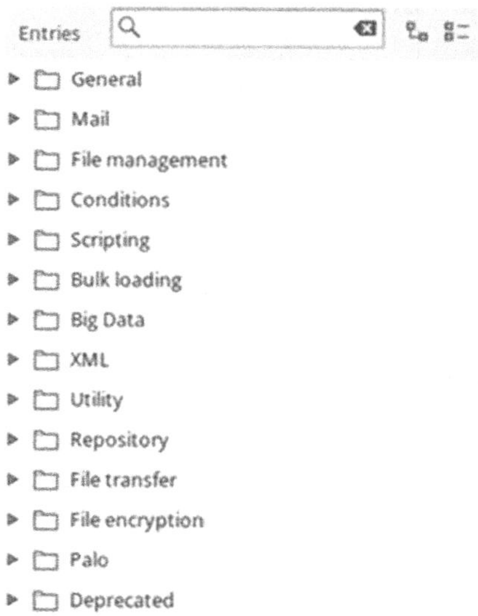

Fuente: Josep Curto.

2) Pasos disponibles para transformaciones:

- ***Input*** **(entrada)**: permite recuperar datos desde bases de datos (JDBC), Acces, CSV, Excel ficheros, LDAP, Mondrian, RSS u otros.

- ***Output*** **(salida)**: permite cargar datos en bases de datos u otros formatos de salida.

- ***Transform*** **(transformar)**: permite realizar operaciones con datos, como filtrar, ordenar, partir, añadir nuevos campos, mapear, etc.

- ***Utility*** **(utilidades)**: permite operar con filas o columnas y otras operaciones, como enviar un *email*, escribir a *log*.

- ***Flow*** **(flujo)**: permite realizar operaciones con el flujo de datos, como fusionar, detectar flujos vacíos, realizar operaciones diferentes en función de una condición, etc.

- ***Scripting***: permiten crear *scripts* de JavaScript, SQL, expresiones regulares, fórmulas y expresiones java.

- ***BA server*** **(servidor BA)**: permite conectarse al servidor de Pentaho y hacer operaciones (como recuperar variables).

- ***Lookup*** **(búsqueda de datos)**: permite añadir información al flujo de datos mediante la búsqueda en bases de datos y otras fuentes.

- ***Joins*** **(uniones)**: permite unir filas en función de diferentes criterios.

- ***Data warehouse* (almacén de datos)**: permite trabajar con dimensiones SCD.

- ***Validation* (validación)**: permite validar tarjetas de crédito, datos, direcciones de correo o XSD.

- ***Statistics* (estadística)**: permite realizar operaciones estadísticas sobre un flujo de datos.

- ***Big data***: permite cargar y extraer datos de Avro, Cassandra, Hadoop y MongoDB, entre otros.

- ***Agile***: permite el desarrollo de *data marts* ágiles.

- ***Criptography* (criptografía)**: permite el uso de PGP en transformaciones.

- **PALO**: permite hacer operaciones con PALO.

- ***Open ERP***: permite hacer operaciones con Open ERP.

- ***Job* (trabajo)**: permite realizar operaciones propias de un trabajo.

- ***Mapping* (mapeado)**: permite realizar el mapeo entre campos de entrada y salida.

- ***Inline* (embebido)**: permite realizar operaciones con *sockets*.

- ***Experimental***: incluye los pasos en fase de validación.

- ***Deprecated* (obsoleto)**: incluye los pasos que desaparecerán en la siguiente versión del producto.

- ***Bulk loading* (carga en bruto)**: permiten realizar cargas *bulk* a Infobright, LucidDB, MonetDB y Oracle.
- **Historial**: recopila los pasos frecuentemente usados por el desarrollador.

Figura 5. Pasos disponibles para transformaciones

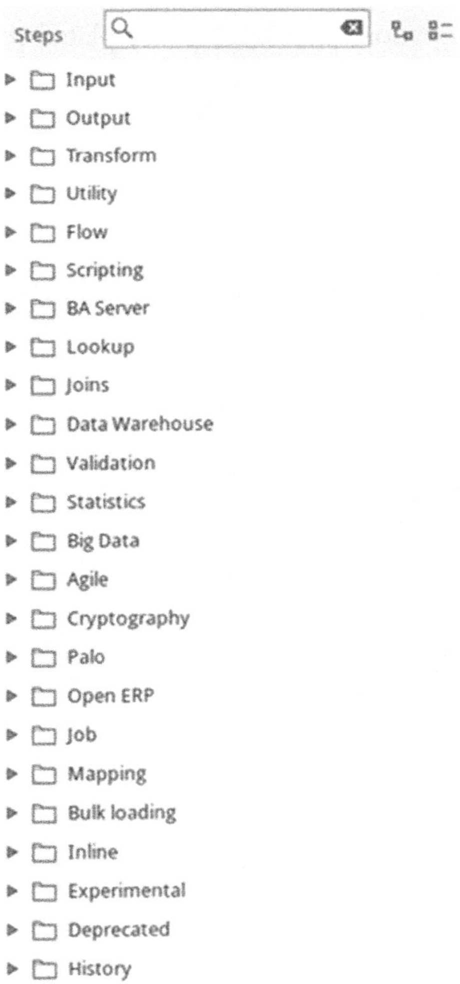

Fuente: Josep Curto.

3) Pasos disponibles en el *marketplace*. El listado de pasos disponibles en el *marketplace* va creciendo poco a poco auspiciado por la comunidad. Entre los pasos disponibles destacan:

- Pasos que permiten trabajar con bases de datos relacionales y NoSQL, como MySQL, NuoDB, Vertica, MongoDB, Neo4j, etc.
- Pasos relacionados con tecnologías y plataformas de *big data*, como Cloudera, HortonWorks o MapReduce.
- Pasos que permiten ejecutar procesos de minería de datos de Weka o R.

Figura 6. PDI Marketplace

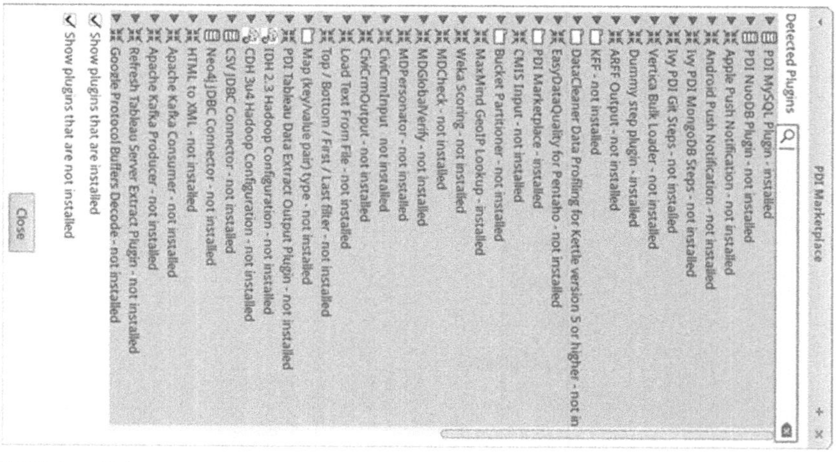

Fuente: Josep Curto.

Diferencias con la versión *enterprise*:

- Inclusión de una consola web para la administración, planificación y monitorización de procesos ETL.

- Gestión de licencias.

- Análisis de rendimiento de ETL.
- Análisis de *log*.
- Soporte profesional.
- Uso de perspectivas (para la creación de procesos ETL, de esquemas OLAP, etc.).

Gráfico 20. Diferencias con la versión empresarial

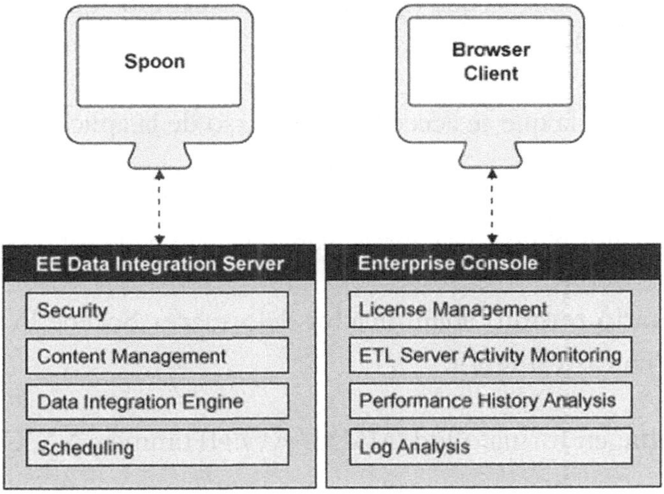

Fuente: Pentaho.

3. Caso práctico

3.1. Contexto

Con el objetivo de entender cómo se diseñan procesos ETL, en el caso práctico se partirá de una situación real simplificada.

Consideremos que se administra una única aplicación que está alojada en un servidor apache. El archivo *log* resultante está en *combined log format*, lo que significa que los campos que incluye en cada línea del archivo son:

- **IP**: desde la que se accede a un recurso de la aplicación.
- **RFC 1413**: identificador de la máquina en la red (uso interno). Este valor para aplicaciones web externas suele estar vacío.
- **Usuario remoto**: identificador del usuario. Sucede lo mismo que en caso anterior.
- **Fecha**: en formato [dd/MMM/yyyy:HH:mm:ss-XXXX].
- **Recurso**: aquello a lo que se accede.
- **Resultado**: respuesta por parte del servidor que cubre los diferentes escenarios posibles.
- **Tiempo**: segundos que se tarda en acceder al recurso.
- **Referente**: desde donde se accede al recurso.
- ***User-agent***: información del sistema operativo y del navegador que han sido usados para acceder al recurso.

En nuestro caso, se prescindirá de la información que proporcionan los campos: RFC 1413, usuario remoto y tiempo. Una forma de extender el modelo sería considerar está información y discutir cómo afecta a este.

También se considerará que, conociendo las necesidades informacionales, se ha preparado una colección de ficheros que contienen información que permitirá facilitar la carga de algunas de las dimensiones de nuestro *data warehouse*.

Resumiendo, la situación de partida está formada por cinco ficheros con los que se procederá a una carga[24] inicial del *data warehouse*:

- access.log: que contiene la información de acceso a nuestra aplicación web.
- navegador.csv: que contiene un listado de navegadores base.
- protocolo.csv: que contiene los protocolos de acceso estándar.
- resultado.csv: que contiene el resultado que puede proporcionar el servidor a un acceso.
- so.cv: que contiene un listado de sistemas operativos base.
- Allagents.xml: contiene un listado de robots que frecuentemente visitan páginas web para indexarlas; este fichero permitiría categorizar las visitas de los robots.

24. La carga incremental del *data warehouse* queda fuera del ámbito de este documento, si bien se puede desarrollar a partir de la carga inicial.

Estos último ficheros han sido creados partiendo de la situación real en la que normalmente en la carga inicial (la que se realizará en este caso) se precargan las dimensiones.

La estrategia que se seguirá en el proceso ETL será la siguiente:

1) Cargar las dimensiones navegador, protocolo, resultado y so a partir de los ficheros anteriores.

2) Complementar las dimensiones restantes a partir de la información presente en el fichero access.log y alimentar la tabla de hecho de visitas.

3) Crear un trabajo para lanzar todas las transformaciones de una manera única.

Se usará la siguiente notación:

- Para las transformaciones: TRA_ETL_INI_{Nombre de la dimensión o tabla de hecho que cargar}.

- Para los trabajos: JOB_CARGA_INI_{Nombre de la dimensión o tabla de hecho que cargar}.

3.2. Diseño con Pentaho Data Integration

Este es el primer contacto con las herramientas de desarrollo de Pentaho. Antes de nada, es necesario estructurar el proyecto o solución de negocio. Las soluciones de negocio se guardaban tradicionalmente dentro de la carpeta pentaho-solutions[25]. En las

25. Se puede acceder a esta carpeta desde el escritorio a través del enlace directo llamado pentaho y luego entrando en biserver-ce.

últimas versiones, los objetos de análisis se guardan a nivel de base de datos, si bien seguiremos la estructura anterior.

De esta manera hemos creado una carpeta llamada AEW (análisis de estadísticas web) y en ella varias carpetas que contienen los materiales de los diferentes capítulos:

- Datos.
- Modelo.
- ETL.
- OLAP.
- Reporting.
- Dashboard.

En el caso de PDI, se puede trabajar de dos maneras: mediante el repositorio de datos (que permite guardar las transformaciones en base de datos) o mediante ficheros. Trabajaremos de esta segunda manera para compartir más fácilmente los cambios.

Dentro de la carpeta ETL existen dos carpetas, llamadas datos y procesos ETL, cuyo nombre describe su funcionalidad.

Dentro de datos tenemos los seis ficheros presentados en el contexto.

Figura 7. Fuentes de origen

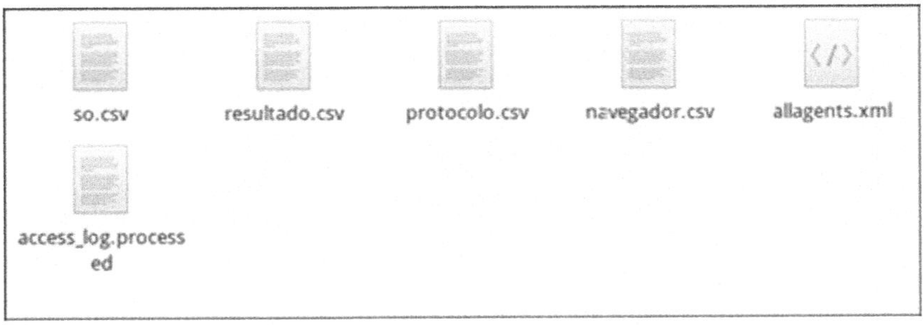

Fuente: Josep Curto.

Siguiendo la estrategia que hemos definido anteriormente, el primer paso es la carga de los ficheros CSV. Son ficheros ya preparados en el formato de la base de datos, de manera que cargan directamente. Por tanto, entendiendo cómo se ha creado uno de los procesos ETL, es suficiente para el resto.

La transformación ETL llamada TRA_ETL_INI_PROTOCOLO tiene dos pasos:

- Lectura del fichero CSV.
- Insertar/actualizar de la base de datos a partir de la información extraída del fichero.

Gráfico 21. Pasos ETL para la carga de protocolo

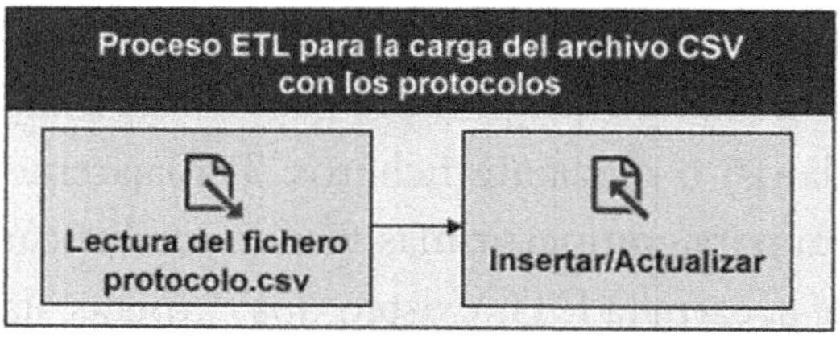

Fuente: Josep Curto.

El fichero tiene la forma:

Figura 8. Información del fichero protocolos

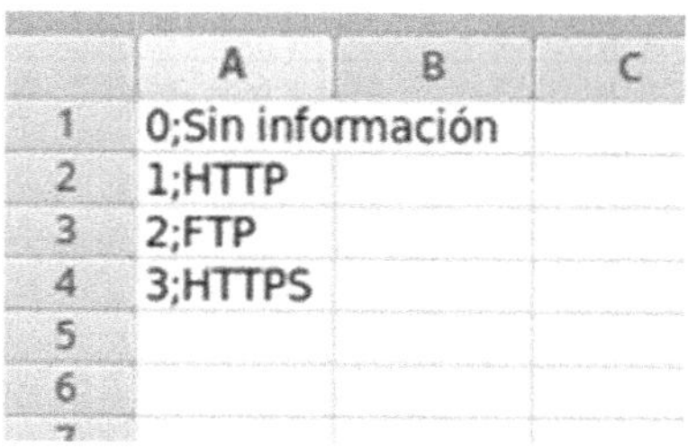

	A	B	C
1	0;Sin información		
2	1;HTTP		
3	2;FTP		
4	3;HTTPS		
5			
6			

Fuente: Josep Curto.

Para parametrizar el paso de lectura, se usa el paso *text file input* y entonces:

a) Se define el fichero que es la fuente de origen en la pestaña *file*.

Figura 9. Lectura del fichero CSV

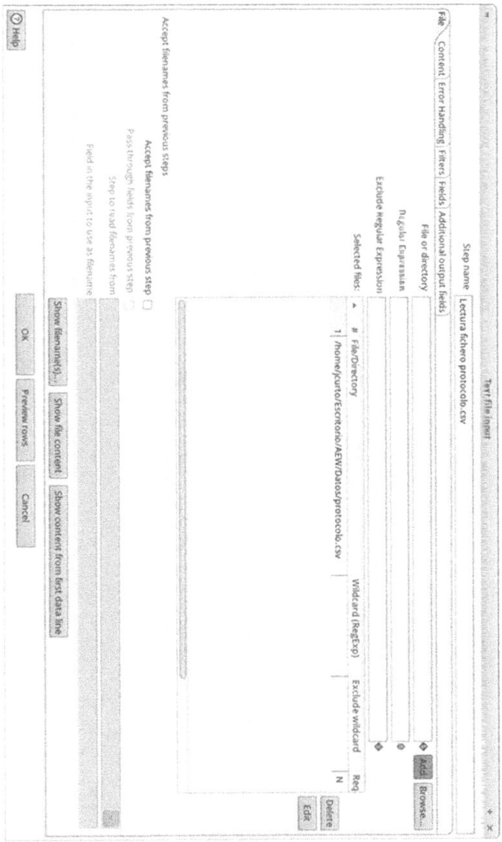

Fuente: Josep Curto.

b) Se define cuál es el separador y cómo está encapsulado el texto en la pestaña *content*.

c) Se definen los campos que cargar en la campaña *fields*. Para facilitar la tareas, se pulsa el botón *get fields*.

Figura 10. Campos del fichero

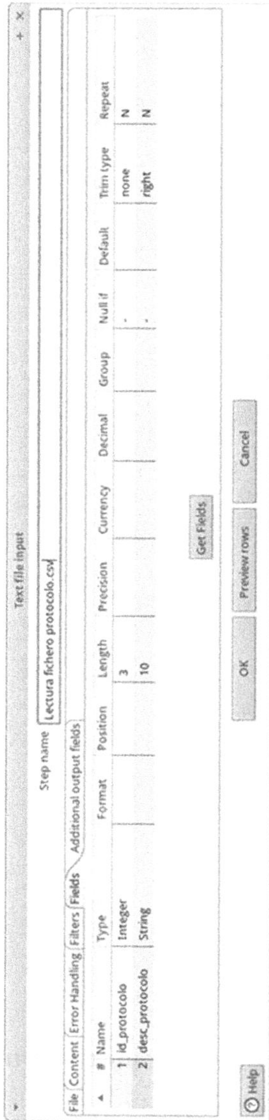

Fuente: Josep Curto.

d) Después se inserta la información mediante el paso *insert/update*, cuya parametrización es la siguiente:

Figura 11. Insertar/actualizar base de datos

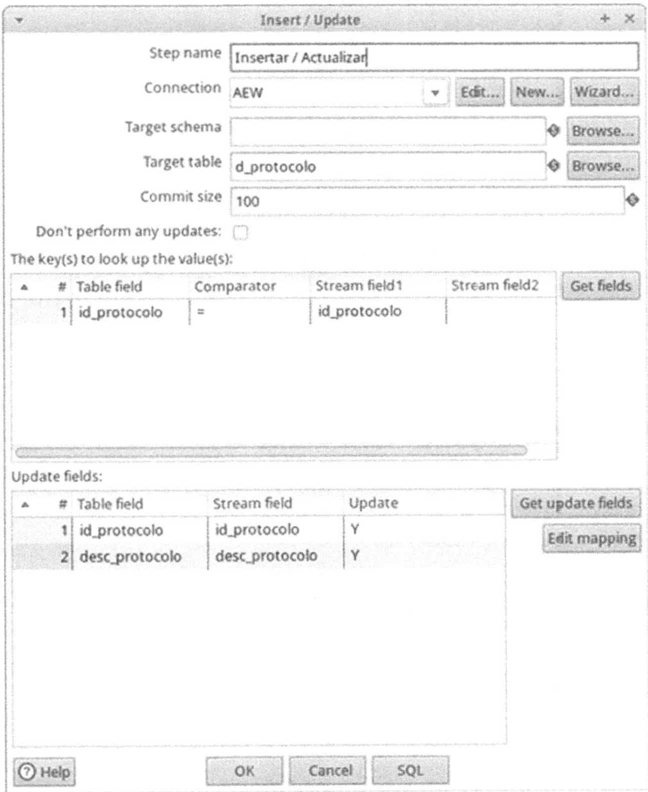

Fuente: Josep Curto.

De manera equivalente se realizan las otras dimensiones que se cargan a partir de los ficheros CSV: navegador, resultado y so.

Una vez cargadas estas cuatro dimensiones, a partir del fichero access.log se cargará la información de las dimensiones restantes primero y posteriormente la tabla de hecho.

La información del fichero access.log está en la forma de un *log* de un servidor de Apache.

Figura 12. Contenido del fichero *log*

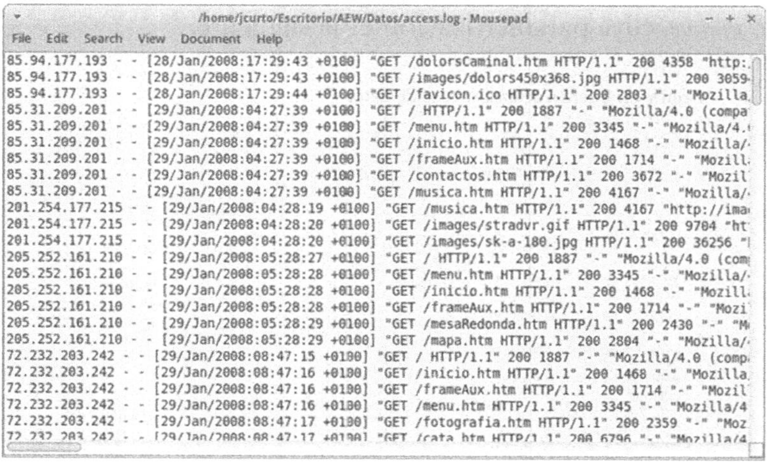

Fuente: Josep Curto.

La transformación creada que carga el resto de las dimensiones y la tabla de hecho y sus atributos es:

Figura 13. Pasos carga datos del fichero *log*

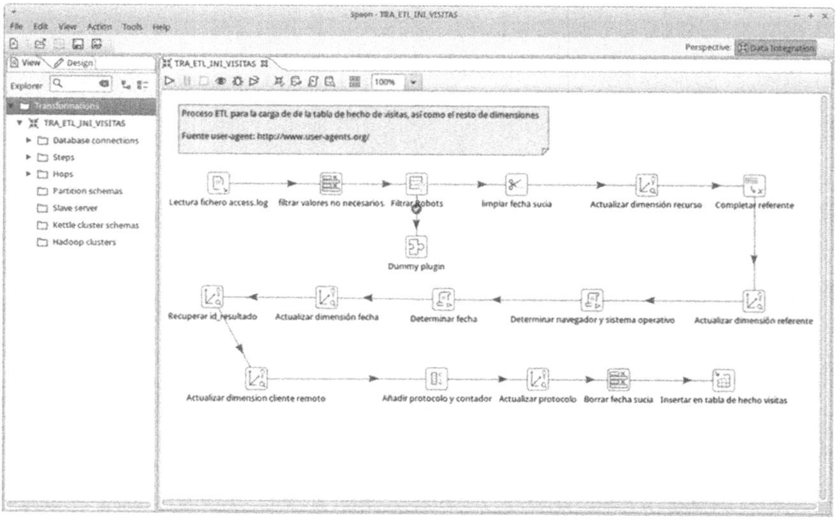

Fuente: Josep Curto.

Analicemos los diferentes pasos que componen esta transformación:

a) Lectura del fichero *log* con el que recuperamos los campos que forman parte del flujo de información usando el paso *text file input*.

Figura 14. Campos del fichero *log*

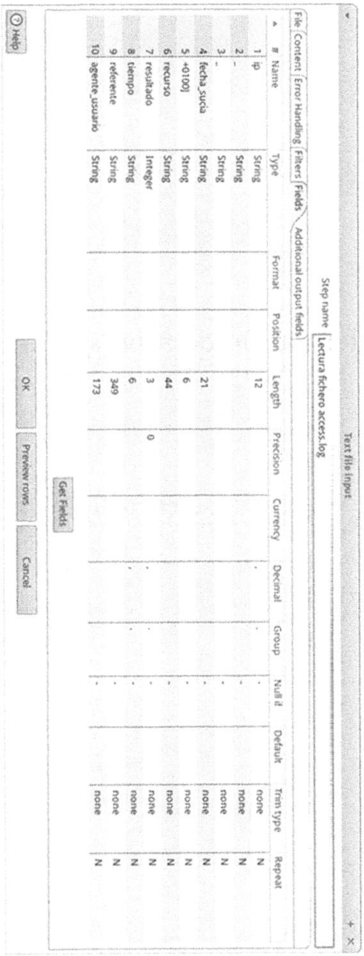

Fuente: Josep Curto.

b) Dado que existe información que no será usada, se descarta mediante el paso *select / rename values* (los campos que no se seleccionan desaparecen del flujo).

Figura 15. Selección de campos relevantes

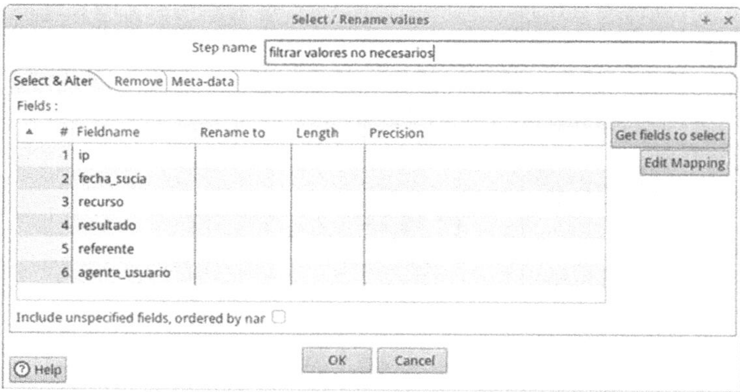

Fuente: Josep Curto.

c) Filtramos información de robots para quedarnos tan solo con visitas[26].

Figura 16. Filtrado de robots

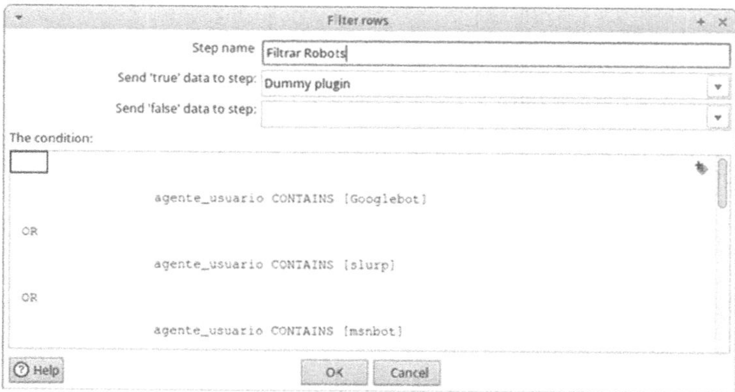

Fuente: Josep Curto.

26. Este paso no está optimizado y no se basa en el fichero allagents.xml, lo que se deja al lector.

d) La fecha se ha extraído como una cadena y se borra el carácter sobrante mediante el paso *string cut*.

Figura 17. Cortar cadena

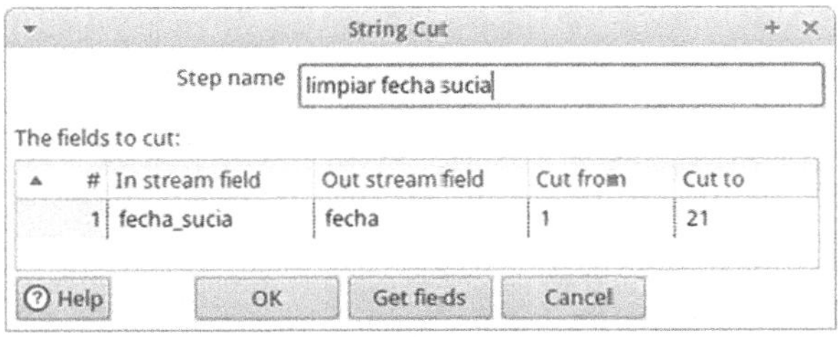

Fuente: Josep Curto.

e) Se actualiza la dimensión recurso a partir de la información entrante y se recupera el id_recurso mediante el paso *combination lookup / update*, que hace una búsqueda o actualiza.

Figura 18. Actualizar dimensión recursos

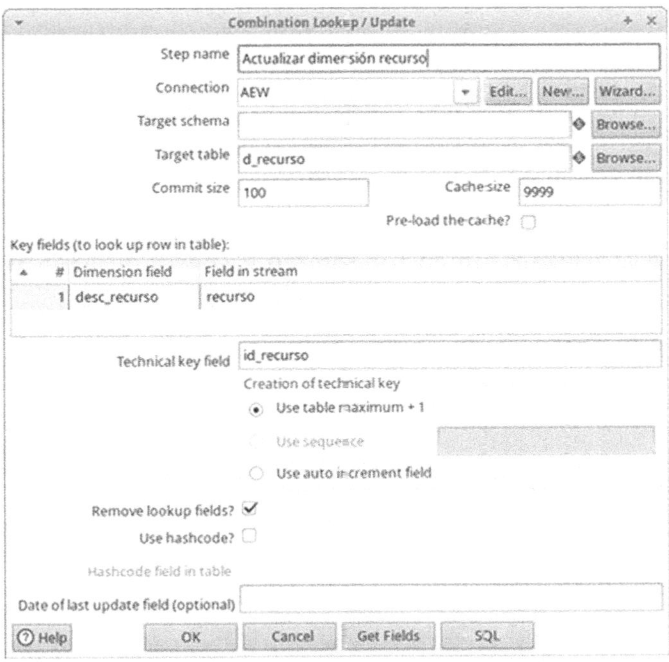

Fuente: Josep Curto.

f) Completamos los nulos del campo referente mediante el paso *replace null value.*

Figura 19. Tratamiento de los valores nulos

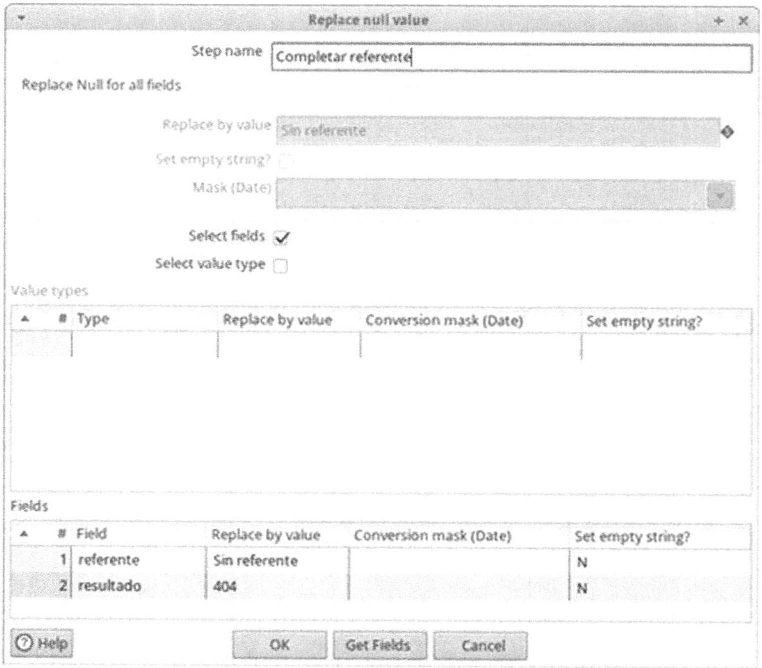

Fuente: Josep Curto.

g) Se actualiza la dimensión referente a partir de la información entrante y se recupera el id_referente mediante el paso *combination lookup / update.*

Figura 20. Actualizar dimensión referente

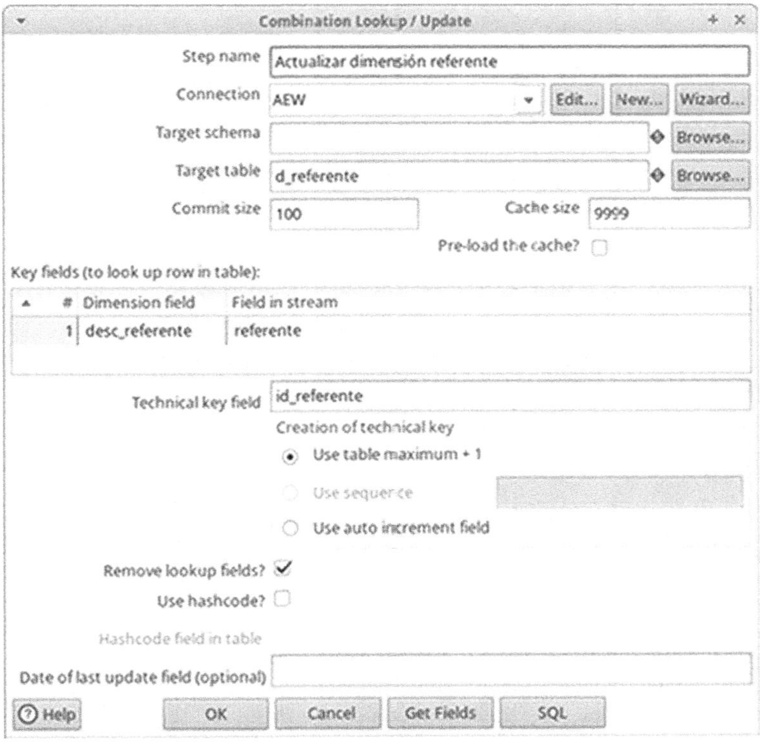

Fuente: Josep Curto.

h) A partir de la información en el campo agente_usuario, se determina el navegador y sistema operativo mediante el paso *script value modified javascript.*

Figura 21. Determinar navegador y sistema operativo mediante *script*

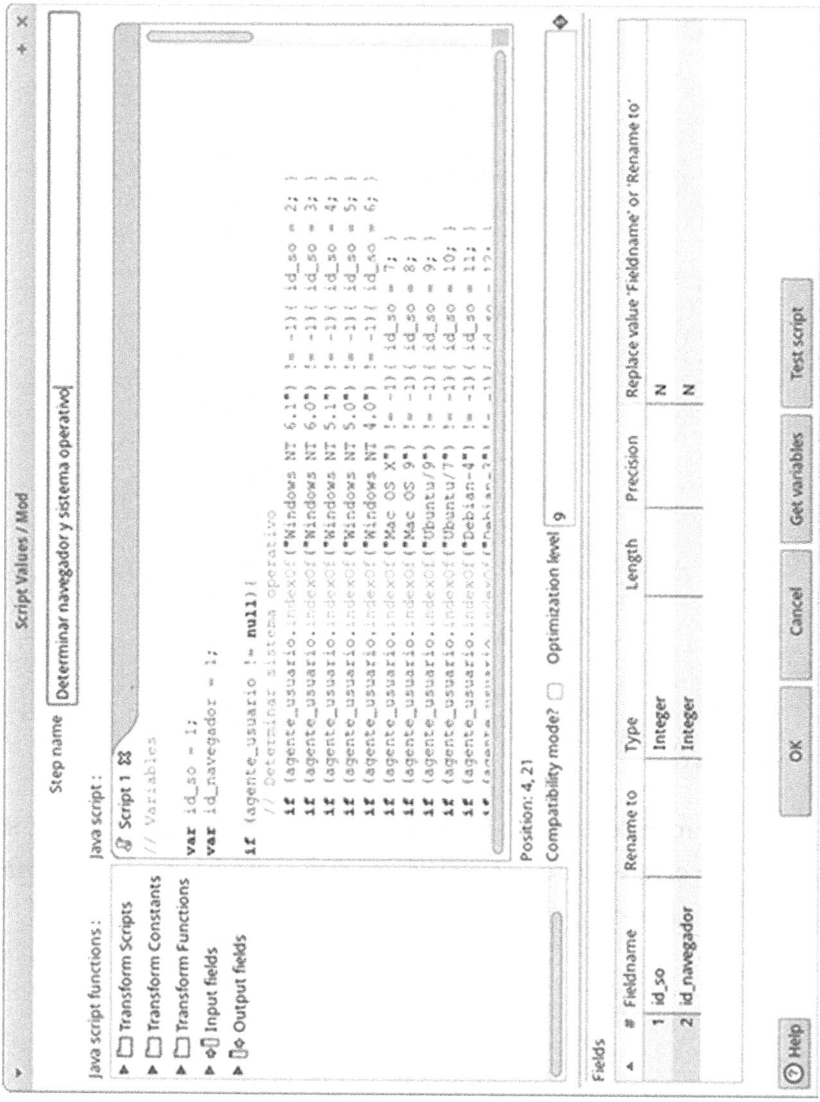

Fuente: Josep Curto.

El código usado, y susceptible de mejora, es:

Figura 22.

```
var id_so = 1;
var id_navegador = 1;

if (agente_usuario != null){
	// Determinar sistema operativo
	if (agente_usuario.indexOf("Windows NT 6.1") != -1){ id_so = 2; }
	if (agente_usuario.indexOf("Windows NT 6.0") != -1){ id_so = 3; }
	if (agente_usuario.indexOf("Windows NT 5.1") != -1){ id_so = 4; }
	if (agente_usuario.indexOf("Windows NT 5.0") != -1){ id_so = 5; }
	if (agente_usuario.indexOf("Windows NT 4.0") != -1){ id_so = 6; }
	if (agente_usuario.indexOf("Mac OS X") != -1){ id_so = 7; }
	if (agente_usuario.indexOf("Mac OS 9") != -1){ id_so = 8; }
	if (agente_usuario.indexOf("Ubuntu/9") != -1){ id_so = 9; }
	if (agente_usuario.indexOf("Ubuntu/7") != -1){ id_so = 10; }
	if (agente_usuario.indexOf("Debian-4") != -1){ id_so = 11; }
	if (agente_usuario.indexOf("Debian-3") != -1){ id_so = 12; }
	if (agente_usuario.indexOf("Fedora") != -1){ id_so = 13; }
	if (agente_usuario.indexOf("SUSE") != -1){ id_so = 14; }
	if (agente_usuario.indexOf("Solaris") != -1){ id_so = 15; }
	if (agente_usuario.indexOf("Mandriva") != -1){ id_so = 16; }
	if (agente_usuario.indexOf("Red Hat") != -1){ id_so = 17; }
	if (agente_usuario.indexOf("OpenSUSE") != -1){ id_so = 18; }
	// Determinar navegador
	if (agente_usuario.indexOf("MSIE 3") != -1){ id_navegador = 2; }
	if (agente_usuario.indexOf("MSIE 4") != -1){ id_navegador = 3; }
	if (agente_usuario.indexOf("MSIE 5") != -1){ id_navegador = 4; }
	if (agente_usuario.indexOf("MSIE 5.5") != -1){ id_navegador = 5; }
	if (agente_usuario.indexOf("MSIE 6") != -1){ id_navegador = 6; }
	if (agente_usuario.indexOf("MSIE 7") != -1){ id_navegador = 7; }
	if (agente_usuario.indexOf("MSIE 8") != -1){ id_navegador = 8; }
	if (agente_usuario.indexOf("Avant") != -1){ id_navegador = 9; }
	if (agente_usuario.indexOf("SeaMonkey/1") != -1){ id_navegador = 10; }
	if (agente_usuario.indexOf("Camino/1") != -1){ id_navegador = 11; }
	if (agente_usuario.indexOf("Firefox/1") != -1){ id_navegador = 12; }
	if (agente_usuario.indexOf("Firefox/2") != -1){ id_navegador = 13; }
	if (agente_usuario.indexOf("Firefox/3") != -1){ id_navegador = 14; }
	if (agente_usuario.indexOf("Firefox/4") != -1){ id_navegador = 15; }
	if (agente_usuario.indexOf("Flock/1") != -1){ id_navegador = 16; }
	if (agente_usuario.indexOf("Galeon/2") != -1){ id_navegador = 17; }
	if (agente_usuario.indexOf("Epiphany/2") != -1){ id_navegador = 18; }
	if (agente_usuario.indexOf("K-Meleon/1") != -1){ id_navegador = 19; }
	if (agente_usuario.indexOf("Opera/9") != -1){ id_navegador = 20; }
	if (agente_usuario.indexOf("Opera/10") != -1){ id_navegador = 21; }
	if (agente_usuario.indexOf("Konqueror/3") != -1){ id_navegador = 22; }
	if (agente_usuario.indexOf("Safari/3") != -1){ id_navegador = 23; }
	if (agente_usuario.indexOf("Safari/4") != -1){ id_navegador = 24; }
	if (agente_usuario.indexOf("Camino/2") != -1){ id_navegador = 25; }
	if (agente_usuario.indexOf("SeaMonkey/2") != -1){ id_navegador = 26; }
	if (agente_usuario.indexOf("SeaMonkey/3") != -1){ id_navegador = 27; }
	if (agente_usuario.indexOf("Konqueror/4") != -1){ id_navegador = 28; }
	if (agente_usuario.indexOf("Netscape/7") != -1){ id_navegador = 29; }
	if (agente_usuario.indexOf("Netscape/8") != -1){ id_navegador = 30; }
	if (agente_usuario.indexOf("Netscape/9") != -1){ id_navegador = 31; }
}
```

i) Se determina la fecha mediante el paso *script value modified javascript.*

Figura 23. Determinar fecha mediante *script*

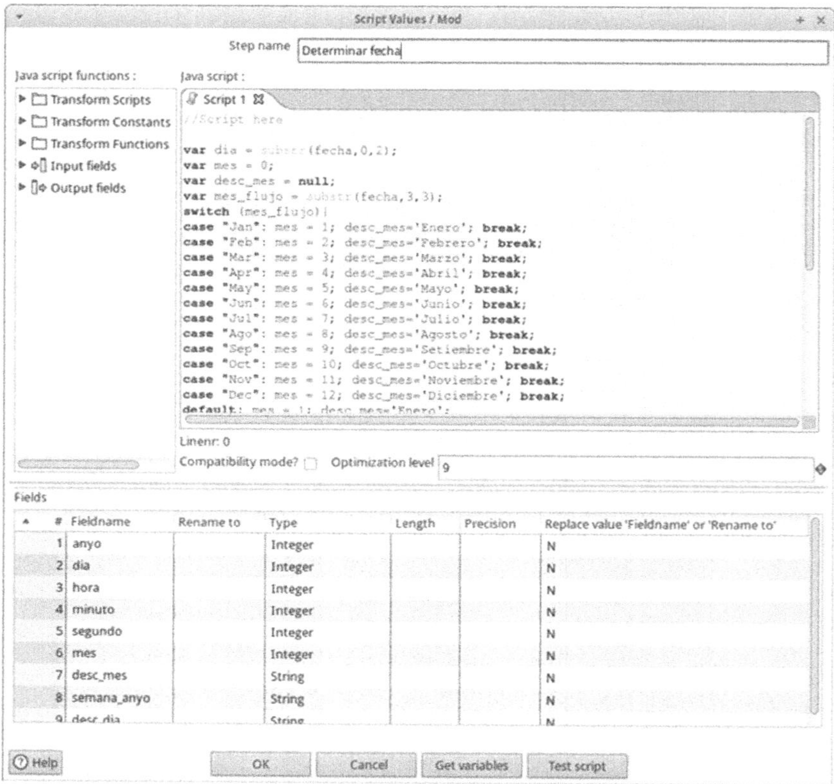

Fuente: Josep Curto.

El código usado, y susceptible de mejora, es:

Figura 24.

```
var dia = substr(fecha,0,2);
var mes = 0;
var desc_mes = null;
var mes_flujo = substr(fecha,3,3);
var (mes_flujo){
     case "Jan": mes = 1; desc_mes='Enero'; break;
     case "Feb": mes = 2; desc_mes='Febrero'; break;
     case "Mar": mes = 3; desc_mes='Marzo'; break;
     case "Apr": mes = 4; desc_mes='Abril'; break;
     case "May": mes = 5; desc_mes='Mayo'; break;
     case "Jun": mes = 6; desc_mes='Junio'; break;
     case "Jul": mes = 7; desc_mes='Julio'; break;
     case "Ago": mes = 8; desc_mes='Agosto'; break;
     case "Sep": mes = 9; desc_mes='Setiembre'; break;
     case "Oct": mes = 10; desc_mes='Octubre'; break;
     case "Nov": mes = 11; desc_mes='Noviembre'; break;
     case "Dec": mes = 12; desc_mes='Diciembre'; break;
     default: mes = 1; desc_mes='Enero';
}
var anyo = substr(fecha,7,4);
var hora = substr(fecha,12,2);
var minuto = substr(fecha,15,2);
var segundo = substr(fecha,18,2);

var semana_anyo = week(new Date(anyo,mes,dia));
var desc_dia = null;
switch ((new Date(anyo,mes,dia)).getDay()){
     case 0: desc_dia='Domingo'; break;
     case 1: desc_dia='Lunes'; break;
     case 2: desc_dia='Martes'; break;
     case 3: desc_dia='Miércoles'; break;
     case 4: desc_dia='Jueves'; break;
     case 5: desc_dia='Viernes'; break;
     case 6: desc_dia='Sábado'; break;
     default: desc_dia='Domingo';
}
```

j) Se actualiza la fecha y se recupera el id_fecha mediante el paso *combination lookup / update.*

Figura 25. Actualizar dimensión fecha

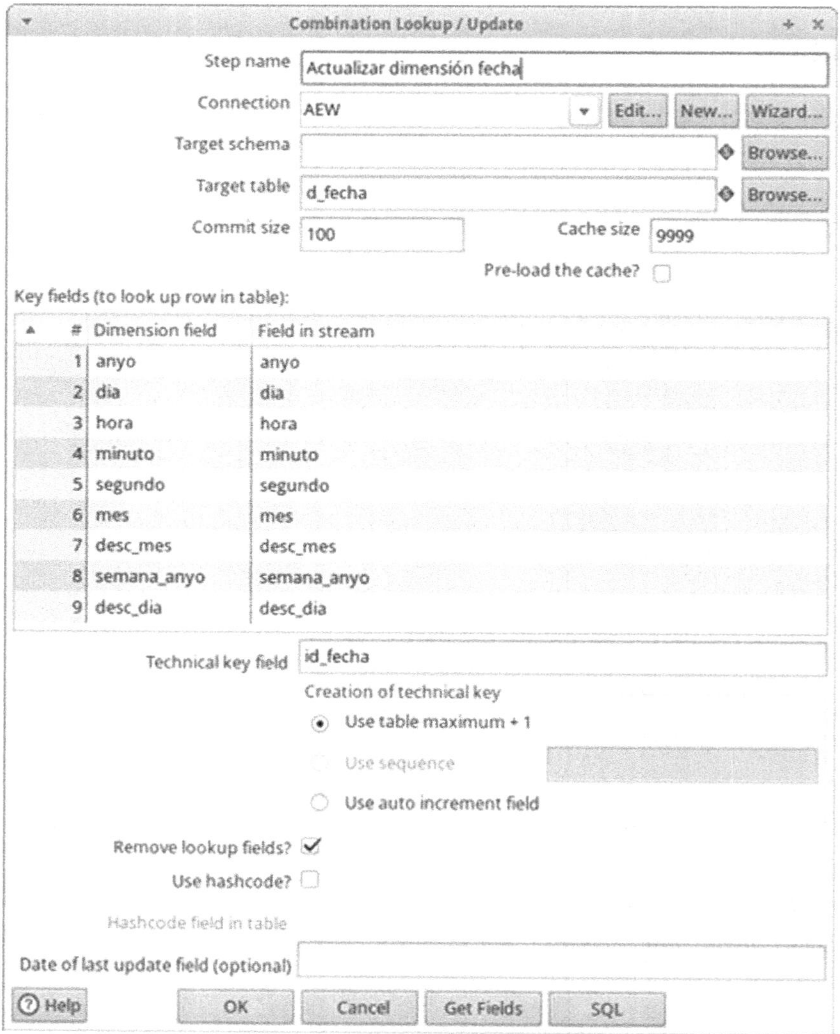

Fuente: Josep Curto.

k) Se recupera id_resultado de la base de datos a partir de la información en el flujo mediante el paso *combination lookup / update.*

Figura 26. Recuperar id_resultado

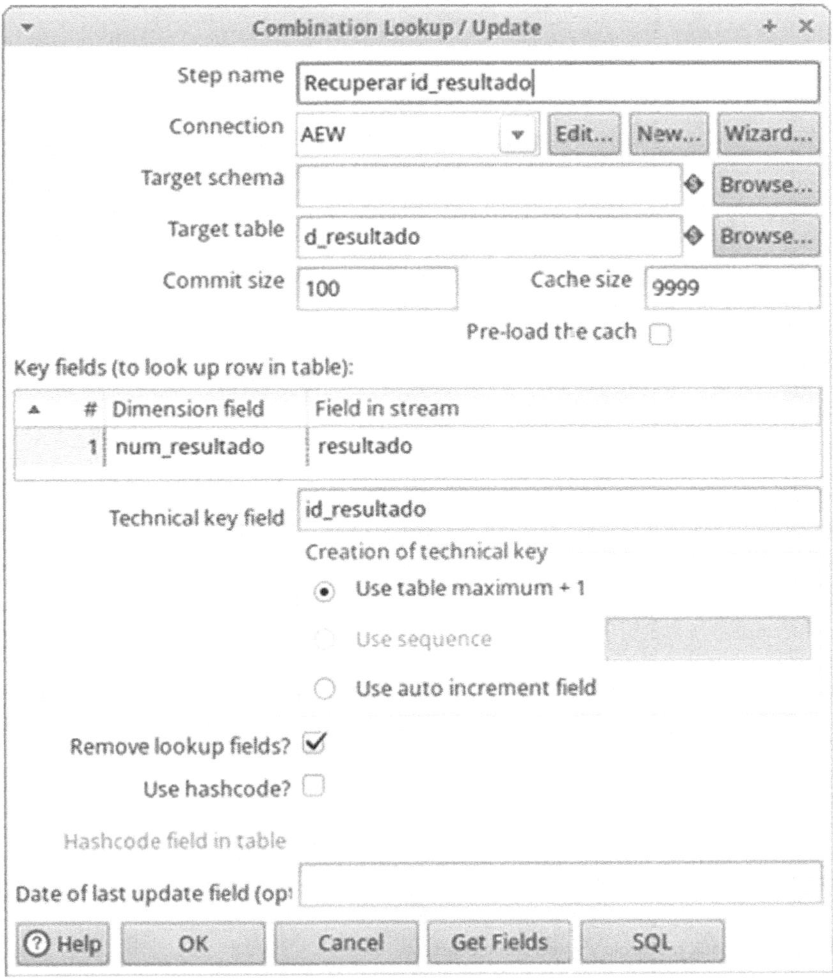

Fuente: Josep Curto.

l) Se actualiza la dimensión cliente remoto y se recupera el id_cliente_remoto mediante el paso *combination lookup / update*.

Figura 27. Actualizar dimensión cliente remoto

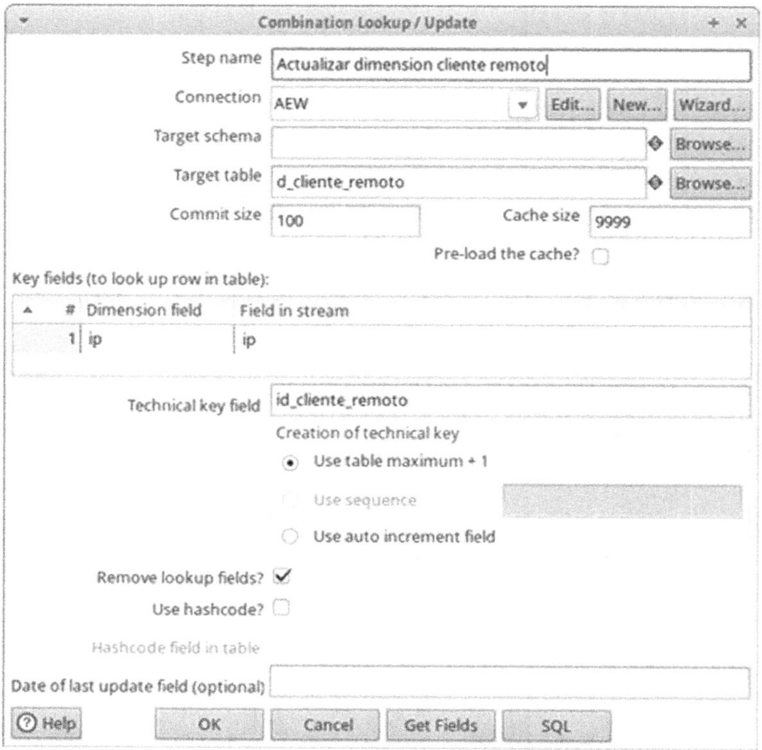

Fuente: Josep Curto.

m) Se añade el protocolo y el contador mediante el paso *add constant values*.

Figura 28. Añadir protocolo y visitas como constante

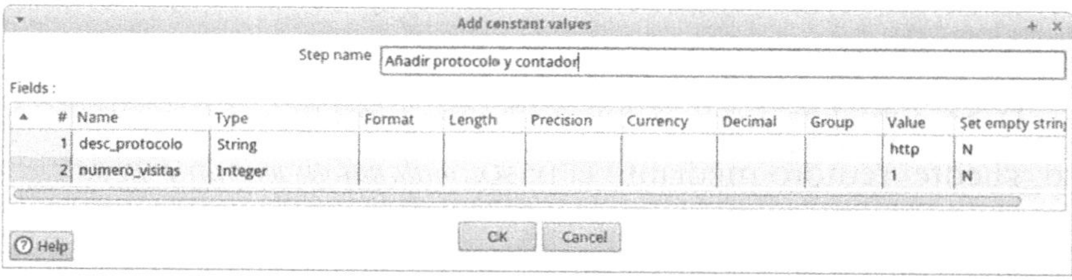

Fuente: Josep Curto.

n) Se actualiza la dimensión protocolo y se recupera el id_protocolo mediante el paso *combination lookup / update.*

Figura 29. Actualizar dimensión protocolo

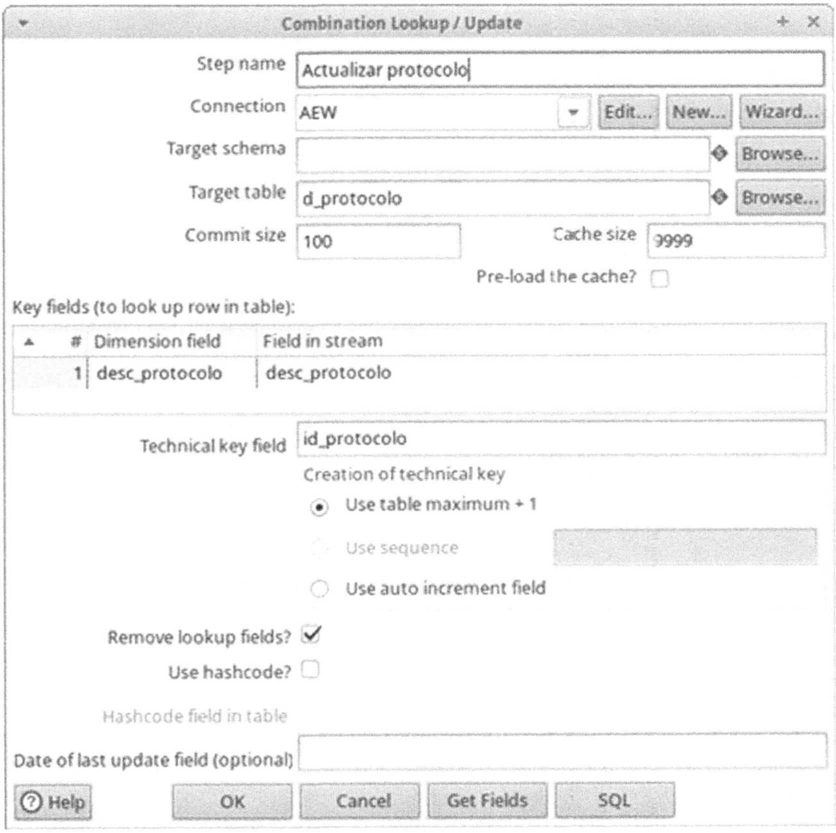

Fuente: Josep Curto.

ñ) Se quitan del flujo los campos que no son necesarios mediante el paso *select / rename values.*

Figura 30. Filtrar valores relevantes

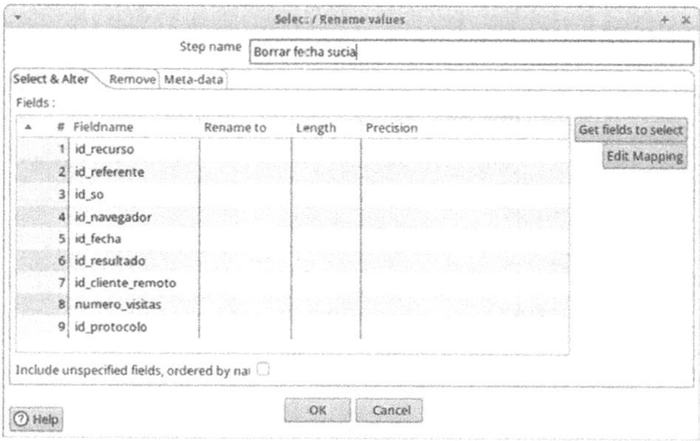

Fuente: Josep Curto.

o) Se inserta la información en la tabla de hecho visitas mediante el paso *table output.*

Figura 31. Insertar tabla de hecho

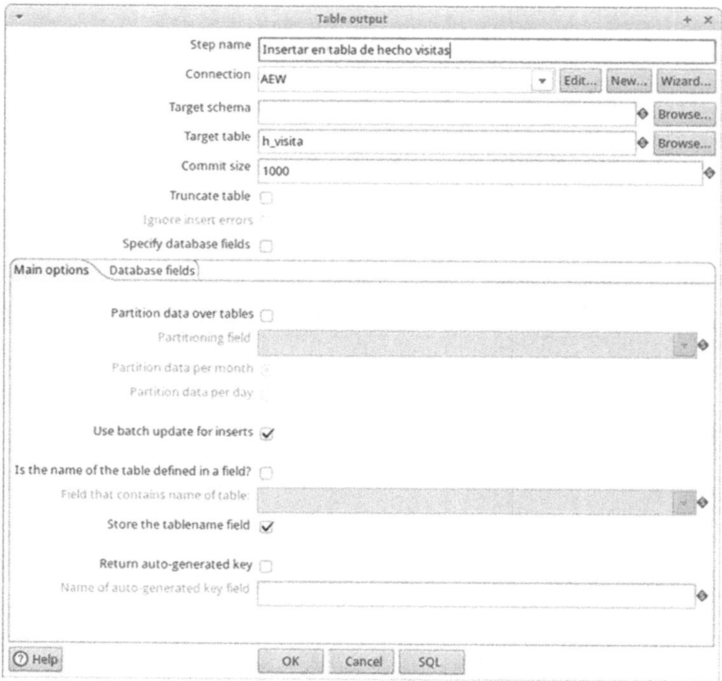

Fuente: Josep Curto.

p) Finalmente, se diseña un trabajo para ejecutar de modo secuencial todas las transformaciones.

Figura 32. Trabajo para ejecutar transformaciones

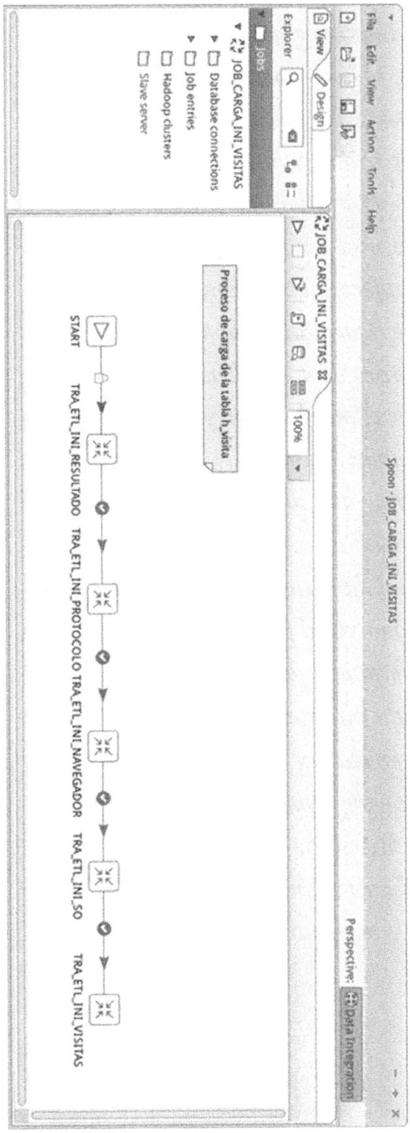

Fuente: Josep Curto.

Abreviaturas

BI *Business intelligence.*
CDC *Change data capture.*
CDI *Customer data integration.*
CPM *Corporate performance management.*
CPU *Central processing unit.*
CSV *Comma separated value.*
EAI *Enterprise application integration.*
EDR *Environmental data record.*
EII *Enterprise information integration.*
EIM *Enterprise information management.*
ETL *Extract, transform and load.*
HTML *Hypertext markup language.*
JDBC *Java database connectivity.*
JNDI *Java naming and directory interface.*
ODBC *Open database connectivity.*
ODS *Operational data store.*
OLAP *Online analytical processing.*
PDF *Portable document format.*
PDI *Pentaho data integration.*
PIM *Product information management.*
SCD *Slowly changing dimension.*
SI Sistemas de información.
SQL *Structured query language.*
XML *Extensible markup language.*

Anexo

Subsistemas ETL

Según la clasificación de Ralph Kimball, existen treinta y cuatro subsistemas ETL clasificados en cuatro grandes grupos:

- Extracción: consiste en extraer la información de la fuente de origen.
- Limpieza y conformación: consiste en acciones que permiten validar y aumentar la calidad de la información.
- Entrega: consiste en la preparación de la información para su posterior entrega.
- Gestión: aúna las tareas de administración de procesos ETL.

Vamos a detallar cada uno de los grupos.

1) Extracción

- ***Data profiling* (subsistema 1)**: consiste en la exploración de los datos para verificar su calidad y si cumple los estándares conforme los requerimientos.
- ***Change data capture* (subsistema 2)**: detecta los cambios para refinar los procesos ETL y mejorar su rendimiento.
- **Sistema de extracción (subsistema 3)**: permite la extracción de datos desde la fuente de origen a la fuente destino.

2) Limpieza y conformación

- ***Data cleaning* (subsistema 4)**: implementa los procesos de calidad de datos que permite detectar las incoherencias de calidad.

- **Rastreo de eventos de errores (subsistema 5)**: captura todos los errores que proporcionan información valiosa sobre la calidad de datos y permiten la mejora de estos.

- **Creación de dimensiones de auditoría (subsistema 6)**: permite crear metadatos asociados a cada tabla. Estos metadatos permiten validar la evolución de la calidad de los datos.

- **Deduplicación (subsistema 7)**: eliminar información redundante de tablas importantes como cliente o producto. Requiere cruzar múltiples tablas en múltiples sistemas de información para detectar el patrón que permite identificar cuándo una fila está duplicada.

- **Conformación (subsistema 8)**: permite identificar elementos equivalentes que permiten compartir información entre tablas relacionadas.

3) Entrega

- ***Slowly changing dimension* (SCD) (subsistema 9)**: implementa la lógica para crear atributos de variabilidad lenta a lo largo del tiempo.

- ***Surrogate key* (subsistema 10)**: permite crear claves subrogadas independientes para cada tabla.

- **Jerarquías (subsistema 11)**: permite hacer inserciones en estructuras jerárquicas de tablas.
- **Dimensiones especiales (subsistema 12)**: permite crear dimensiones especiales, como *junk*, mini o de etiquetas.
- **Tablas de hecho (subsistema 13)**: permite crear tablas de hecho.
- ***Pipeline* de claves subrogadas (subsistema 14)**: permite remplazar las claves operacionales por las claves subrogadas.
- **Constructor de tablas multivaluadas (subsistema 15)**: permite construir tablas puente para soportar las relaciones N:M.
- **Gestión para información tardía (subsistema 16)**: permite aplicar modificaciones a los procesos en caso de que los datos tarden en llegar.
- **Gerente de dimensión (subsistema 17)**: autoridad central que permite crear y publicar dimensiones conformadas.
- **Aprovisionador de tablas de hecho (subsistema 18)**: permite la gestión de las tablas de hecho.
- **Creador de agregadas (subsistemas 19)**: permite gestionar agregadas.
- **Creador de cubos OLAP (subsistema 20)**: permite alimentar de datos a esquemas OLAP desde esquema dimensionales relacionales.

- **Propagador de datos (subsistema 21)**: permite preparar información conformada para ser entregada para cualquier propósito especial.

4) Gestión

- **Programador de trabajos (subsistema 22)**: permite gestionar ETL de la categoría de trabajos.
- **Sistema de *backup* (subsistema 23)**: realiza copias de respaldo de los procesos ETL.
- **Reinicio y recuperación (subsistema 24)**: permite reiniciar un proceso ETL en el caso de error.
- **Control de versiones (subsistema 25)**: permite hacer control de versiones de un proyecto ETL y de los metadatos asociados.
- **Migración de versiones (subsistema 26)**: permite pasar proyectos en fase test a producción mediante versionado.
- **Monitorización de *workflow* (subsistema 27)**: dado que un proceso de ETL es un *workflow*, es necesario monitorizarlos para medir su rendimiento.
- **Ordenación (subsistema 28)**: permite calibrar los procesos ETL para mejorar su rendimiento.
- **Linealidad y dependencia (subsistema 29)**: identifica elementos dependientes. Permite identificar las transformaciones en las que participa o ha participado. Permite la trazabilidad del dato.

- **Escalado de problemas (subsistemas 30)**: suporta la gestión de incidencias.
- **Paralelismo/*clustering* (subsitema 31)**: permite el uso de procesos en paralelo, *grid computing* y *clustering* para mejorar el rendimiento y reducir tiempo del proceso.
- **Seguridad (subsistemas 32)**: gestiona el acceso a ETL y metadatos.
- ***Compliance manager* (subsistema 33)**: permite soportar la legislación vigente respecto a la custodia y responsabilidad de datos que debe aplicarse a la organización.
- **Repositorio de metadatos (subsistema 34)**: captura los metadatos de los procesos ETL, de los datos de negocio y de los aspectos técnicos.

Bibliografía

Bouman, R.; Van Dongen, J. (2009). *Pentaho® Solutions: Business Intelligence and Data Warehousing with Pentaho® and MySQL*. Indianápolis: Wiley Publishing.

Inmon, W. H. (2005). *Building the Data Warehouse* (4.ª ed.). Hoboken: John Wiley & Sons.

Inmon, W. H.; Strauss, D.; Neushloss, G. (2008). *DW 2.0: The Architecture for the next generation of Data Warehousing*. Burlington: Morgan Kaufman Series.

Kimball, R. (2009). *Data Warehouse Toolkit Classics: The Data Warehouse Toolkit* (2.ª ed.); *The Data Warehouse Lifecycle Toolkit* (2.ª ed.); *The Data Warehouse ETL Toolkit*. Hoboken: John Wiley & Sons.

Knight, B. (2009). *Professional Microsoft SQL Server 2008 Integration Services*. Indianápolis: Wrox.

Capítulo IV
Diseño de análisis OLAP

Introducción

Es bien sabido que el concepto de *business intelligence* engloba múltiples conceptos. Uno de los más importantes es el concepto OLAP (*online analytical processing*), acuñado por Edgar F. Codd.

Una manera sencilla de entender qué significa este concepto es que se trata de una tecnología que permite el análisis multidimensional a través de tablas matriciales o pivotantes.

Si bien el término *OLAP* se introduce por primera vez en 1993, sus conceptos base, como por ejemplo el análisis multidimensional[27], son mucho más antiguos.

A pesar de ser una tecnología que ya tiene más de cuatro décadas, sus características y su evolución han producido que la gran mayoría de las soluciones del mercado incluyan un motor OLAP.

Es necesario comentar las siguientes cuestiones:

- Las herramientas OLAP de los diferentes fabricantes, si bien son similares, no son completamente iguales, dado que presentan diferentes especificaciones del modelo teórico.
- Las últimas tendencias en OLAP incluyen la tecnología *in-memory* así como su adaptación a tecnologías *big data*.

27. En 1962 se introdujo el análisis multidimensional en la obra de Ken Iverson *A Programming Language*.

- Las soluciones *open source* OLAP han sido las últimas en añadirse a la lista y, por ahora, no tienen tanta variedad como su contrapartida propietaria.
- En el mercado *open source* OLAP solo hay dos soluciones actualmente: el motor ROLAP Mondrian y el motor MOLAP PALO.
- Están apareciendo soluciones OLAP para *big data*, como Apache Kylin (creado por eBay) o Pinot (creado por Linkedin).

Este capítulo se centrará en presentar el concepto OLAP y sus diferentes opciones.

1. OLAP como herramienta de análisis

OLAP forma parte de lo que se conoce como sistemas analíticos que permiten responder a preguntas como ¿por qué pasó? Estos sistemas pueden encontrarse tanto integrados en *suites* de *business intelligence* o ser simplemente una aplicación independiente.

Es necesario, antes de continuar, introducir una definición formal de OLAP:

Se entiende por **OLAP**, o **proceso analítico en línea**, el método para organizar y consultar datos sobre una estructura multidimensional. A diferencia de las bases de datos relacionales, todas las potenciales consultas están calculadas de antemano, lo que proporciona una mayor agilidad y flexibilidad al usuario de negocio.

Una herramienta OLAP está formada por un motor y un visor. El motor es, en realidad, justo el concepto que acabamos de definir. El visor OLAP es una interfaz que permite consultar, manipular, reordenar y filtrar datos existentes en una estructura OLAP mediante una interfaz gráfica de usuario que dispone de funciones de consulta MDX[28] y otras.

Las estructuras OLAP permiten realizar preguntas que serían sumamente complejas mediante SQL.

Consideremos un ejemplo gráfico que nos permitirá entender la potencia de este tipo de herramientas.

Gráfico 22. Ejemplo de cubo OLAP

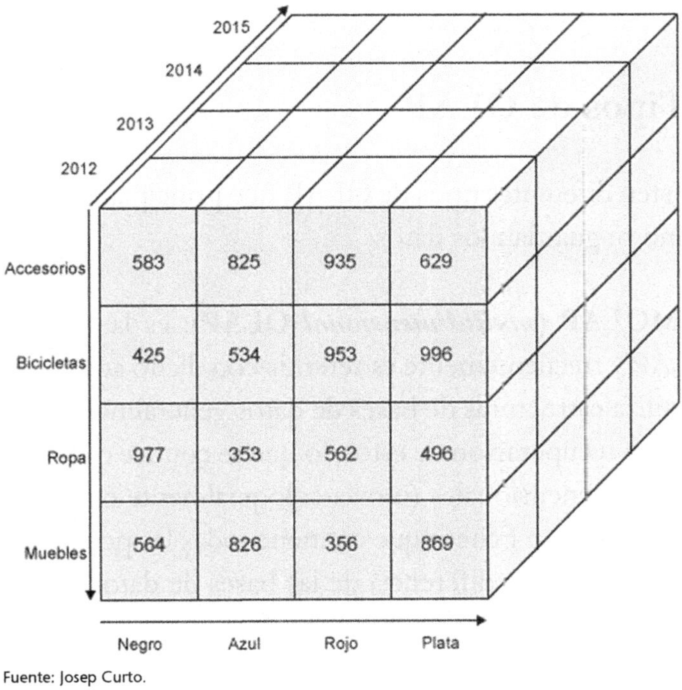

Fuente: Josep Curto.

28. Es el lenguaje de consulta sobre estructuras multidimensionales.

Imaginemos que queremos responder a la siguiente pregunta: ¿cuál es el margen de beneficios de la venta de bicicletas en el año 2014?

Si tenemos un cubo, como el de ejemplo, formado por el año, los productos y su gama de colores, la respuesta es la intersección entre los diferentes elementos.

Cabe observar que una estructura de esta forma permite consultas mucho más completas, como por ejemplo comparar el margen de beneficios de 2013 y 2014, entre diferentes productos, etc.

Además, mediante el visor OLAP se proporciona libertad a los usuarios finales para realizar dichas consultas de manera independiente al departamento de IT.

1.1. Tipos de OLAP

Existen diferentes tipos de OLAP, que principalmente difieren en cómo se guardan los datos:

1) MOLAP (*multidimensional* OLAP): es la forma clásica de OLAP y frecuentemente es referida con dicho acrónimo. MOLAP utiliza estructuras de bases de datos generalmente optimizadas para la recuperación de estos, lo que se conoce como bases de datos multidimensionales (o más coloquialmente cubos). En definitiva, se crea un fichero que contiene todas las posibles consultas precalculadas. A diferencia de las bases de datos relacionales, estas formas de almacenaje están optimizadas para la velocidad de cálculo. También se optimizan a menudo para la recuperación a lo largo de patrones jerárquicos de acceso. Las dimensiones de cada cubo son típicamente atributos tales como periodo, localización, producto o código de la cuenta. La forma como cada dimensión será agregada se define por adelantado.

2) ROLAP (*relational* OLAP): trabaja directamente con las bases de datos relacionales, que almacenan los datos base y las tablas dimensionales como tablas relacionales, mientras que tablas nuevas se crean para guardar la información agregada.

3) HOLAP (*hybrid* OLAP): no hay acuerdo claro en la industria en cuanto a qué constituye el OLAP híbrido, exceptuando el hecho de que es una base de datos en la que los datos se dividen entre almacenaje relacional y multidimensional. Por ejemplo, para algunos vendedores, HOLAP consiste en utilizar las tablas relacionales para guardar las cantidades más grandes de datos detallados, y utiliza el almacenaje multidimensional para algunos aspectos de cantidades más pequeñas de datos menos detallados o agregados.

4) *Extreme* OLAP: este nombre se está empezando a usar en la industria para referirse a un motor OLAP que trabaja sobre alguna de las tecnologías *big data* (como Hadoop[29] o Spark[30]).

5) DOLAP (*desktop* OLAP): es un caso particular de OLAP, ya que está orientado a equipos de escritorio. Consiste en obtener la información necesaria desde la base de datos relacional y guardarla en el escritorio. Las consultas y análisis son realizados contra los datos guardados en el escritorio.

6) *In-memory* OLAP: es un enfoque por el que muchos fabricantes están optando. La estructura dimensional se genera a nivel de memoria solo, y se guarda el dato original en algún formato que potencie su despliegue de esta forma (por ejemplo, comprimido

29. Apache Hadoop es un *framework* para el procesamiento y almacenamiento de grandes volúmenes de datos.
30. Apache Spark es un motor para el procesamiento rápido de datos a gran escala.

o mediante una base de datos de lógica asociativa). En este último punto es donde cada fabricante pone su énfasis.

Cada tipo tiene ciertas ventajas, aunque hay desacuerdo sobre las ventajas específicas entre los diferentes proveedores.

- MOLAP es mejor en sistemas más pequeños de datos, es más rápido para calcular agregaciones y retornar respuestas, y necesita menos espacio de almacenaje. Últimamente, *in-memory* OLAP está apuntalándose como una opción muy válida al MOLAP.

- ROLAP se considera más escalable. Sin embargo, es difícil implementar eficientemente el preproceso de grandes volúmenes de datos, lo que hace que se deseche con frecuencia. De otro modo, el funcionamiento de las consultas podría ser no óptimo.

- HOLAP está entre los dos en todas las áreas, pero puede preprocesar rápidamente y escalar bien.

- *Extreme* OLAP será usado cuando la empresa implemente proyectos de *big data* y estén interesados en tener disponible análisis OLAP sobre grandes volúmenes de datos.

Todos los tipos son, sin embargo, propensos a la explosión de la base de datos, exceptuando *extreme* OLAP. Este es un fenómeno que causa la cantidad extensa de espacio de almacenaje que es utilizado por las bases de datos OLAP cuando se resuelven ciertas, pero frecuentes, condiciones: alto número de dimensiones, de resultados calculados de antemano y de datos multidimensionales escasos.

La dificultad en la implementación OLAP radica en la formación de las consultas, elegir los datos base y desarrollar el esquema. Como resultado, la mayoría de los productos modernos proveen de bibliotecas enormes de consultas preconfiguradas. Otro problema que puede afectar al cubo es trabajar con datos de baja calidad o incompletos.

1.2. Elementos OLAP

OLAP permite el análisis multidimensional, lo que significa que la información está estructurada en ejes (puntos de vista de análisis) y celdas (valores que se están analizando).

En el contexto OLAP existen diferentes elementos comunes a las diferentes tipologías OLAP (que en definitiva se diferencian a nivel práctico en que en MOLAP se precalculan los datos, en ROLAP no y en *in-memory* se generan al iniciar el sistema):

- **Esquema**: es una colección de cubos, dimensiones, tablas de hecho, métricas y roles.

- **Cubo**: es una colección de dimensiones asociadas a una tabla de hecho. Un cubo virtual permite cruzar la información entre tablas de hecho a partir de sus dimensiones comunes.

- **Tabla de hecho**: representa un proceso de negocio que analizar.

- **Dimensión**: representa las diferentes perspectivas de análisis de un proceso de negocio.

- **Métrica**: representa el resultado de un proceso de negocio.

- **Jerarquía**: es un conjunto de miembros organizados en niveles. Desde el punto de vista de las bases de datos se puede entender como una ordenación de los atributos de una dimensión.

- **Nivel**: es un grupo de miembros en una jerarquía que tienen los mismos atributos y nivel de profundidad en la jerarquía.

- **Miembro**: es un punto en la dimensión de un cubo que pertenece a un determinado nivel de una jerarquía. Las métricas (medidas) en OLAP se consideran un tipo especial de miembro que pertenece a su propio tipo de dimensión. Un miembro puede tener propiedades asociadas.

- **Roles**: permisos asociados a un grupo de usuarios.

- **MDX**: es un acrónimo de *multidimensional expressions* (aunque también es conocido como *multidimensional query expression*). Es el lenguaje de consulta de estructuras OLAP, fue creado en 1997 por Microsoft y si bien no es un lenguaje estándar la gran mayoría de los fabricantes de herramientas OLAP lo han adoptado como estándar de hecho.

1.3. Doce reglas OLAP de E. F. Codd

La definición de OLAP presentada anteriormente se basa en las doce leyes que acuñó Edgar F. Codd en 1993.

Estas reglas son las que, en mayor o menor medida, intentan cumplir todos los fabricantes de software:

1) Vista conceptual multidimensional: se trabaja a partir de métricas de negocio y sus dimensiones.

2) Transparencia: el sistema OLAP debe formar parte de un sistema abierto que soporta fuentes de datos heterogéneas (lo que llamamos actualmente arquitectura orientada a servicios).

3) Accesibilidad: se debe presentar el servicio OLAP al usuario con un único esquema lógico de datos (lo que en definitiva nos indica que debe presentarse respecto a una capa de abstracción directa con el modelo de negocio).

4) Rendimiento de informes consistente: el rendimiento de los informes no debería degradarse cuando el número de dimensiones del modelo se incrementa.

5) Arquitectura cliente/servidor: basado en sistemas modulares y abiertos que permitan la interacción y la colaboración.

6) Dimensionalidad genérica: capacidad de crear todo tipo de dimensiones y con funcionalidades aplicables de una dimensión a otra.

7) *Dynamic sparse-matrix handling*: la manipulación de datos en los sistemas OLAP debe poder diferenciar valores vacíos de valores nulos y además poder ignorar las celdas sin datos.

8) Soporte multiusuario: que significa que puede dar respuesta a diferentes necesidades de negocio, y que cada usuario puede tener acceso a un determinado subconjunto de datos.

9) Operaciones cruzadas entre dimensiones sin restricciones: todas las dimensiones son creadas igual y las operaciones entre dimensiones no deben restringir las relaciones entre celdas.

10) Manipulación de datos intuitiva: dado que los usuarios a los que se destinan este tipo de sistemas son frecuentemente analistas y altos ejecutivos, la interacción debe considerarse desde el prisma de la máxima usabilidad de los usuarios.

11) ***Reporting flexible***: los usuarios deben ser capaces de manipular los resultados que se ajusten a sus necesidades conformando informes. Además, cambios en el modelo de datos deben reflejarse automáticamente en esos informes.

12) Niveles de dimensiones y de agregación ilimitados: no deben existir restricciones para construir cubos OLAP con dimensiones y con niveles de agregación ilimitados.

2. OLAP en el contexto de Pentaho

Mondrian es el motor OLAP integrado en Pentaho y ha sido renombrado como *Pentaho Analysis Services*. Este motor se combina con un visor OLAP que es diferente si consideramos la versión *community* o *enterprise* y con dos herramientas de desarrollo.

Resumiendo:

Tabla 4.

	Community	***Enterprise***
Motor OLAP	Mondrian	
Visor OLAP	Jpivot, Saiku Analytics, Pivot4j	Pentaho Analyser (anteriormente Clearview), Saiku Analytics Enterprise
Herramientas de desarrollo	Pentaho Schema Workbench, Pentaho Agreggation Designer	PDI Enterprise

Trataremos cada uno de esos puntos en los siguientes apartados.

2.1. Mondrian

Mondrian es un servidor/motor OLAP escrito en java que está licenciado bajo la *eclipse public license* (EPL). Como proyecto existe desde 2003 y fue adquirido por Pentaho en 2005.

Mondrian se caracteriza por ser un motor ROLAP con memoria caché, lo cual lo sitúa cerca del concepto de HOLAP. ROLAP significa que en Mondrian no residen datos (salvo en la caché), sino que están en una base de datos en la que existen las tablas que conforman la información multidimensional con la que el motor trabaja. El lenguaje de consulta es MDX.

Mondrian se encarga de recibir consultas dimensionales a un cubo mediante MDX y de devolver los datos. El cubo es, en este caso, un conjunto de metadatos que definen cómo se ha de mapear la consulta por sentencias SQL al repositorio que contiene realmente los datos.

Esta forma de trabajar tiene ciertas ventajas:

- No se generan cubos/estructuras OLAP estáticas, y por lo tanto se ahorra el tiempo de generación y el espacio.
- Se trabaja con datos actualizados siempre al utilizar la información residente en la base de datos.
- Mediante el uso del caché y de tablas agregadas, se pretende simular el mejor rendimiento de los sistemas MOLAP.

Pero también presenta varias desventajas:

- En el caso de apagar el servidor de Pentaho, la memoria caché se vaciará.
- No existe la posibilidad de realizar consultas *off-line*.

El siguiente diagrama presenta la arquitectura de Mondrian:

Gráfico 23. Arquitectura de Mondrian

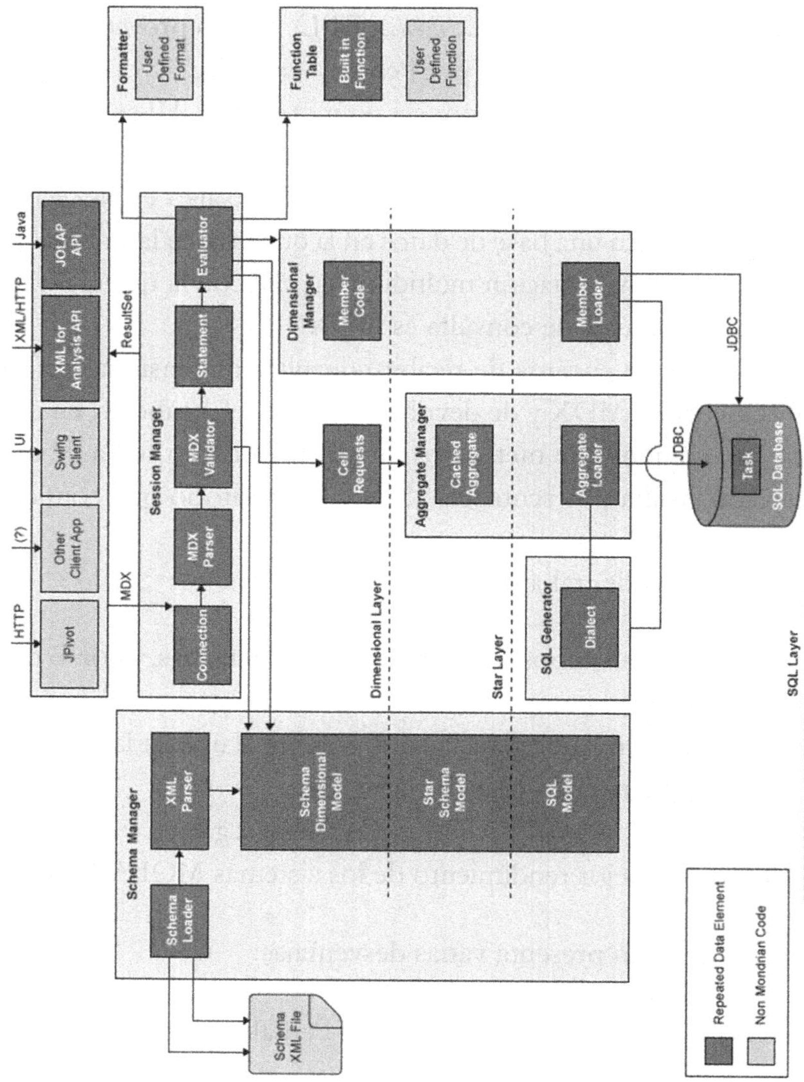

Fuente: Pentaho.

Mondrian funciona sobre las bases de datos estándar del mercado: Oracle, DB2, SQL Server, MySQL, PostgreSQL, LucidDB, Teradata, etc., lo que habilita y facilita el desarrollo de negocio.

Los últimos desarrollos de Mondrian se caracterizan por incluir olap4j[31]. Es una iniciativa del mismo desarrollador de Mondrian: Julian Hyde[32].

Mondrian es un caso atípico en el contexto *open source business intelligence* (OSBI). Para la gran mayoría de las herramientas de inteligencia de negocio existe una o varias opciones. En el caso de soluciones ROLAP, Mondrian es el único producto.

Varios fabricantes han incluido Mondrian en sus soluciones (Tibco JasperSoft, OpenI, SpagoBI e incluso los proyectos que ya no están en desarrollo o han sido comprados, como Lucidera y OpenReports). El hecho de existir una única solución y toda una comunidad de fabricantes y usuarios a su alrededor genera que el equipo de desarrollo de Mondrian (dirigido por Julian Hyde) tenga ciclos de desarrollo mucho menores que otras soluciones.

La versión actual es la 4, cuyo desarrollo se inició en 2014. Sin embargo, la que usa Pentaho es la versión 3, por lo que lo explicado se aplica a dicha versión. La versión 4 introduce mejoras en el esquema de definición del cubo, dimensiones, jerarquías, atributos y métricas. Los cambios son suficientemente relevantes, por lo que supone un rediseño de los visores OLAP y de las herramientas de diseño que aún está en proceso, y no existe fecha para la versión estable y definitiva.

31. Es una API java cuyo objetivo es permitir la creación de aplicaciones OLAP intercambiables entre los diferentes motores OLAP del mercado.

32. Actualmente Julian trabaja en HortonWorks, creadores de una de las principales distribuciones de Hadoop.

2.2. Visores OLAP

Como ya se ha comentado, en el contexto de Pentaho, existen cuatro visores OLAP: JPivot, Saiku Analytics, Pivot4j y Pentaho Analyser.

1) JPivot

JPivot es un cliente OLAP basado en JSP que empezó en 2003 y que desde 2013 no recibe actualizaciones. Tradicionalmente se ha considerado un proyecto hermano de Mondrian, dado que combinado con él permite realizar consultas tanto MDX como a partir de elementos gráficos que se muestran en un navegador web. Durante largo tiempo ha sido el único visor existente para Mondrian. Pentaho adaptó su estilo para diferenciarlo de la interfaz original.

Las características principales de este visor analítico son las siguientes:

- Capacidades de análisis interactivo a través de un acceso web basado en Excel, lo que le proporciona una alta funcionalidad.
- Está basado en estándares de la industria (JBDC, JNDI, SQL, XML/A y MDX).
- Posibilidad de extenderse mediante desarrollo.

Figura 33. Interfaz de Jpivot

						Measures		
Region	My Image	P	P0	P1	P2	Measures[0]	Measures[1]	Measures[2]
-All Region[0]		0	V00			856.44	820.55	983.55
+Region[0]		0		V10		1,095.05	1,087.79	958.23
-Region[1]		1		V11		1,052.05	1,107.59	980.32
+City[0]	✓	0			V20	1,088.31	884.90	1,085.73
+City[1]	✓	1			V21	1,336.43	943.27	1,117.62
+City[2]	✓	2			V22	969.34	1,086.70	1,094.71
+City[3]	✓	3			V23	964.30	900.58	953.65
+City[4]	✓	4			V24	915.59	1,032.98	876.19
+City[5]	✓	5			V25	1,023.12	1,242.39	988.85
+City[6]	✓	6			V26	949.16	941.62	1,077.48
+City[7]	✓	7			V27	1,055.92	1,095.56	1,078.26
+Region[2]		2		V12		1,027.36	1,084.88	1,009.71
+Region[3]		3		V13		972.10	932.27	836.34
+Region[4]		4		V14		919.44	926.47	873.20

Fuente: Josep Curto.

El menú de JPivot ofrece varias opciones al usuario final:

- **Navegador OLAP**: permite determinar las dimensiones que aparecen en las filas y/o columnas, así como los filtros aplicados y las métricas por aparecer.
- **Consulta MDX**: permite visualizar y editar la consulta MDX que genera el informe OLAP.
- **Configurar tabla OLAP**: permite configurar aspectos por defecto de la tabla OLAP, como el orden ascendente o descendente de los elementos.
- **Mostrar miembros padre**: permite mostrar u ocultar el padre del miembro de una jerarquía.

- **Ocultar cabeceras**: muestra u oculta las cabeceras repetidas para facilitar la compresión del contenido.

- **Mostrar propiedades**: muestra u oculta las propiedades de los miembros de una jerarquía.

- **Borrar filas o columnas vacías**: muestra u oculta los valores sin contenido (conveniente para ciertos informes).

- **Intercambiar ejes**: intercambia filas por columnas.

- ***Drill buttons***: *member*, *position* y *replace*:

  – *Member*: permite expandir todas las instancias de un miembro.
  – *Position*: permite expandir la instancia seleccionada de un miembro.
  – *Replace*: permite sustituir un miembro por sus hijos.

- ***Drill through***: permite profundizar en el detalle de información a partir de un nivel de información agregado superior.

- **Mostrar gráfico**: muestra un gráfico asociado a los datos. No todos los datos son susceptibles de generar gráficos consistentes.

- **Configuración gráfico**: permite configurar las propiedades del gráfico. Desde el tipo de gráfico hasta propiedades de estilo como tipo de letra, tamaño o color.

- **Configuración de las propiedades de impresión/exportación**: permite configurar las propiedades de la impresión, como el título, la disposición del papel, el tamaño, etc.

- **Exportar a PDF**: permite generar un PDF con el contenido del informe.

- **Exportar a Excel**: permite generar un Excel con el contenido del informe.

En el caso de la integración con Pentaho se añade la capacidad de crear y guardar nuevas vistas analíticas. Cabe comentar que la creación no ofrece muchas capacidades de configuración.

Figura 34. Interfaz de Jpivot en Pentaho

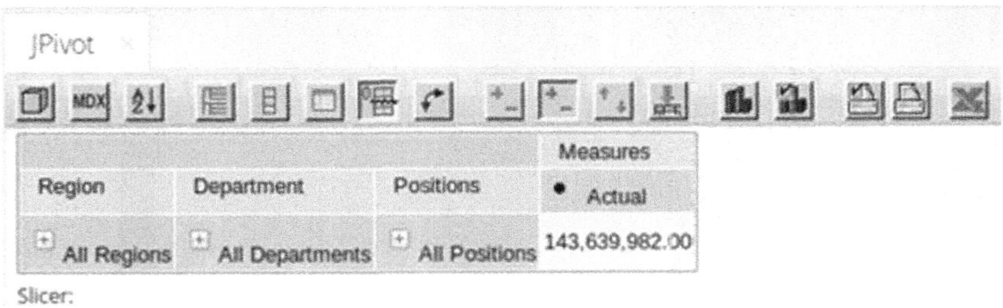

Fuente: Josep Curto.

Es necesario indicar que JPivot no es una herramienta muy orientada al usuario. No dispone de funcionalidades *drag & drop* ni tampoco otras funcionalidades como la creación de nuevas métricas o jerarquías, lo que limita el valor para un usuario final.

2) Pentaho Analyser

Con el objetivo de diferenciar la versión *enterprise*, Pentaho adquirió el producto Clearview de Lucidera y lo renombró como Pentaho Analyser, sustituyendo a JPivot.

Figura 35. Interfaz de Pentaho Analyser

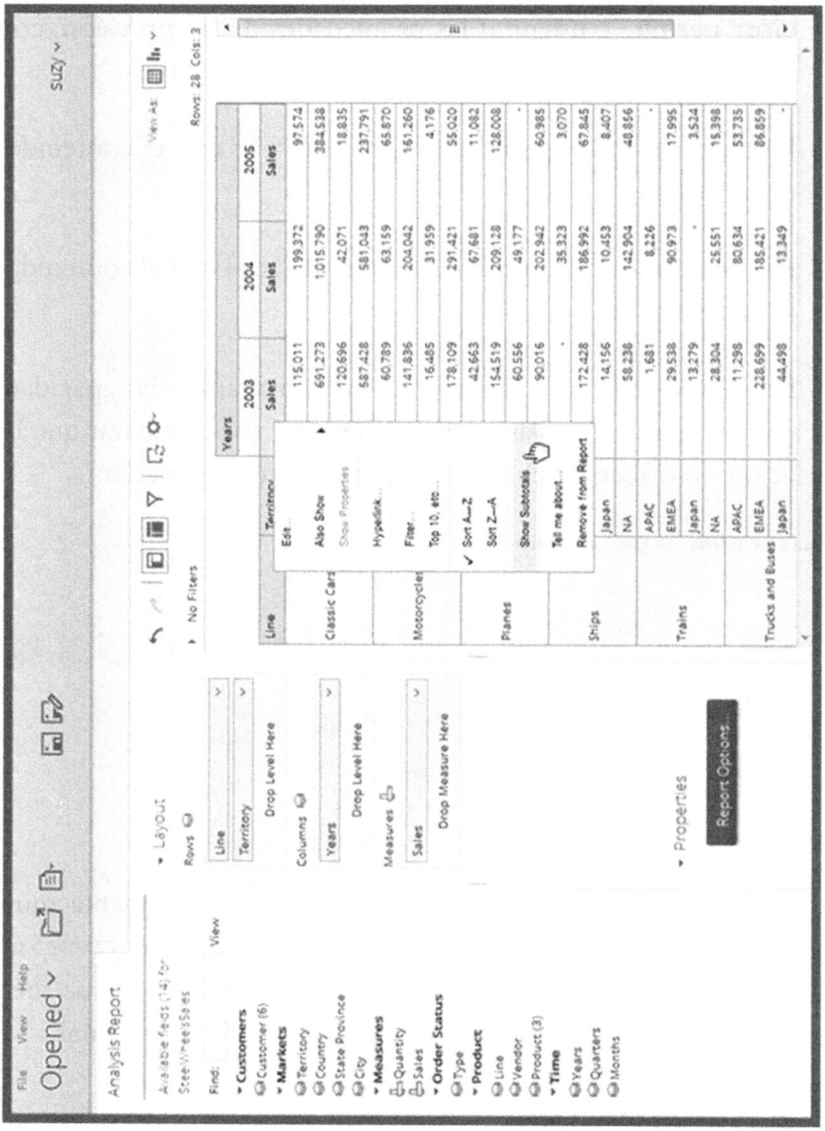

Fuente: Pentaho.

Es una solución que ofrece:

- Capacidades de *drag & drop*.
- Creación de nuevas medidas calculadas.
- Soporte para soluciones BI SaaS.
- Buscador de objetos.
- Funcionalidades encapsuladas (como, por ejemplo, consultas por jerarquía temporal).

Esta solución está completamente orientada al usuario, lo que facilita su trabajo.

3) Pivot4j

Pivot4j nace como el reemplazo de Jpivot al paralizarse este proyecto. Se caracteriza por:

- Soportar cualquier motor OLAP al estar fundamentado en OLAP4J, lo que significa que puede usarse como aplicación independiente a Pentaho.

- Replicar toda la funcionalidad presente en JPivot.

- Estar orientado al usuario, por lo que permite aplicar todo tipo de funciones del lenguaje MDX de forma visual y mediante *drag & drop*.

- Estar disponible para el servidor de Pentaho mediante el *marketplace*.

Figura 36. Interfaz de Pivot4j

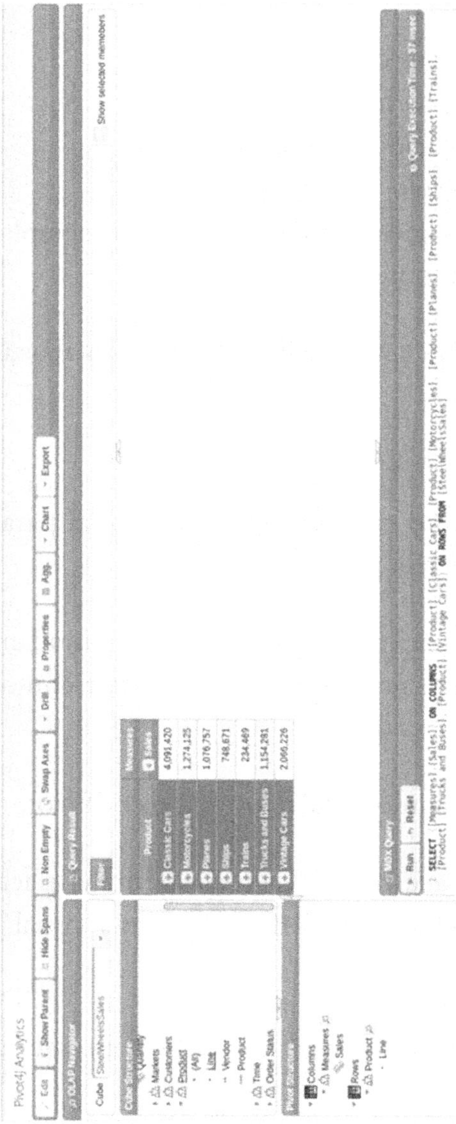

Fuente: Josep Curto.

4) Saiku

Saiku también surge como reemplazo de JPivot, pero en lugar de fundamentarse y replicar JPivot, es un desarrollo completamente nuevo.

- Es un visor OLAP que requiere poca memoria para su ejecución.
- Está orientado al usuario, por lo que permite aplicar todo tipo de funciones del lenguaje MDX de forma visual y mediante *drag & drop*.
- Soporta múltiples bases de datos y no solo Mondrian como motor OLAP. Entre ellas Microsoft SQL Server, Microsoft Analysis Services, Oracle, Oracle Essbase, MongoDB, MySQL, PostgreSQL, Cloudera Impala, Actian Vectorwise, Amazon Redshift, Teradata y Vertica. Aunque no todas están disponibles para la versión *community*.
- Existen tres versiones: *community*, como *plugin* de Pentaho y *enterprise*.
- Está disponible para el servidor de Pentaho mediante el *marketplace*.

Figura 37. Interfaz de Saiku

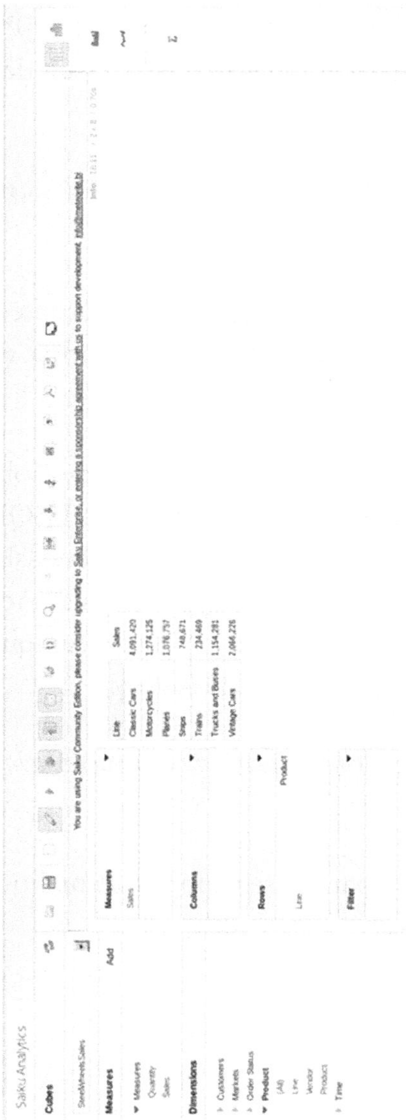

Fuente: Josep Curto.

2.3. Herramientas de desarrollo

Como ya se ha comentado, en el contexto de Pentaho, existen principalmente tres herramientas de desarrollo: Pentaho Schema Workbench (PSW), Pentaho Aggregation Designer y Pentaho Data Integration (PDI) Enterprise.

En fase de desarrollo y, por lo tanto, no recomendables a nivel de producción, existen en el *marketplace* diversos *plugins* que van a permitir la creación de esquemas OLAP. No vamos a tratarlos en este libro.

1) Pentaho Schema Workbench

Pentaho Schema Workbench (PSW) es una herramienta de desarrollo que permite crear, modificar y publicar un esquema de Mondrian. Es un programa java multiplataforma.

Es una herramienta muy orientada al desarrollador conocedor de la estructura de un esquema de Mondrian. Permite crear todos los objetos que soporta Mondrian: esquema, cubo, dimensiones, métricas, etc.

Tiene dos áreas: la zona en la que se muestra la estructura jerárquica del esquema OLAP y la zona de edición de las propiedades de cada elemento.

Presenta un menú superior para crear cubos, dimensiones, dimensiones conformadas, métricas, miembros calculados, subconjuntos (*named set*) y crear roles, así como operaciones estándar como cortar, copiar y pegar.

Figura 38. Interfaz de Pentaho Schema Workbench

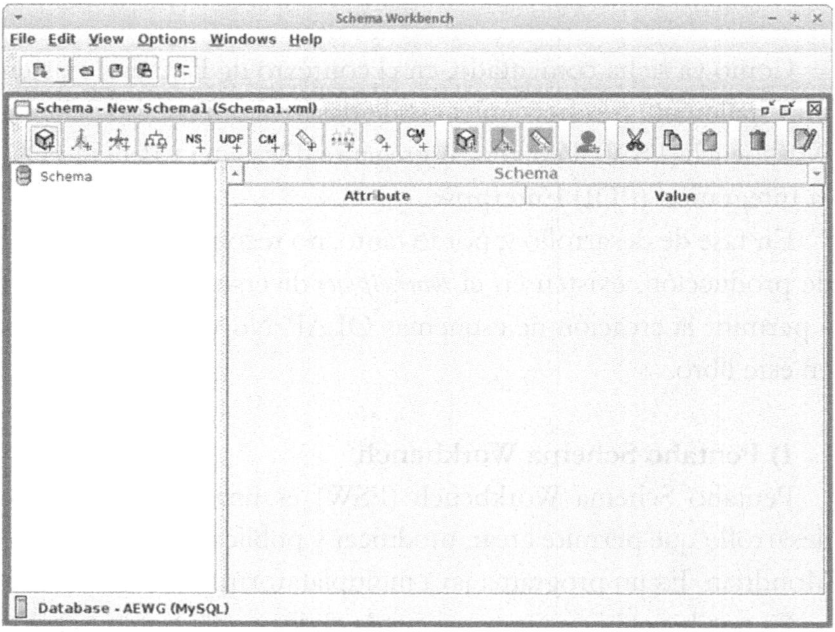

Fuente: Josep Curto.

Además, entre sus características incluye:

- Capacidad de realizar consultas MDX contra el esquema creado (requiere conocer la sintaxis del lenguaje).
- Consultar la base de datos que sirve de origen para el esquema de Mondrian.
- Publicar directamente el esquema en el servidor de Pentaho.

2) Pentaho Aggregation Designer

Un método para optimizar Mondrian, aparte de configurar la caché de este adecuadamente, es a través de la creación de tablas agregadas.

Desde hace pocos meses, Pentaho ofrece una herramienta de diseño orientada a dicha función: Pentaho Aggregation Designer.

Esta herramienta java permite analizar la estructura del esquema de Mondrian contra la cantidad de datos que recuperar y a partir de dicho análisis recomendar la creación de tablas agregadas.

Figura 39. Interfaz de Pentaho Aggregation Designer

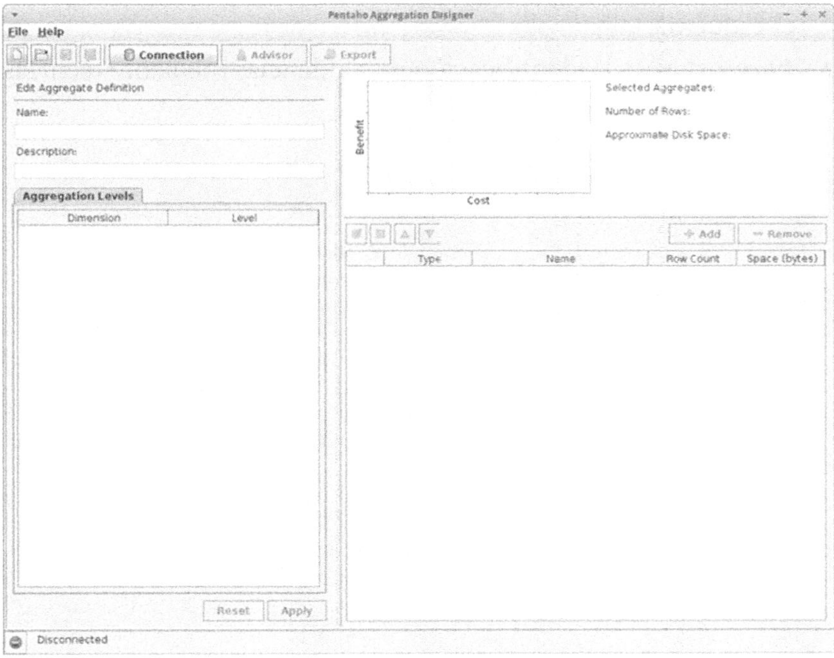

Fuente: Josep Curto.

En nuestro caso particular no haremos uso de esta herramienta, aunque se incluye para que pueda ser conocida.

3) PDI Enterprise

En el caso de disponer de la versión *enterprise*, el desarrollador tiene a su alcance otra herramienta para el desarrollo de esquemas OLAP: PDI.

La idea detrás es que después de desarrollar los procesos ETL es el momento adecuado de crear el esquema OLAP para generar valor a los usuarios de negocio. Por ello, PDI Enterprise incluye varias perspectivas de trabajo:

- ***Model***: para la creación de esquemas OLAP.
- ***Visualize***: para la visualización mediante plantillas de datos en el esquema.
- ***Forecast***: para la identificación de tendencias mediante técnicas de series temporales.

Gráfico 24. Filosofía por perspectivas

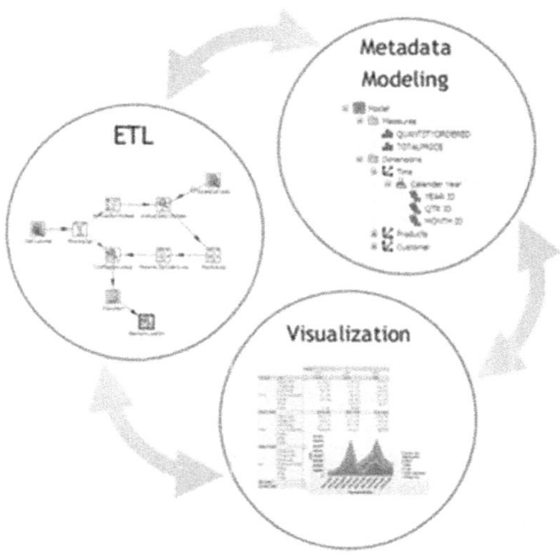

Fuente: Pentaho.

El objetivo de las perspectivas es proporcionar un desarrollo ágil de diferentes elementos de la solución de BI en una misma herramienta.

3. Caso práctico

3.1. Diseño OLAP con Pentaho Schema Workbench

El diseño de estructuras OLAP es común en Pentaho y otras soluciones software libre del mercado, dado que las herramientas que proporcionan solo difieren en pequeños puntos de rediseño de la interfaz GUI. El punto realmente diferente es cómo se publican en una u otra plataforma.

En el proceso de creación de una estructura OLAP debemos tener presente que lo que haremos es mapear el diseño de la base de datos (tablas de hecho y dimensiones) con nuestro diseño, de modo que:

- Es posible crear un esquema con menos elementos que los existentes en la base de datos (no interesa contemplar todos los puntos de vista de análisis, por ejemplo).
- Es posible crear un esquema con la misma cantidad de elementos. Se consideran todas las tablas de hecho y las dimensiones.
- Es posible crear un esquema con más elementos que los existentes en la base de datos. Por ejemplo, es posible crear dimensiones u otros objetos que solo existen en el esquema OLAP y que se generan en memoria.

Para este primer ejemplo, vamos a considerar un mapeo uno a uno en el que todos los elementos del *data warehouse* tendrán su correspondencia en la estructura OLAP.

Esta herramienta permite crear elementos en cascada. Es decir, primero creamos un esquema y después tendremos disponibles los elementos del esquema (cubo, dimensión, etc.). Si creamos un cubo, tendremos a nuestra disposición los atributos de un cubo.

También es posible usar el menú que incluye la creación de cubos, dimensiones, jerarquías, niveles, medidas, medidas calculadas, elementos virtuales (cubos, dimensiones y métricas), roles y operaciones estándar, como copiar, cortar, pegar e incluso la edición del XML (que conforma el esquema) de forma directa.

Figura 40. Menú de elementos de un cubo

Fuente: Josep Curto.

Por otra parte, esta herramienta incluye un explorador de la base de datos que, una vez creada la conexión a la base de datos, nos permite explorar la estructura de las tablas para recordar cuál es el nombre de los campos y los atributos que usar.

Figura 41. Explorador de base de datos

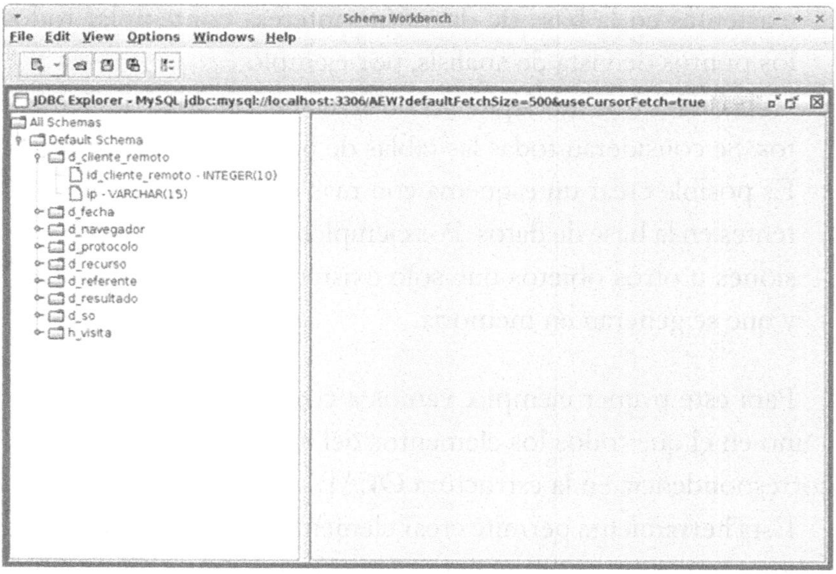

Fuente: Josep Curto.

Esta herramienta se inicia a partir del fichero workbench.sh (o workbench.bat en el caso de Windows).

Los pasos en el proceso de creación son los que se exponen a continuación.

Creación de una conexión al *data warehouse*. La herramienta de diseño necesita conocer cuál es la fuente de origen de tablas y datos. Por ello, antes de empezar cualquier diseño es necesario dicha conexión. Una vez creada se guarda en memoria y queda grabada para futuras sesiones. En nuestro caso los parámetros de conexión son:

- *Connection name*: AEW.
- *Connection type*: MySQL.
- *Access*: Native (JDBC).
- *Host name*: localhost.
- *Database name*: AEW.
- *Port number*: 3306.
- *User name*: root.
- *Password*: pentaho.

Es necesario recordar que en el caso de que la base de datos fuera diferente, estos parámetros serían diferentes. En tal caso también sería necesario comprobar la inclusión del *plugin* jdbc en la herramienta.

Figura 42. Conexión a la base de datos

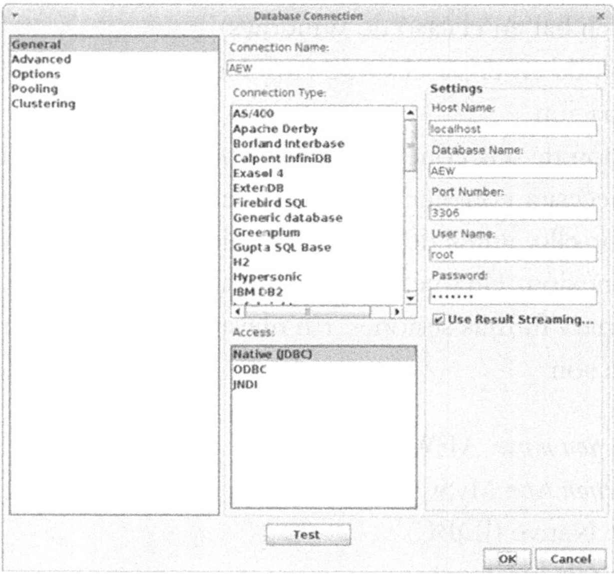

Fuente: Josep Curto.

Una vez creada la conexión, podemos crear nuestro primer esquema. Los pasos son: crear un esquema, uno o varios cubos, una o varias tablas de hecho, una o varias dimensiones y una o varias métricas.

Figura 43. Creación de un nuevo esquema

Fuente: Josep Curto.

Para entender el proceso analizaremos un esquema creado completamente. Primero completamos el esquema introduciendo el nombre del esquema. En nuestro caso, por ejemplo, visitas. En el caso de que se vayan creando esquemas que contiene diversos cubos la recomendación sería nombrarlo con el nombre del proyecto, AEW.

Figura 44. Definición del esquema

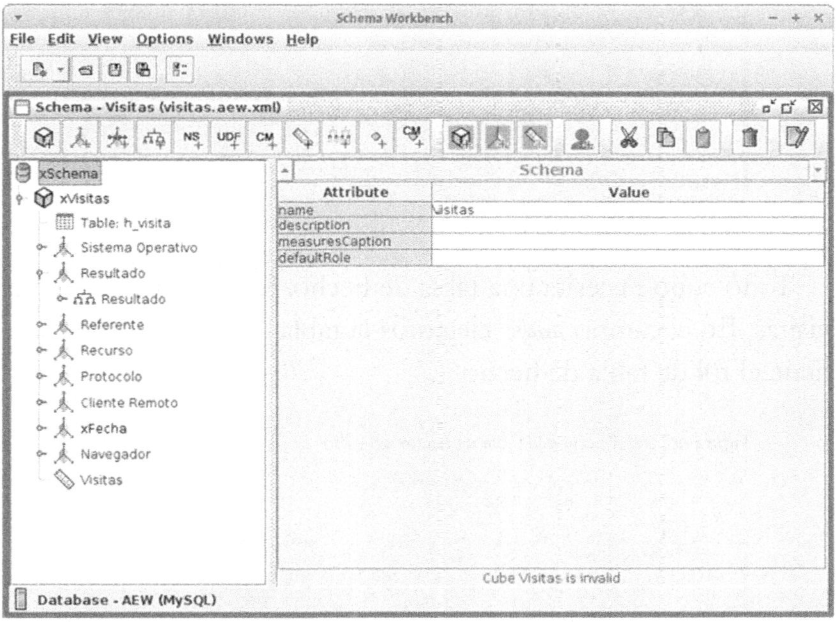

Fuente: Josep Curto.

Creamos un cubo. Debemos definir el nombre y activar las opciones de *visible*, *enabled* y *cache*. Esta última opción es importante dado que indica al motor Mondrian que las consultas que se hagan deben guardarse en la caché, lo que habilita el enfoque híbrido.

Figura 45. Definición del cubo de un esquema

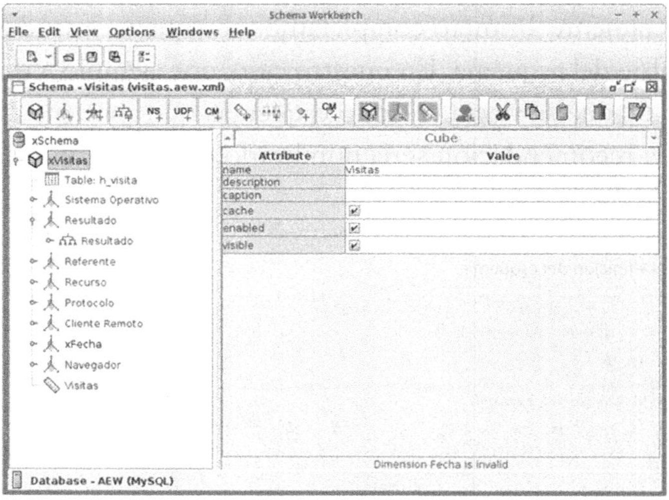

Fuente: Josep Curto.

Todo cubo necesita una tabla de hecho. En nuestro caso la de visitas. En el campo *name*, elegimos la tabla del *data warehouse* que tiene el rol de tabla de hecho.

Figura 46. Definición de la tabla de hecho del cubo

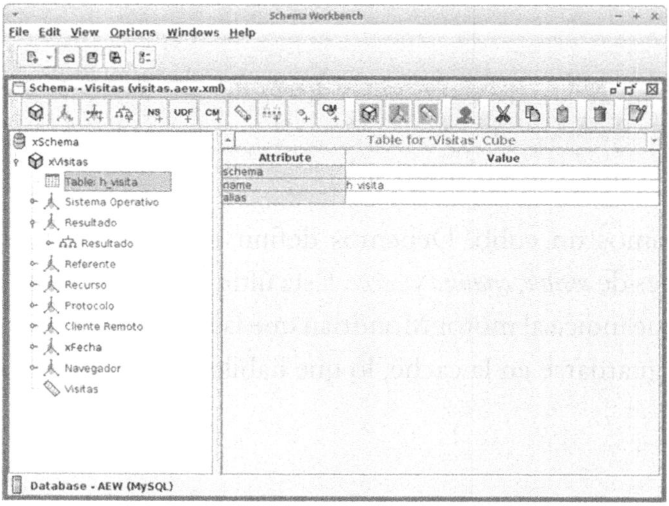

Fuente: Josep Curto.

Un cubo necesita al menos de una dimensión. Analizamos el caso de creación de la dimensión resultado. Como mínimo, debemos definir su nombre y la correspondiente clave foránea (*foreign key*).

Figura 47. Definición de una dimensión del cubo

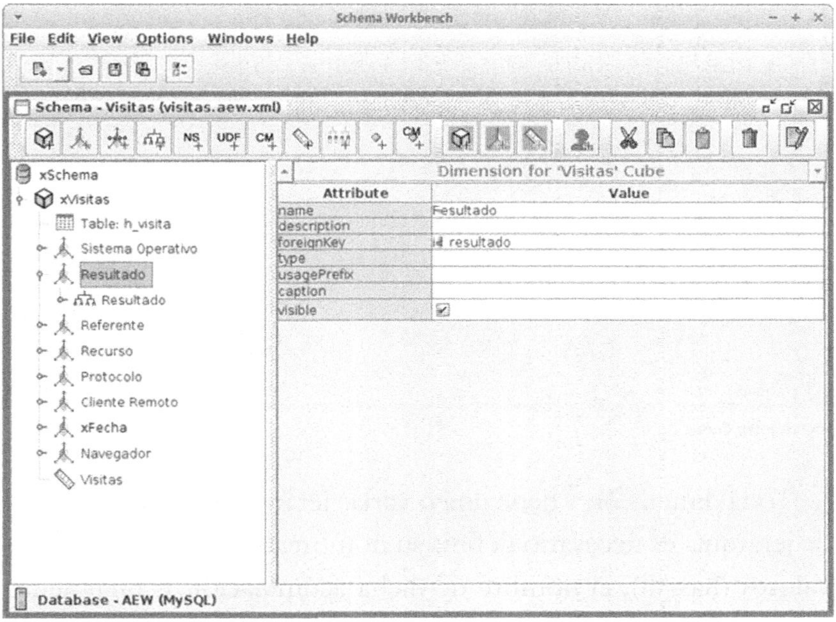

Fuente: Josep Curto.

Es necesario definir la tabla de que contiene la información de la dimensión. En nuestro caso, d_resultado.

Figura 48. Definición de la tabla de una dimensión

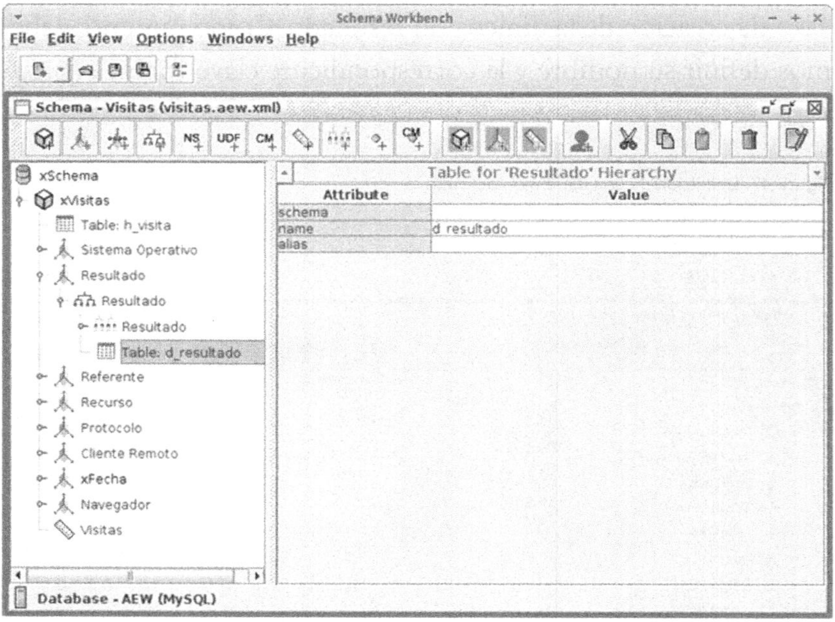

Fuente: Josep Curto.

Toda dimensión[33] tiene una o varias jerarquías. Para definir cada jerarquía es necesario definir su nombre, indicar si acumula los valores (hasAll), el nombre de dicha acumulación y, finalmente, su clave primaria.

33. Un ejemplo claro de jerarquía con múltiples niveles es la dimensión fecha.

Figura 49. Definición de la jerarquía de una dimensión

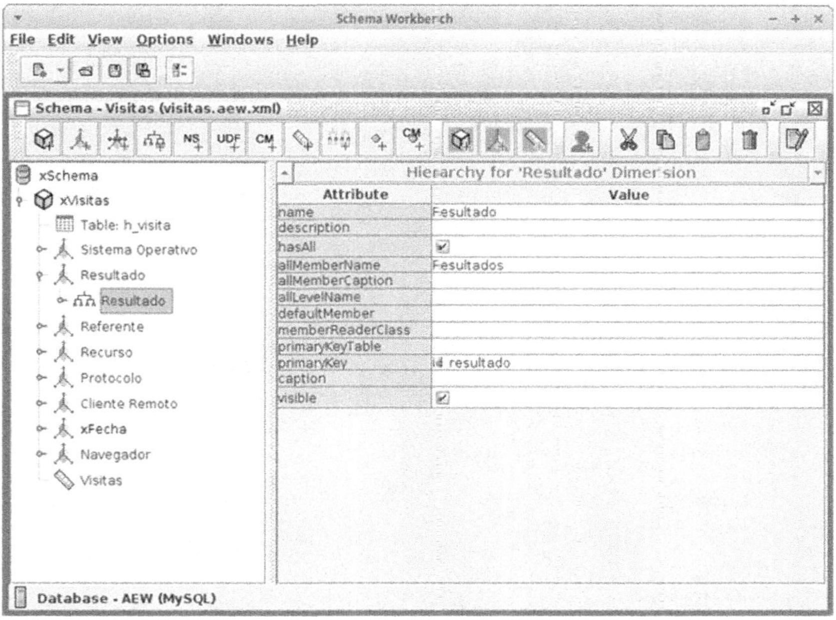

Fuente: Josep Curto.

Toda jerarquía necesita como mínimo un nivel que la componga (y una jerarquía puede tener más de un nivel). Para definir correctamente el nivel, debemos especificar el nombre del nivel, la tabla donde está la información, la columna que contiene dicha información, cómo se ordenan los resultados, la tipología del valor, la tipología de nivel, si los valores son únicos y si es necesario ocultar el nivel en algún caso.

Figura 50. Definición del nivel de una jerarquía

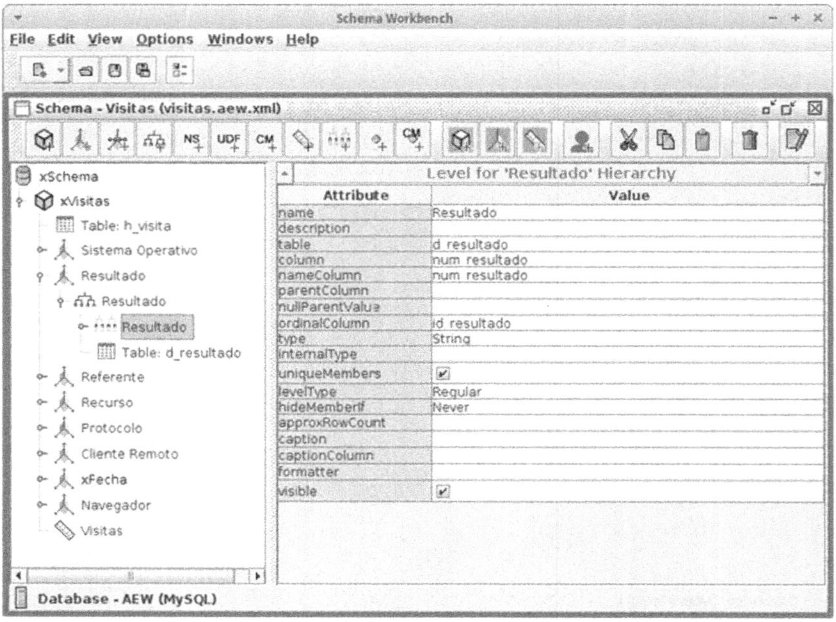

Fuente: Josep Curto.

Algunos miembros contienen información adicional que podemos mostrar como propiedades. En este caso, para resultado, podemos mostrar la descripción del valor. Añadimos una propiedad y definimos el nombre, la columna que contiene la información y la tipología del valor.

Figura 51. Definición de la propiedad de un nivel

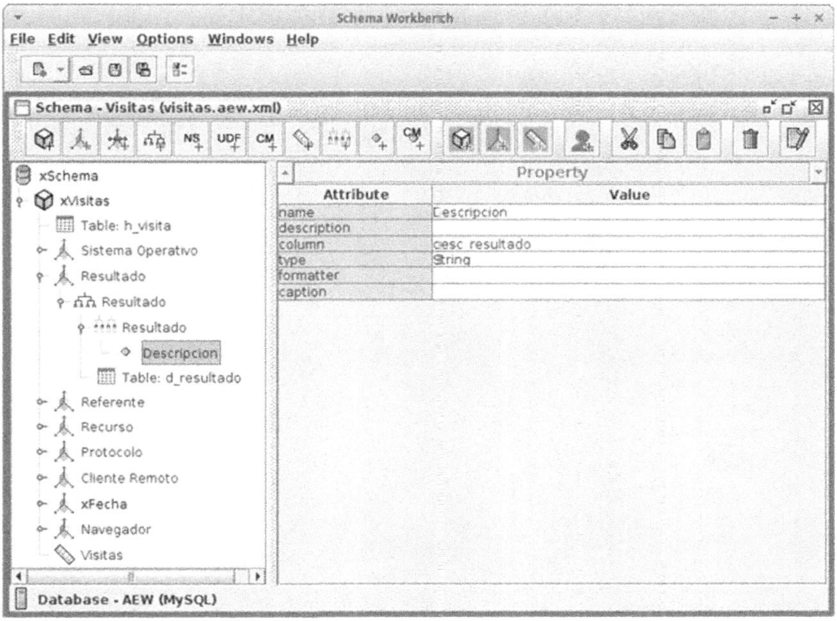

Fuente: Josep Curto.

El resto de las dimensiones se definen de modo similar. Una vez definidas las dimensiones, es necesario definir las métricas. En este caso, solo definimos las visitas. Para definir una métrica debemos cumplimentar varios atributos:

- *name*: nombre de la vista.
- *aggregator*: tipo de agregación, en nuestro caso, *count*.
- *column*: columna (de la base de datos) desde la que se recupera el dato, en nuestro caso numero_visitas.
- *formatString*: formato del número.
- *datatype*: tipo de número, en nuestro caso entero.

Figura 52. Definición de la métrica visitas en el esquema

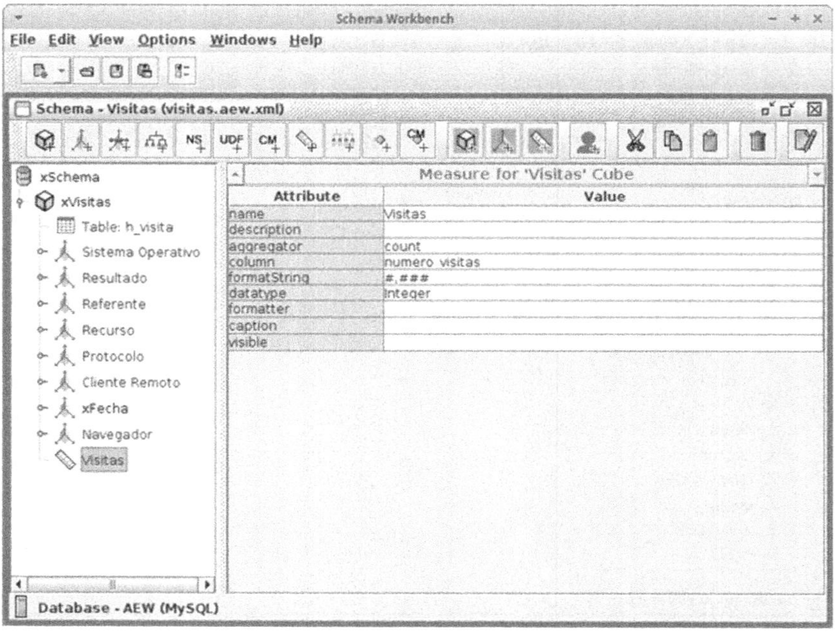

Fuente: Josep Curto.

Finalmente, guardamos el esquema creado en la carpeta OLAP que hemos definido anteriormente y lo renombramos como visita.aew.xml.

Figura 53. Guardando el esquema OLAP

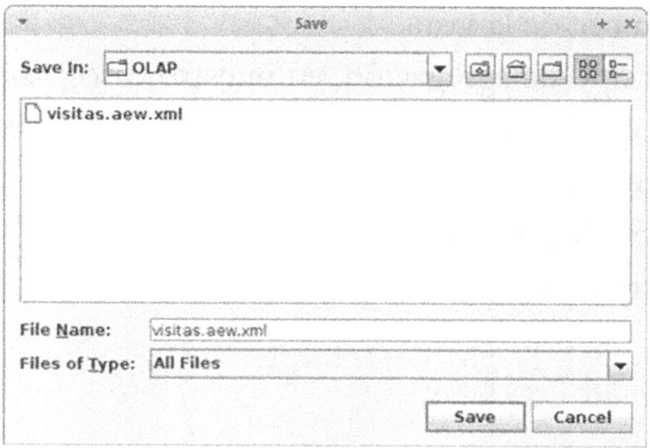

Fuente: Josep Curto.

La herramienta de desarrollo comprueba que el esquema que vamos creando está bien definido (en caso negativo, en la parte inferior aparece un mensaje en rojo). No obstante, existen algunos escenarios en los que PSW muestra un error pero en realidad es un falso positivo. Esto se debe a que el motor Mondrian soporta funcionalidades no implementadas en PSW.

Figura 54. Falso positivo en PSW

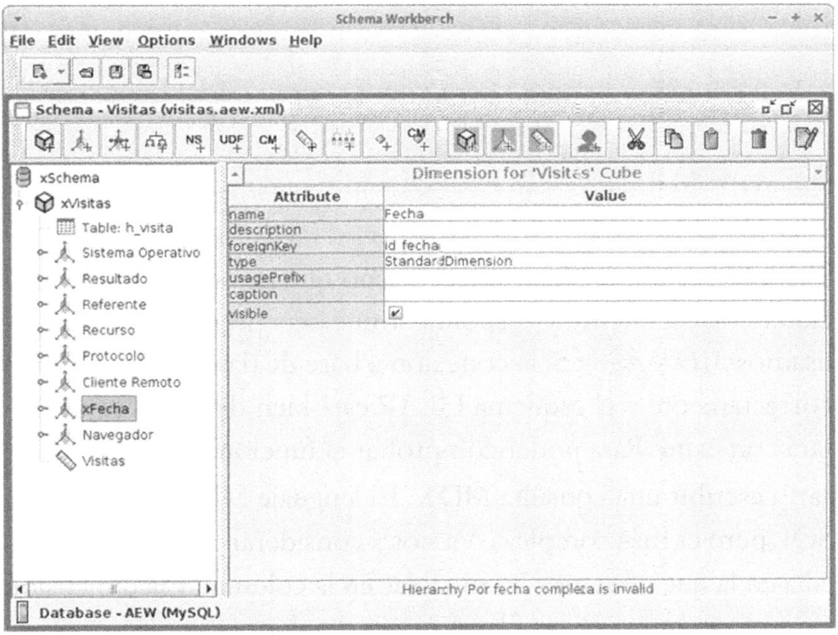

Fuente: Josep Curto.

En este caso hemos diseñado una jerarquía para la dimensión fecha a partir de una expresión SQL soportada por el motor OLAP pero no incluida como funcionalidad de PSW.

Figura 55. Uso de expresiones SQL en PSW

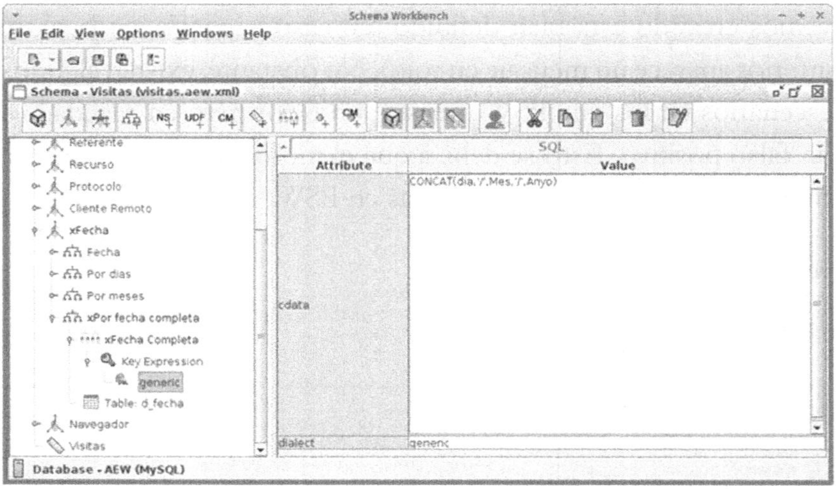

Fuente: Josep Curto.

Podemos comprobar que el diseño que hemos realizado funciona correctamente y responde a nuestras preguntas. Para ello, usamos *MDX query*. Si la conexión a base de datos se ha definido correctamente y el esquema OLAP está bien definido, se conectará con éxito. Para poder comprobar el funcionamiento es necesario escribir una consulta MDX. El lenguaje MDX[34] es similar a SQL pero es más complejo. Vamos a considerar una consulta sencilla en la que ponemos las medidas en la columna y la dimensión sistema operativo en las filas. La consulta tiene la siguiente forma:

```
SELECT
    NON EMPTY {[Measures].[Visitas]} ON COLUMNS,
    NON EMPTY {[Sistema Operativo].[Sistemas Operativos]}
              ON ROWS
FROM [Visitas]
```

34. Consultar el anexo que proporciona una introducción a MDX. Para más información se recomienda la lectura del libro:
C. Webb y otros (2006). *MDX Solutions: With Microsoft SQL Server Analysis Services 2005 and Hyperion Essbase.* Hoboken: John Wiley & Sons.

Figura 56. Consulta MDX mediante PSW

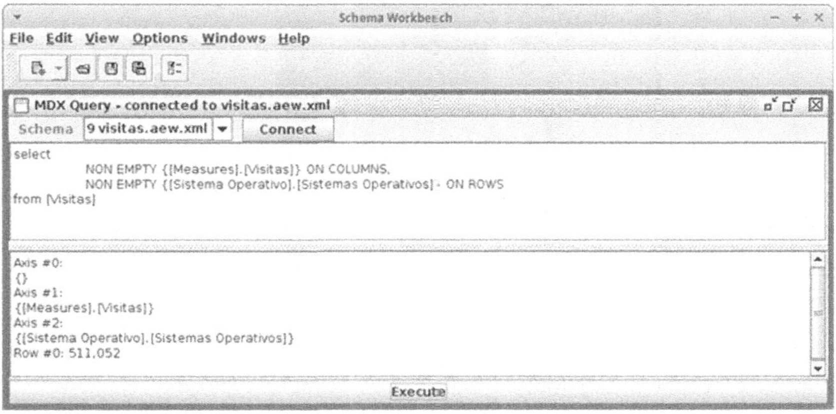

Fuente: Josep Curto.

El resultado son 511.052 visitas.

3.2. Publicación de un esquema OLAP en Pentaho Server

La publicación del esquema OLAP en Pentaho Server se puede hacer directamente en Pentaho Schema Workbench o mediante el servidor de Pentaho. Explicaremos la segunda opción.

Para tener disponible el esquema OLAP es necesario hacer un par de cosas. Primero, el servidor debe reconocer la base de datos AEW como fuente de datos de la plataforma. Y la segunda, la publicación del esquema debe estar vinculada a esta fuente de datos.

En el menú de entrada pulsamos *Manage Data Sources*. Se abrirá una nueva ventana emergente. Aparecerá la lista de las existentes y su tipo (como por ejemplo *Sample Data*) y pulsamos las propiedades.

Figura 57. Opciones disponibles para las fuentes de datos

Fuente: Josep Curto.

Pulsamos en *New Connection* y se abrirá un menú de configuración de bases de datos ya conocido (es el mismo que se emplea en Pentaho Data Integration; este tipo de coherencia en el diseño de la solución facilita la implementación y el uso).

Seleccionamos MySQL y debemos configurar nombre de la conexión, *host*, nombre de la base de datos, puerto, usuario y contraseña.

Figura 58. Definición de una nueva base de datos

Fuente: Josep Curto.

Una vez configurada, la base de datos AEW estará disponible. Ahora ya podemos importar al sistema el esquema, puesto que necesita poder conectarse contra la base de datos correcta. De nuevo vamos a las propiedades (*settings*) y seleccionamos *Import Analysis*. Se abrirá un nuevo menú y debemos seleccionar el fichero visitas.aew.xml. También debemos indicar cuál es la fuente de datos. En nuestro caso AEW. Pulsamos *Import*.

Figura 59. Publicación de un nuevo esquema

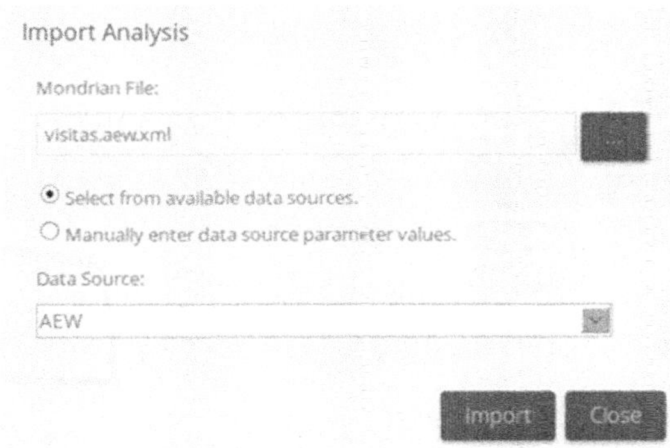

Fuente: Josep Curto.

De este modo tendremos disponibles las diferentes fuentes de datos disponibles.

Figura 60. Fuentes disponibles

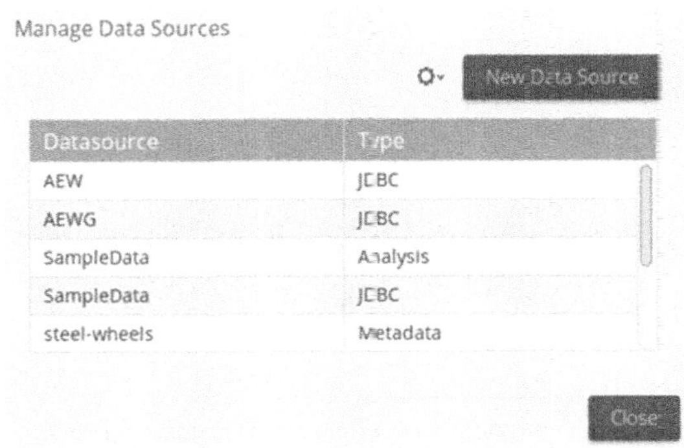

Fuente: Josep Curto.

Finalmente, podemos crear una nueva consulta a través de la interfaz web de Pentaho. En la pantalla inicial seleccionamos *Create New*. Tendremos tantas opciones como visores instalados en el servidor. En nuestro caso tenemos los tres *open source*. Seleccionamos Pivot4j View[35].

Figura 61. Selección visor OLAP

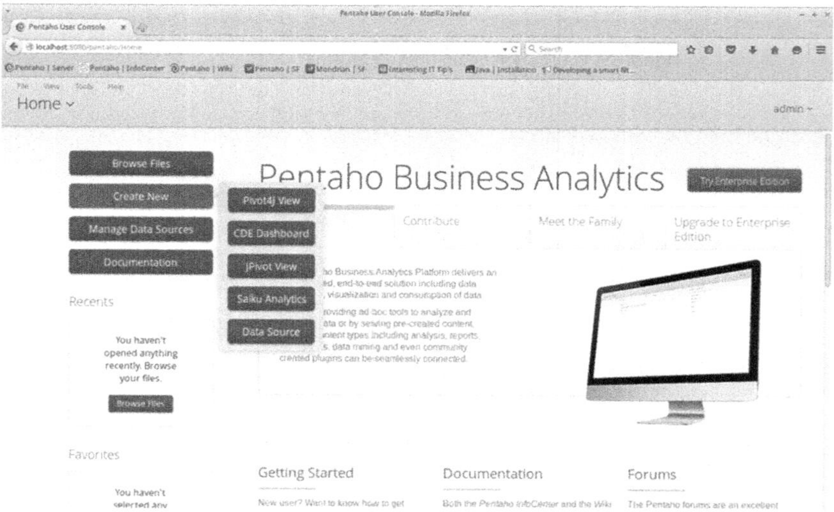

Fuente: Josep Curto.

Elegimos el esquema y el cubo visitas que es el nuestro.

35. En el caso de disponer solo de Jpivot, es necesario instalar el resto a través del Pentaho *marketplace*. Es posible encontrarlo pulsando en *Home* y luego la opción *marketplace*. Se abrirá una nueva ventana con los *plugins* disponibles.

Figura 62. Selección esquema OLAP en Pivot4j

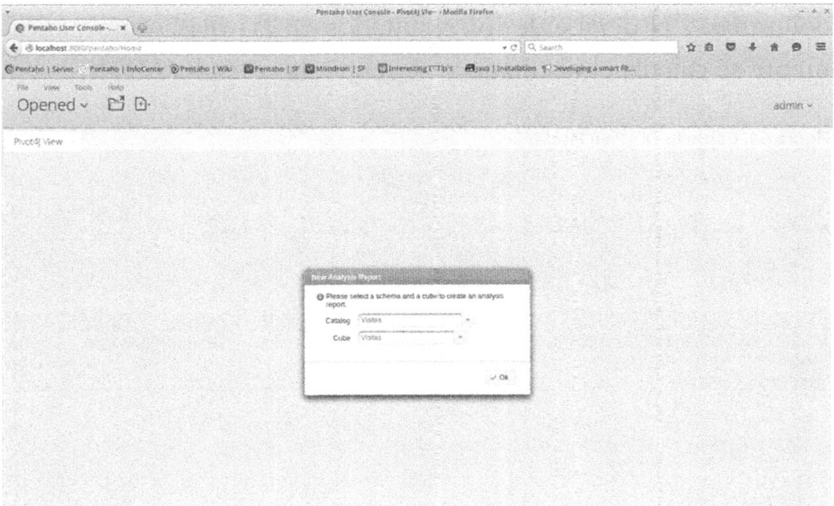

Fuente: Josep Curto.

Aparecerá la interfaz de Pivot4j, que, por defecto, está vacía.

Figura 63. Interfaz de Pivot4j

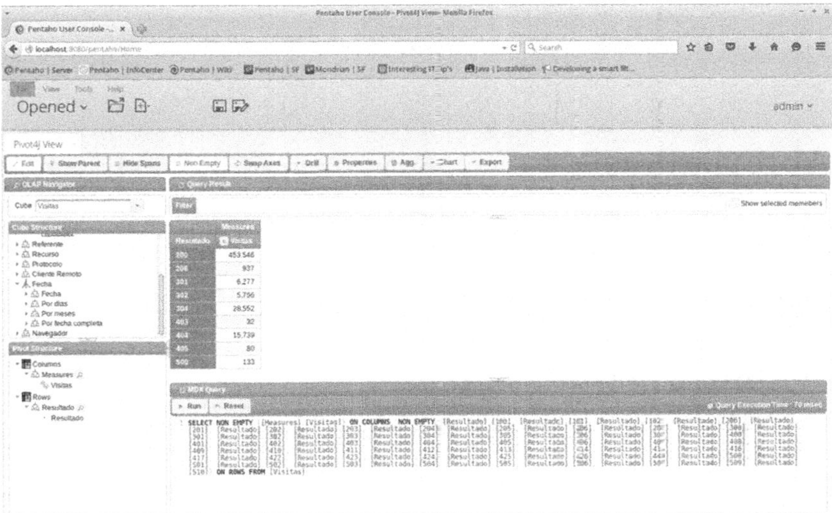

Fuente: Josep Curto.

Mediante *drag & drop*, seleccionamos la medida visitas en las columnas y el detalle de los resultados en las filas. Automáticamente se calcula el resultado y se genera la consulta MDX.

Figura 64. Consulta OLAP en Pivot4j

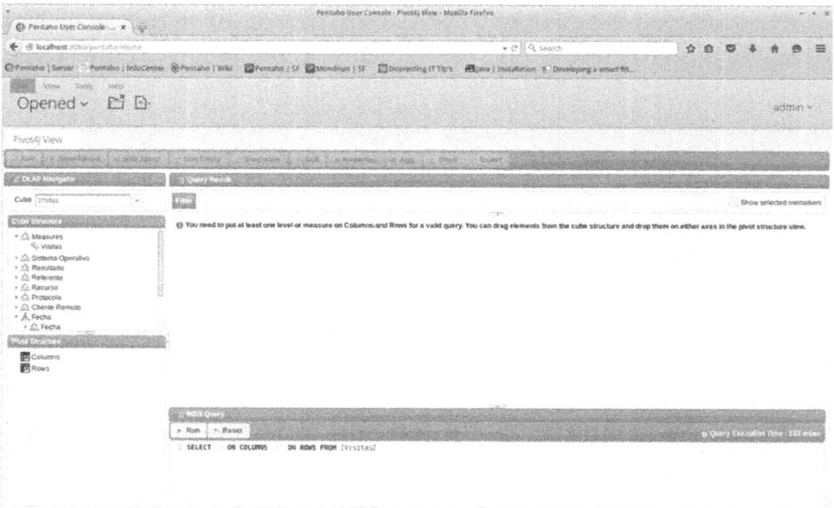

Fuente: Josep Curto.

Abreviaturas

DOLAP *Desktop online analytical processing.*
EPL *Eclipse public license.*
HOLAP *Hybrid online analytical processing.*
JDBC *Java database connectivity.*
JNDI *Java naming and directory interface.*
JSP *Java server page.*
MDX *Multidimensional expressions.*
MOLAP *Multidimensional online analytical processing.*
MTD *Month to day.*

OLAP *Online analytical processing.*
PAT *Pentaho analysis tool.*
PSW *Pentaho schema workbench.*
QTY *Quarter to day.*
ROLAP *Relational online analytical processing.*
SaaS *Software as a service.*
SQL *Structured query language.*
XML/A *XML for analysis.*
WTD *Week to day.*
YTD *Year to day.*

Anexo

MDX

MDX es un lenguaje de consultas OLAP creado en 1997 por Microsoft. No es un estándar pero varios fabricantes lo han adoptado como el estándar de hecho[36].

Tiene similitudes con el lenguaje SQL, si bien incluye funciones y fórmulas especiales orientadas al análisis de estructuras jerarquizadas que presentan relaciones entre los diferentes miembros de las dimensiones.

Sintaxis de MDX

La sintaxis de MDX es compleja. La mejor manera de ejemplificarla es a través de un caso determinado. Imaginemos un cubo

36. Para consultar información relativa a MDX y Mondrian, podéis hacerlo en este enlace.

de ventas con el importe de las ventas y unidades vendidas como medidas y con las siguientes dimensiones:

- Tiempo: temporal de las ventas con niveles de año y mes.
- Familia: productos vendidos con niveles de familia de productos y productos.

Para obtener por ejemplo el importe de las ventas para el año 2016 para la familia de productos lácteos, la consulta sería:

```
SELECT
    { [Measures].[importe ventas]} on columns,
    { [Tiempo].[2016] } on rows
FROM [cubo ventas]
WHERE ([Familia].[lacteos])
```

Es posible observar que la estructura general de la consulta es de la forma SELECT... FROM... WHERE...:

- En el *select* se especifica el conjunto de elementos que queremos visualizar, indicando también qué valores pertenecen a las filas y cuáles a las columnas.

- En el *from*, el cubo de donde se extrae la información.

- En el *where*, las condiciones de filtrado.

- { } permite crear listas de elementos en las selecciones.

- [ ] encapsula elementos de las dimensiones y niveles.

Funciones de MDX

MDX incluye múltiples funciones para realizar consultas a través de la jerarquía existente en el esquema OLAP. Podemos destacar entre ellas:

- **CurrentMember**: permite acceder al miembro actual.
- **Children**: permite acceder a todos los hijos de una jerarquía.
- **prevMember**: permite acceder al miembro anterior de la dimensión.
- **CrossJoin** (conjunto_a,conjunto_b): obtiene el producto cartesiano de dos conjuntos de datos.
- **BottomCount** (conjunto_datos,N): obtiene un número determinado de elementos de un conjunto, empezando por abajo, opcionalmente ordenado.
- **BottomSum** (conjunto_datos,N,S): obtiene de un conjunto ordenado los N elementos cuyo total es como mínimo el especificado (S).
- **Except** (conjunto_a,conjunto_b): obtiene la diferencia entre dos conjuntos.
- **AVG, COUNT, VARIANCE** y todas las funciones trigonométricas (seno, coseno, tangente, etc.).
- **PeriodsToDate**: devuelve un conjunto de miembros del mismo nivel que un miembro determinado, empezando por el primer miembro del mismo nivel y acabando con el miembro en

cuestión, de acuerdo con la restricción del nivel especificado en la dimensión de tiempo.

- **WTD** (<Miembro>): devuelve los miembros de la misma semana del miembro especificado.
- **MTD** (<Miembro>): devuelve los miembros del mismo mes del miembro especificado.
- **QTY** (<Miembro>): devuelve los miembros del mismo trimestre del miembro especificado.
- **YTD** (<Miembro>): devuelve los miembros del mismo año del miembro especificado.
- **ParallelPeriod**: devuelve un miembro de un periodo anterior en la misma posición relativa que el miembro especificado.

Miembros calculados en MDX

Una de las funcionalidades más potentes que ofrece el lenguaje MDX es la posibilidad de realizar cálculos complejos tanto dinámicos (en función de los datos que se están analizando en ese momento) como estáticos. Los cubos multidimensionales trabajan con medidas (*measures*) y con miembros calculados (*calculated members*).

Las medidas son las métricas de la tabla de hechos a las que se aplica una función de agregación (*count*, *distinctcount*, *sum*, *max*, *avg*, etc.).

Un miembro calculado es una métrica que tiene como valor el resultado de la aplicación de una fórmula que puede utilizar todos los elementos disponibles en un cubo, así como otras funciones de MDX disponibles. Estas fórmulas admiten desde operaciones matemáticas hasta condiciones semafóricas pasando por operadores de condiciones.

Para obtener por ejemplo el beneficio (como resultado de restar los costes a los ingresos) para el año 2016 para todos los productos, la consulta sería:

```
WITH MEMBER [Measures].[Beneficios] AS
           '[Measures].[Ingresos]-[Measures].[Costes]',
   FORMAT_STRING = '$#,###'
SELECT {[Measures].[Ingresos], [Measures].[Costes]}
       ON COLUMNS,
   {[Producto].Children} ON ROWS
FROM [Ventas]
WHERE [Tiempo].[2016]
```

Bibliografía

Bouman, R.; Van Dongen, J. (2009). *Pentaho® Solutions: Business Intelligence and Data Warehousing with Pentaho® and MySQL*. Indianápolis: Wiley Publishing.

Mendack, S. (2008). *OLAP without cubes: Data Analysis in non-cube Systems*. Hoboken: VDM Verlag.

Schrader, M. y otros (2009). *Oracle Essbase & Oracle OLAP: The Guide to Oracle's Multidimensional Solutions*. Nueva York: McGraw-Hill.

Thomsen, E. (2002). OLAP *Solutions: Building Multidimensional Information Systems*. Hoboken: John Wiley & Sons.

Webb, C. y otros (2006). *MDX Solutions: With Microsoft SQL Server Analysis Services 2005 and Hyperion Essbase*. Hoboken: John Wiley & Sons.

Wrembel, R. (2006). *Datawarehouses and OLAP: Concepts, Architectures and Solutions*. Hersbey: IGI Globals.

Capítulo V
Diseño de informes

Introducción

El punto de entrada tradicional para una herramienta de inteligencia de negocio en el contexto de una organización es la necesidad de informes operacionales.

A lo largo de la vida de una empresa, la cantidad de datos que se generan por su actividad de negocio crece de modo exponencial y esa información se guarda tanto en las bases de datos de las aplicaciones de negocio como en ficheros en múltiples formatos.

Es necesario generar y distribuir informes para conocer el estado del negocio y poder tomar decisiones a todos los niveles: operativo, táctico y estratégico.

El primer enfoque es modificar las aplicaciones de negocio para que estas puedan generar los informes. Frecuentemente, el impacto en las aplicaciones es considerable, y afecta tanto al rendimiento de los informes, como a las operaciones que soporta la aplicación.

Es en ese momento cuando se busca una solución que permita generar informes sin impactar en el rendimiento de las aplicaciones de negocio.

Es necesario comentar que:

- Las herramientas de informes existen desde hace mucho tiempo y, por ello, son soluciones maduras que permiten cubrir las necesidades de los usuarios finales respecto a los informes.

- Cada fabricante soporta la creación de todo tipo de informes; en función del enfoque, la dependencia de los usuarios finales respecto al departamento IT puede ser diferente.
- Las fuentes de origen de los informes son varias, desde el propio *data warehouse*, OLAP, metadatos u ODS.
- Las últimas tendencias en informes son incorporar mayores capacidades de visualización, proporcionar mayor libertad a los usuarios finales –para la creación y consumo– y funcionalidades para embeber informes dinámicos en PDF, PPT o dispositivos móviles.

El objetivo de este capítulo es presentar los elementos de informe, criterios de realización y un ejemplo por medio de un caso práctico.

1. Informes e inteligencia de negocio

Las herramientas de informes (o también llamadas de *reporting*) permiten responder principalmente a la pregunta de ¿qué pasó? Dado que esa es la primera pregunta que se formulan los usuarios de negocio, la gran mayoría de las soluciones de *business intelligence* del mercado incluyen un motor de generación de informes.

Definamos primero qué es un **informe**: es un documento por medio del cual se presentan los resultados de uno o varios procesos de negocio. Suele contener texto acompañado de elementos como tablas o gráficos para agilizar la compresión de la información presentada.

Los informes están destinados a usuarios de negocio que tienen la necesidad de conocer la información consolidada y agregada para la toma de decisiones.

Ahora podemos definir formalmente las herramientas de *reporting*: se entiende por **plataforma de *reporting*** aquellas soluciones que permiten diseñar y gestionar (distribuir, planificar y administrar) informes en el contexto de una organización o en una de sus áreas.

1.1. Tipos de informes

Existen diferentes tipos de informes en función de la interacción ofrecida al usuario final y la independencia respecto al departamento TI:

- **Estáticos**: tienen un formato preestablecido inamovible.
- **Paramétricos**: presentan parámetros de entrada y permiten múltiples consultas.
- ***Ad hoc***: son creados por el usuario final a partir de la capa de metadatos que permite usar el lenguaje de negocio propio[37].

37. Este tipo de informes están orientados al autoconsumo y frecuentemente a la exploración.

1.2. Elementos de un informe

Principalmente, un informe puede estar formado por:

- **Texto**: que describe el estado del proceso de negocio, proporciona las descripciones necesarias para entender el resto de los elementos del informe, así como etiquetas (título) o metadatos (fecha de ejecución).
- **Tablas**: que tiene forma de matriz y permite presentar una gran cantidad de información.
- **Gráficos**: que persiguen el objetivo de mostrar información con un alto impacto visual que sirva para obtener información agregada con mucha más rapidez que a través de tablas.
- **Mapas**: que permiten mostrar información geolocalizada.
- **Métricas**: que permiten conocer cuantitativamente el estado de un proceso de negocio.
- **Alertas visuales y automáticas**: que permiten definir avisos automáticos de los cambios de estado de un proceso de negocio. Estas alertas están formadas por elementos gráficos, como fechas, iconos o colores resultados y deben estar automatizadas en función de reglas de negocio encapsuladas en el cuadro de mando.

1.3. Tipos de métricas

Los informes incluyen métricas de negocio. Por ello es necesario definir los diferentes tipos de medidas existentes basadas en el tipo de información que recopilan, así como la funcionalidad asociada:

1) Métricas: valores que recogen el proceso de una actividad o sus resultados. Estas medidas proceden del resultado de la actividad de negocio.

- Métricas de realización de actividad (*leading*): miden la realización de una actividad. Por ejemplo, la participación de una persona en un evento.
- Métricas de resultado de una actividad (*lagging*): recogen los resultados de una actividad. Por ejemplo, la cantidad de puntos de un jugador en un partido.

2) Indicadores clave: se trata de los valores que hay que alcanzar, y que suponen el grado de asunción de los objetivos. Estas medidas proporcionan información sobre el rendimiento de una actividad o sobre la consecución de una meta.

- *Key performance indicator* (KPI): indicadores clave de rendimiento. Más allá de la eficacia, se definen unos valores que nos explican en qué rango óptimo de rendimiento nos deberíamos situar al alcanzar los objetivos. Son métricas del proceso. Por ejemplo, la ratio de crecimiento de altas en un servicio.
- *Key goal indicator* (KGI): indicadores de metas. Definen mediciones para informar a la dirección general si un proceso TIC ha alcanzado sus requisitos de negocio, y se expresan por lo general en términos de criterios de información. Si consideramos

el KPI anterior, sería marcar un valor objetivo de crecimiento del servicio que se pretende alcanzar, por ejemplo, un 2 %.

Debemos distinguir que:

- Existen también indicadores de desempeño. Los indicadores clave de desempeño (en definitiva, son KPI) definen mediciones que determinan cómo de bien se está desempeñando el proceso de TI para alcanzar la meta. Son los indicadores principales que indican si será factible lograr una meta o no, y son buenos indicadores de las capacidades, prácticas y habilidades.
- Los indicadores de metas de bajo nivel se convierten en indicadores de desempeño para los niveles altos.

1.4. Tipos de gráficos

En el proceso de confección de un informe, uno de los puntos más complicados es la selección del tipo de gráfico. Debemos empezar primero por la definición formal de este concepto.

Se entiende por **gráfico** la representación visual de una serie de datos.

El gráfico puede ser una herramienta eficaz, ya que:

- Permite presentar la información de manera clara, sencilla y precisa.

- Facilita la comparación de datos y habilita destacar tendencias y diferencias.

El uso del gráfico va a depender del tipo de dato, que podemos clasificar en:

a) Cualitativos: se refieren a cualidades o modalidades que no pueden expresarse numéricamente. Pueden ser ordinales (siguen un orden) o categóricos (sin orden).

b) Cuantitativos: se refieren a cantidades o valores numéricos. Pueden ser discretos (toman valores enteros) o continuos (toman cualquier valor en un intervalo).

Revisemos ahora algunos de los tipos de gráficos más relevantes:

1) Gráficos de barras: es una representación gráfica en un eje cartesiano de las frecuencias de una variable cualitativa o discreta. La orientación puede ser vertical u horizontal. Se pueden clasificar en sencillo (representa una única serie de datos), agrupado (contiene varias series de datos) o apilado (se divide en segmentos de diferentes colores o texturas y cada uno de ellos representa una serie).

2) Histograma: se usa para representar las frecuencias de una variable cuantitativa continua. En uno de los ejes se posicionan las clases de la variable continua (los intervalos o las marcas de clase que son los puntos medios de cada intervalo) y en el otro eje las frecuencias. Existen también los histogramas bidireccionales[38], que contienen dos series de datos cuyas barras de frecuencias crecen en sentidos opuestos.

3) Gráfico de líneas: es una representación gráfica en un eje cartesiano de la relación que existe entre dos variables. Se suelen usar para presentar tendencias temporales[39].

4) Gráfico de Pareto: es un tipo de grafico de barras vertical ordenado por frecuencias de forma descendente que identifica y da un orden de prioridad a los datos.

5) Gráfico de sectores: es una representación circular de las frecuencias relativas de una variable cualitativa o discreta que permite, de una manera sencilla y rápida, su comparación.

6) Pictograma: es un gráfico que representa mediante figuras o símbolos las frecuencias de una variable cualitativa o discreta.

7) Gráfico de dispersión: muestra en un eje cartesiano la relación que existe entre dos variables e informa del grado de correlación entre ellas. El tipo de correlación se puede deducir según la forma de la nube de puntos, a saber: nula, lineal o no lineal.

8) Gráfico de burbujas: es una variante del gráfico de dispersión al que se añade una tercera dimensión vinculada al tamaño de los puntos (que se convierte en burbujas) e incluso puede añadirse una cuarta vinculada con el color de cada burbuja. Por lo tanto, permite estudiar la relación de tres variables.

9) Cartograma: es un mapa en el que se presentan datos por regiones bien poniendo el número o bien coloreando las distintas zonas en función del dato que representan.

38. La pirámide de población es un tipo de histograma bidireccional que muestra la estructura demográfica de una población, por sexo y edad, en un momento determinado.
39. Si se unen los puntos medios de las bases superiores de las barras en los gráficos de barra, se obtiene el polígono de frecuencias.

10) Gráficos en cascada: es un tipo de gráfico normalmente usado para comprender cómo un valor inicial se ve afectado por una serie de cambios intermedios positivos y negativos.

11) Diagrama de caja: es un tipo de gráfico que utiliza los cuartiles para representar un conjunto de datos. Permite observar de un vistazo la distribución de los datos y sus principales características: centralidad, dispersión, simetría y tamaño de las colas.

12) Mapa de calor: es una representación gráfica de los datos donde los valores individuales contenidos en una matriz se representan como colores

13) *Treemap*: es un método para la visualización de datos jerárquicos mediante el uso de rectángulos anidados.

14) Diagramas ternarios: son usados para representar el porcentaje relativo de tres componentes donde el único requisito es que los tres componentes tienen que sumar un 100 %.

Aun conociendo algunos de los gráficos más conocidos, puede ser complicado elegir entre ellos. Existen algunos criterios para seleccionar el tipo de gráfico adecuado:

- Preguntar qué se desea mostrar. Existen varias opciones: comparación, distribución, relación o composición.
- Identificar el tipo de dato: cuantitativo o cualitativo.
- Necesidad de trabajar con una o más variables.
- Apalancarse en otras dimensiones: temporales o geográficas.

Para elegir un gráfico es necesario seguir un proceso sistemático a través de una serie de preguntas:

- ¿Qué se desea mostrar? Tenemos varias opciones: comparación, distribución, composición y relación.

- ¿Cuántas variables tenemos? Podemos tener una o más de una.
- ¿Es estático o cambia en el tiempo?

El siguiente diagrama de Abela permite identificar el gráfico más adecuado en función de las preguntas anteriores.

Gráfico 25. Selección de gráficos

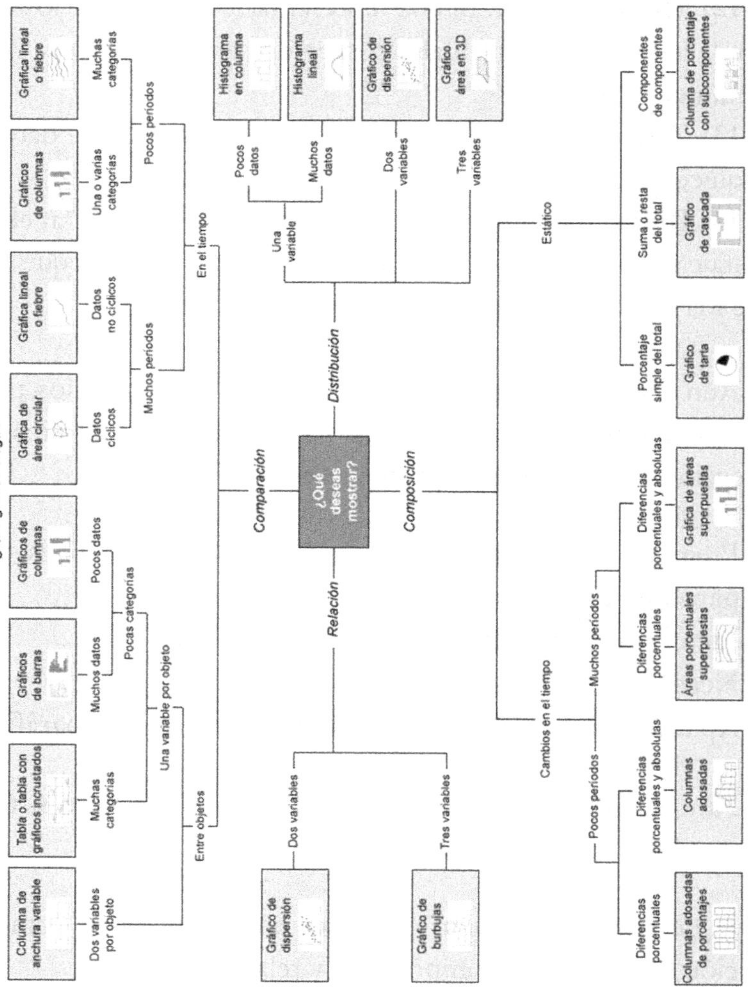

Fuente: Andrew Abela.

1.5. Ciclo de vida de un informe

Como ya se ha definido, el objetivo de un informe es presentar los resultados de un área o proceso de negocio[40]. En el momento de diseñar un informe no solo es necesario tener en cuenta la forma y el contenido que tendrá, sino su ciclo de vida para que pueda continuar generando valor para la organización. Por ello debemos introducir lo que se conoce como el ciclo de vida de un informe, que se compone por las siguientes etapas:

1) Identificar: consiste en determinar los aspectos de negocio relevantes para su comprensión e identificar las métricas que representan dichos aspectos y que sean relevantes para la compañía y sus gestores.

2) Medir: consiste en desarrollar o revisar los sistemas de información que recopilan la información necesaria para las métricas. Inicialmente la compañía debería tener ya estos sistemas implementados, pero no es extraño encontrarse con la necesidad de habilitar este tipo de sistemas.

3) Revisar: consiste en comprobar que el dato de los sistemas anteriores representa de manera efectiva, válida, completa y con calidad los procesos de negocio, por lo que el sistema de *reporting* posterior tendrá dichas características. En esencia, estamos hablando de gobernanza del dato.

4) Crear: consiste en crear el informe y en habilitar su distribución a las partes interesadas.

5) Recopilar: consiste en recopilar de manera continua el *feeback* por parte de los usuarios, así como futuras necesidades.

40. Este ciclo de vida tiene similitudes con el de Demming, conocido como PDCA (*plan – do – check – act*), si bien algunas de sus fases están más detalladas.

6) Mejorar: consiste en implementar las mejoras recopiladas en el punto anterior en el sistema de *reporting*. Estas mejoras pueden ser en forma, contenido, distribución, calidad del dato, etc.

2. Informes en el contexto de Pentaho

Pentaho Reporting es el motor de informes de Pentaho que está integrado en la *suite*. El proyecto se inició bajo el nombre JFreeReports en 2002. Su origen se remonta a un desarrollo de David Gilbert, creador de JFreeChart, para cubrir necesidades de generación de informes. Pronto, se unió Thomas Morgner al proyecto y se erigió en el principal desarrollador.

En el 2006, Pentaho adquirió el proyecto y Thomas entró a formar parte de la compañía. El proyecto sigue siendo *open source* y está bajo la licencia GNU Lesser General Public License (LGPL) Version 2.1.

La herramienta sigue la numeración de la *suite* de Pentaho y, en los últimos años, ha sido completamente rediseñada para incluir múltiples funcionalidades. Aunque anteriormente existían más soluciones (como *web ad-hoc query reporting*, WAQR), actualmente solo existe propiamente una herramienta de diseño: Pentaho Report Designer.

Esta herramienta es un editor basado en eclipse con prestaciones profesionales para la creación y personalización de informes destinado principalmente a desarrolladores.

Figura 65. Interfaz de Pentaho Report Designer

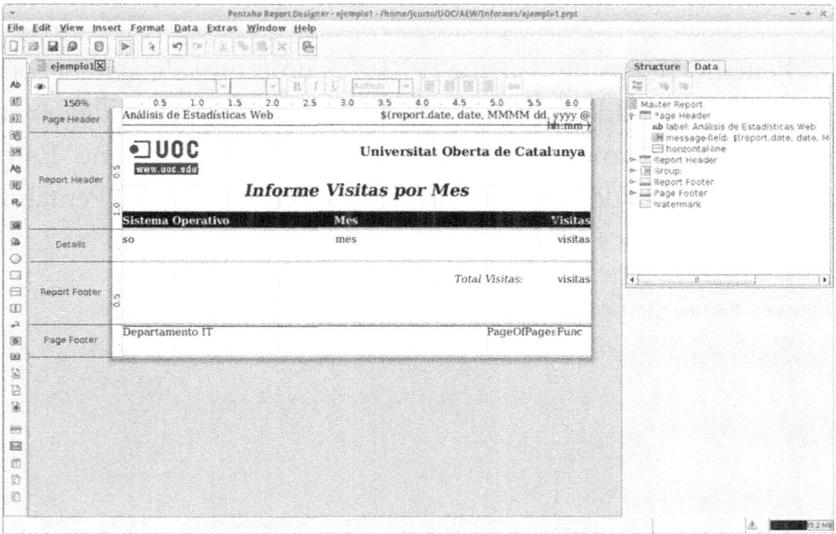

Fuente: Josep Curto.

Adicionalmente hay una herramienta que permite crear una capa de metadatos de negocio llamada Pentaho Medatada. Esta herramienta permite abstraer los datos consolidados en el *data warehouse* y transformarlos a lenguaje de negocio. Pentaho Medatada que está relacionada con las herramientas de *reporting* al ser una potencial fuente de origen.

Resumiendo:

Tabla 5.

	Community	*Enterprise*
Motor generador de informes (ejecución de informes)	Pentaho Reporting Engine (JFreeReports)	
Herramientas de desarrollo (diseño de informes/capa de metadatos)	Pentaho Report Designer, Pentaho Metadata	

Tratamos, a continuación, estas herramientas.

2.1. Pentaho Reporting Engine

Pentaho Reporting Engine (PRE) es un motor de generación de informes basado en JFreeReports. Su única funcionalidad es la de ejecutar informes creados con la herramienta de diseño. Este motor está incluido en tres herramientas: Pentaho Server, Pentaho Report Designer y PDI.

Figura 66. Informe ejecutado en Pentaho Server

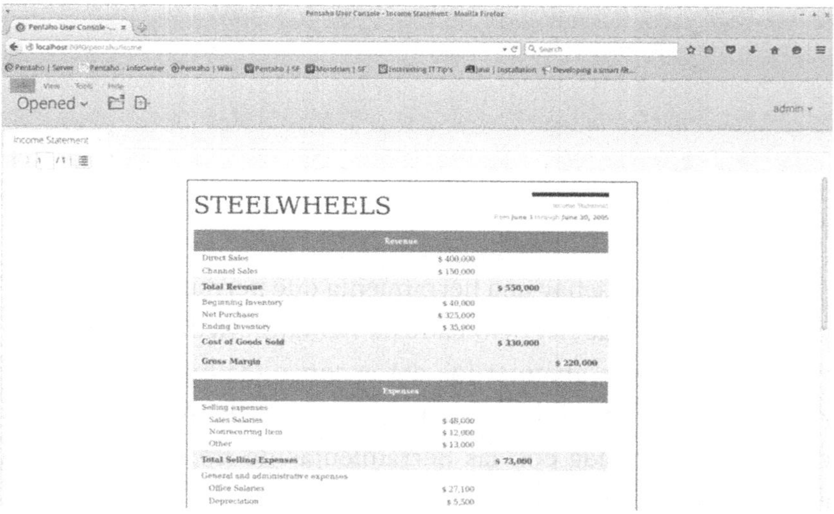

Fuente: Josep Curto.

2.2. Pentaho Report Designer

Pentaho Report Designer (PRD) es un editor programado en Java que encapsula la lógica de un informe en un fichero XML (con extensión).

El flujo de creación de informes está representado por el siguiente esquema:

Gráfico 26. Flujo de creación de informes

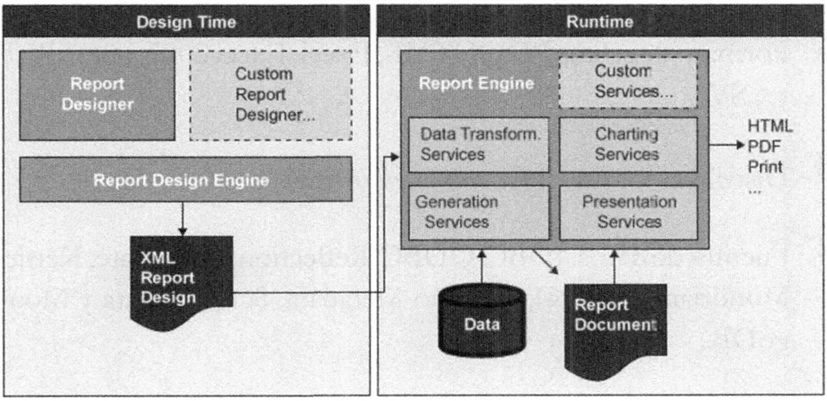

Fuente: Pentaho.

El resultado de Report Designer es un fichero XML que no contiene datos, sino solo las instrucciones del informe. En el momento de ejecución, cuando un usuario pide la información o es distribuido, es cuando se recuperan los datos a través del motor de informes y se genera el informe en el formato deseado.

Las principales características de PRD son las siguientes:

- Generales: previsualizador, editor gráfico, creación basada en bandas, *drag & drop*.

- Elementos que se pueden integrar en los informes: informes, listas, tablas, tablas pivotantes, texto dinámico, imágenes, etiquetas, *subreports*, códigos de barras, *sparklines*, tabla de contenidos e índice

- Formato de salida de gráficos: PNG, JPG, SVG, EPS, PDF.

- Propiedades de informes: paginación, *templates*, *subreports*, *javascript scripting*, *hyperlinks*, etc.
- Tipos de informes: estáticos y paramétricos.
- Formato de salida: PDF, HTML, Excel, Excel 2007, texto, RTF y CSV.
- Distribución: *bursting*[41], *email*, *web service*.
- Fuentes de datos: JDBC, ODBC, Reflection, Hibernate, Kettle, Mondrian, OLAP4J, Pentaho Metadata, Scripted data y MongoDB.
- Existencia de un API de programación.
- Gráficos: de barras, de líneas, de área, de sectores, combinación de varios de los anteriores, combinación de barras y líneas, en anillo, de burbujas, de dispersión, de radar y en cascada.
- Funcionalidades avanzadas de creación de mensajes de correo electrónico.
- Integración de un *wizard* para la creación de informes, conocido como Pentaho Report Design Wizard (PRDW), que facilita la creación de informes basado en plantillas.

41. El término hace referencia a la generación de un informe y a su distribución automática a múltiples usuarios mediante la plataforma de *reporting*, siguiendo reglas de negocio como necesidades, fecha, tipo de usuario y privilegios de acceso de información.

Esta herramienta sigue los despliegues por área tradicionales de las herramientas de diseño:

1. Paleta de elementos.
2. Área de trabajo (cada informe está formado por diferentes bandas, cabecera, agrupación, cuerpo, pie de página, etc.).
3. Propiedades de los elementos.
4. Zona de errores y *logs*.

Figura 67. Secciones interfaz de PRD

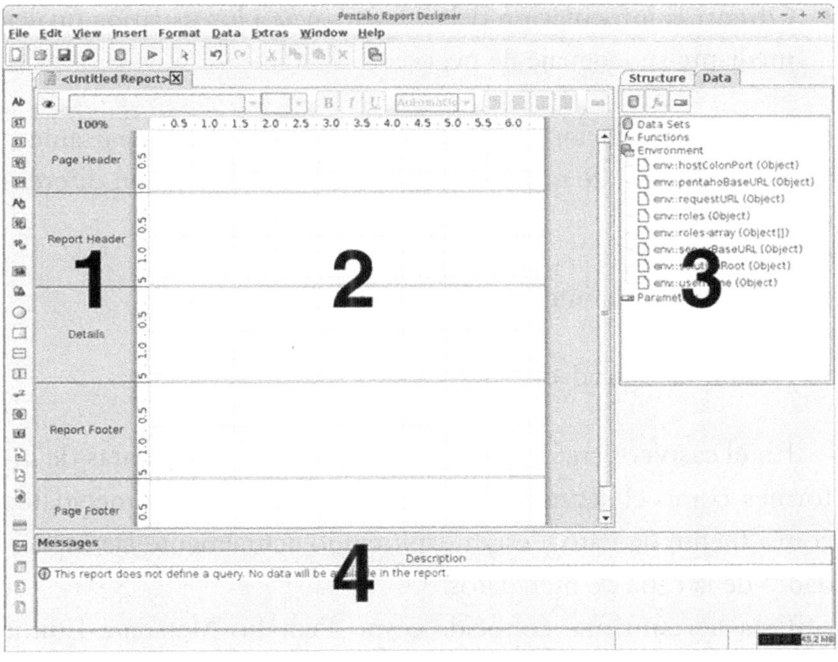

Fuente: Josep Curto.

2.3. Pentaho Metadata Editor

Pentaho incluye en su *suite* una capa de metadatos basada en la especificación del Object Management Group llamada Common Warehouse Metamodel (CWM). Este proyecto está auspiciado por Matt Casters, creador de PDI. En el contexto de la inteligencia de negocio, la existencia de este elemento ofrece diversos beneficios:

- Independencia de los elementos de negocio del *data warehouse*.
- Ofrecer la información del *data warehouse* a los usuarios finales mediante su lenguaje de negocio.
- Encapsular funcionalidades propias de diferentes departamentos en la capa de negocio: color, fuentes, descripción diferentes, etc.
- Soporte para la internacionalización de elementos.
- Definir la seguridad.

En el caso concreto de Pentaho, tanto las herramientas de informes como el servidor (publicando el esquema de metadatos como fuente de datos) están explotando actualmente las capacidades de la capa de metadatos.

Esta herramienta, conocida como Pentaho Metadata Editor (PME), permite crear vistas de negocio. Estas vistas de negocio deben referenciar a una tabla del *data warehouse*. A partir de dicha referencia se crean las relaciones que estarán disponibles al usuario final en función de las necesidades que han sido identificadas.

Gráfico 27. Funcionamiento Pentaho Metadata

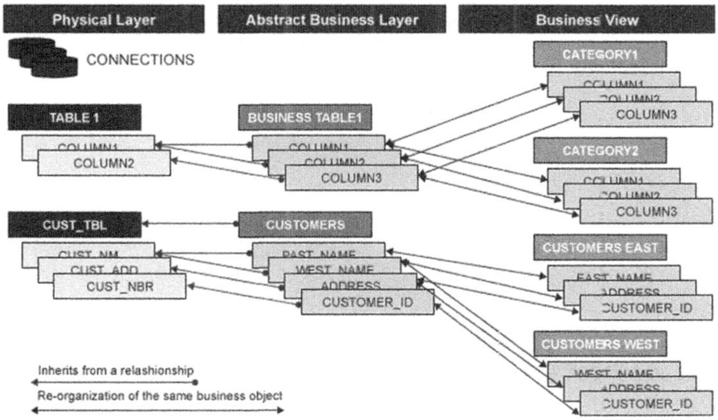

Fuente: Pentaho.

El área de trabajo se divide en dos partes:

- Esquema jerárquico de elementos, que incluye las conexiones y las vistas de negocio.
- Esquema gráfico de la vista de negocio.

Figura 68. Interfaz Pentaho Metadata Editor

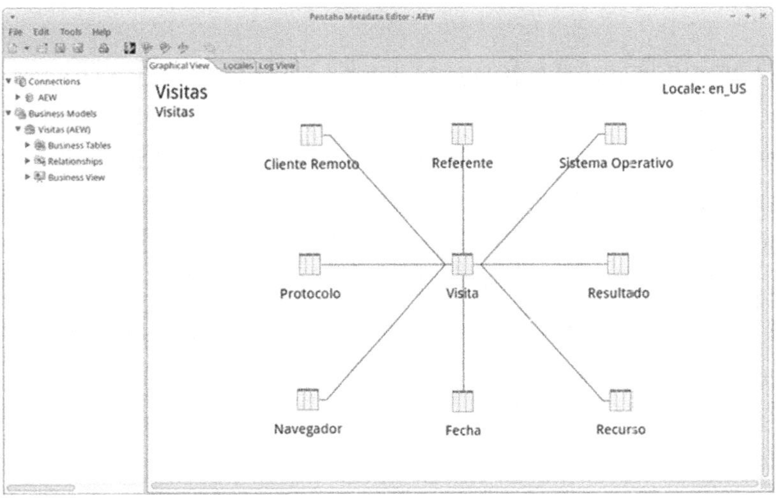

Fuente: Josep Curto.

Cabe comentar que esta herramienta en los últimos años no ha evolucionado de forma tan significativa como el resto de las herramientas de la *suite* de Pentaho.

3. Caso práctico

En el contexto de Pentaho existen diferentes opciones para publicar informes o datos:

- Mediante la capa de metadatos (que recordemos que desempeña el papel de nueva fuente de datos).
- Mediante el *wizard* incluido en Pentaho Report Designer.
- Creando un informe desde cero con Pentaho Report Designer.

3.1. Diseño de la capa de metadatos en Pentaho

Para poder crear informes basados en la capa de metadatos, es necesario primero crear una capa de metadatos. Esta capa es una abstracción entre el *data warehouse* y los informes cuyo beneficio principal es proporcionar al usuario final la capacidad de crearse sus propios informes sin depender del departamento IT.

La herramienta PME es la que nos permite crear esta capa y se inicia a partir del fichero metadata-editor.sh (o metadata-editor.bat en el caso de Windows).

Cuando se inicia la herramienta no existe ningún elemento creado.

Para crear una capa de metadatos, es necesario:

- Crear una conexión al *data warehouse*.
- Crear un modelo de negocio.
- Crear las relaciones del modelo de negocio.
- Crear las categorías.

Figura 69. Primer contacto con PME

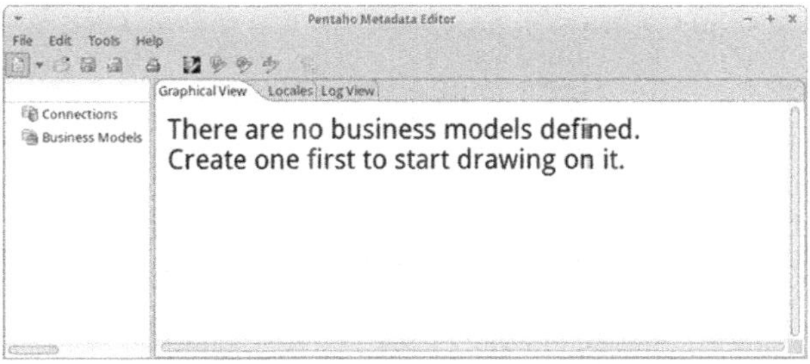

Fuente: Josep Curto.

Procedemos a explicar el proceso.
Creamos una nueva conexión.

Figura 70. Crear conexión en PME

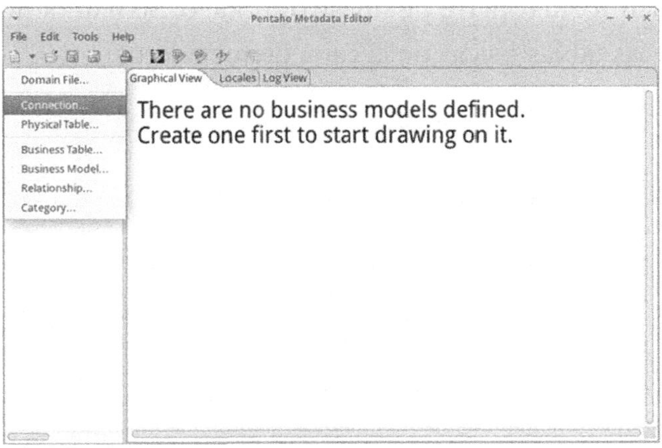

Fuente: Josep Curto.

Completamos los parámetros de conexión (con los datos que hemos estado usando a lo largo de los diferentes capítulos).

Figura 71. Completar datos de conexión en PME

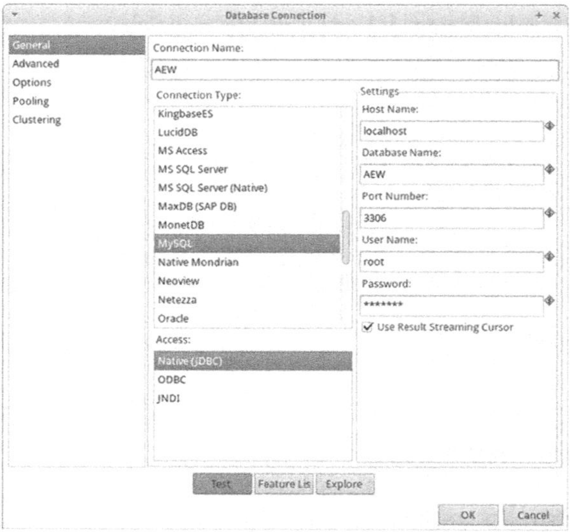

Fuente: Josep Curto.

Una vez conectados correctamente, seleccionamos las tablas que deben formar parte de nuestro modelo. Se han definido por lo tanto las tablas físicas de la capa de metadatos.

Figura 72. Selección tablas para el modelo

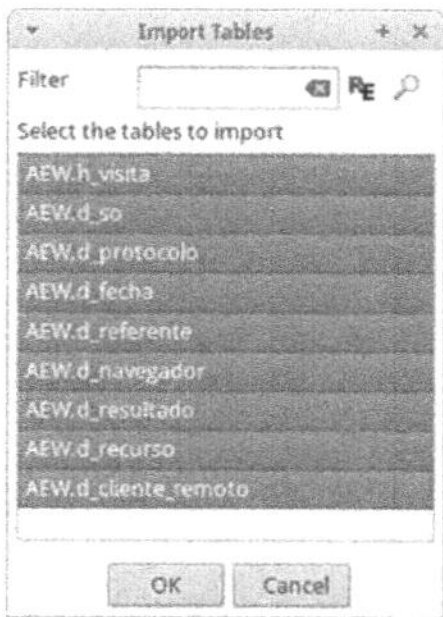

Fuente: Josep Curto.

El hecho de tener las tablas a nivel de conexión no supone que sean consideradas realmente en la capa de datos. Simplemente que están disponibles para el uso, por lo que es necesario mapear las tablas físicas con su equivalente en el modelo de negocio usando lenguaje de negocio para el usuario final.

Para ello necesitamos crear un modelo de negocio.

Figura 73. Creación de modelo de negocio

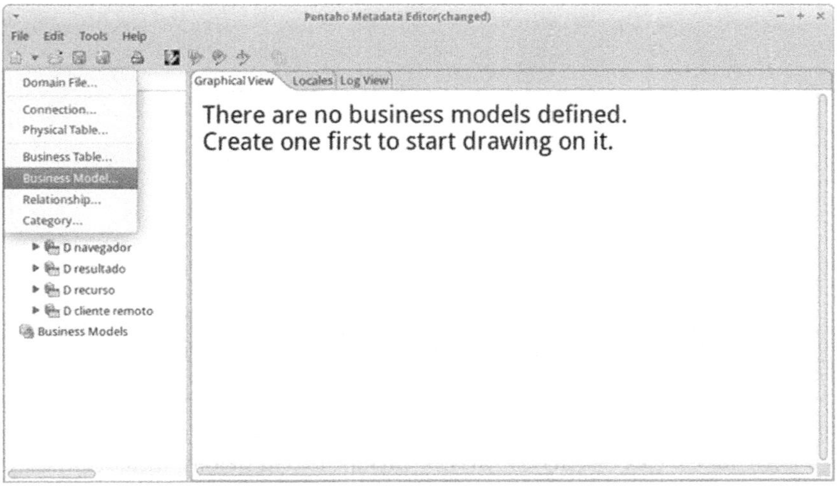

Fuente: Josep Curto.

Configuramos el modelo. Como mínimo, la conexión y el nombre. Aunque podríamos definir usuarios, idioma y restricciones de acceso.

Figura 74. Propiedades del modelo

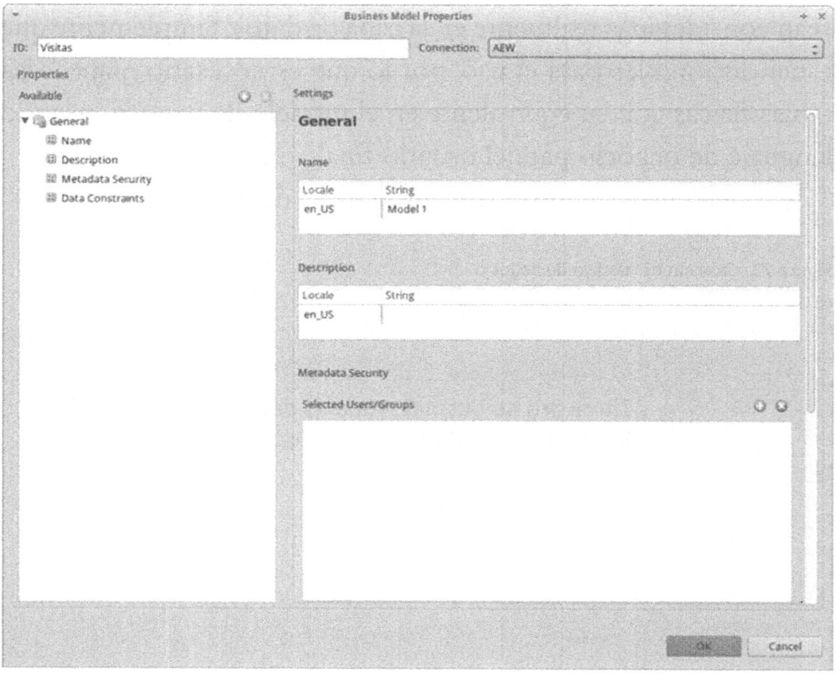

Fuente: Josep Curto.

Ahora es necesario crear las tablas de negocio, que consiste en el proceso de mapear las tablas físicas de la conexión con los nombres de negocio que usar tanto en el nombre de la tabla, como en los atributos de esta.

Figura 75. Creación de tablas del modelo de negocio

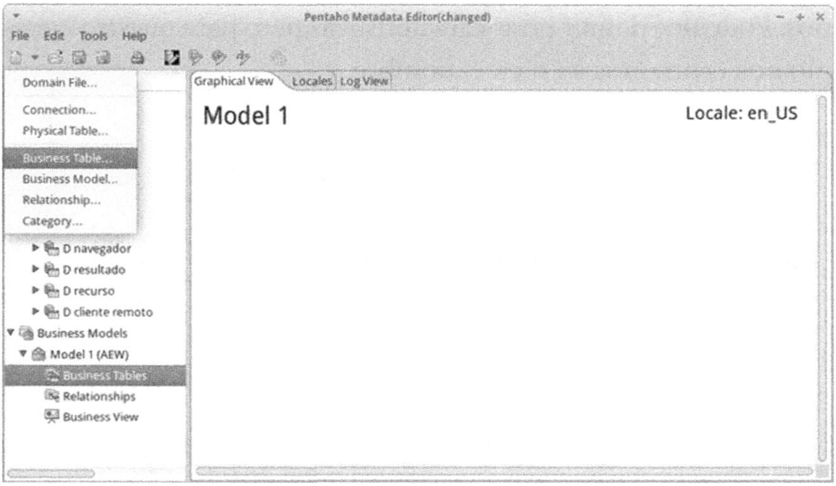

Fuente: Josep Curto.

Seleccionamos la tabla de cliente remoto.

Figura 76. Selección de tablas

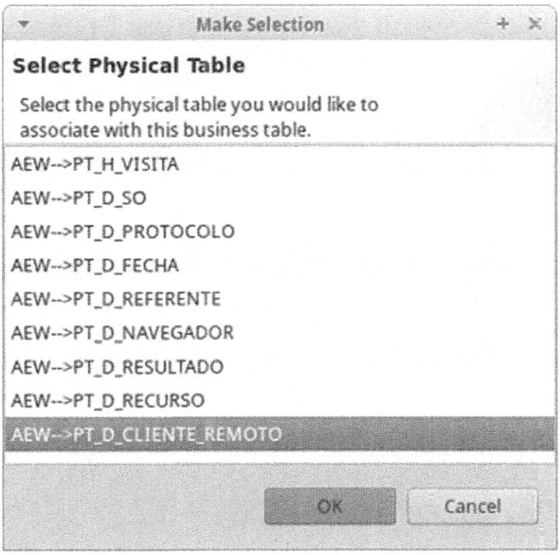

Fuente: Josep Curto.

Damos el nombre adecuado tanto a la tabla como a sus campos. Podemos definir otras características pero para nuestro ejemplo nos centramos solo en el nombre.

Figura 77. Propiedades de la tabla

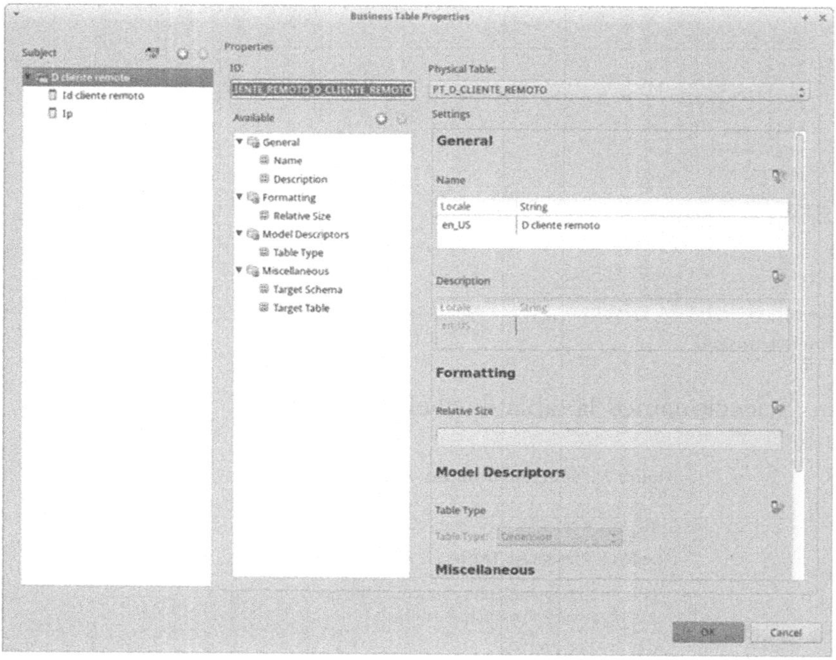

Fuente: Josep Curto.

Este proceso se debe realizar para todas las tablas que han sido exportadas del modelo y posteriormente crear las relaciones de negocio entre ellas para que el modelo esté bien definido.

Figura 78. Vinculación de dimensión y tabla de hecho

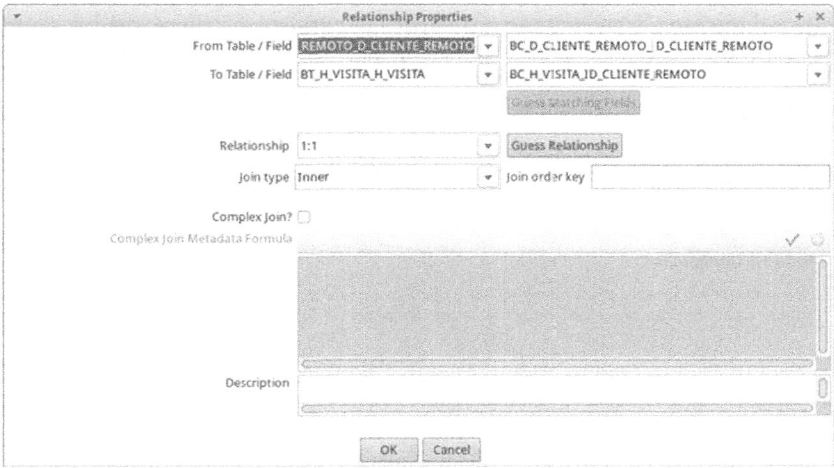

Fuente: Josep Curto.

El resultado final de crear todas las tablas en la vista de negocio y sus relaciones es el siguiente.

Figura 79. Modelo de negocio

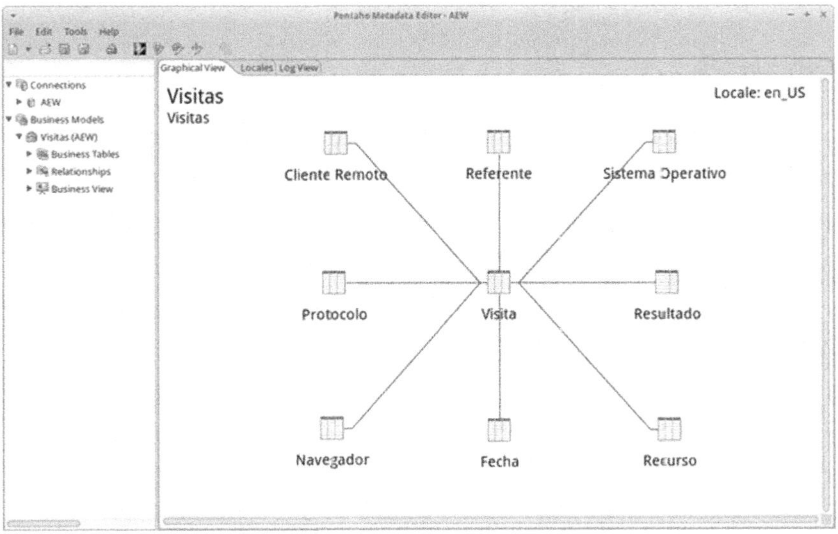

Fuente: Josep Curto.

Sin embargo, no es suficiente con tener el modelo de negocio y sus relaciones. Es necesario definir las categorías disponibles en la capa de metadatos al usuario final. En el ejemplo, el usuario solo podrá acceder y usar el atributo IP de cliente remoto.

Figura 80. Gestión de categorías

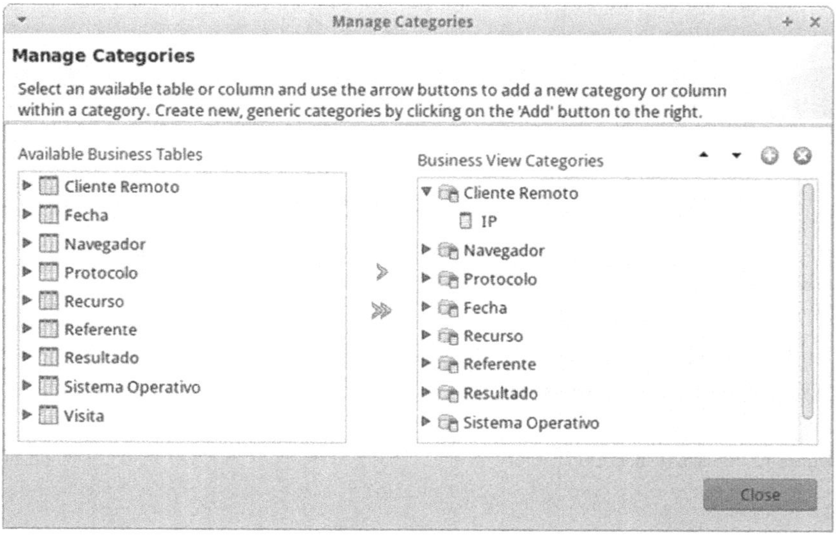

Fuente: Josep Curto.

Una vez terminado el proceso, guardamos el fichero y publicamos la capa de metadatos. Es necesario que el servidor de Pentaho esté en funcionamiento, puesto que el proceso de publicación se realiza a través del servidor.

Una vez encendido el servidor, vamos la sección *Manage Data Sources* y seleccionamos *Import Metadata*.

Figura 81. Importación del esquema de metadatos

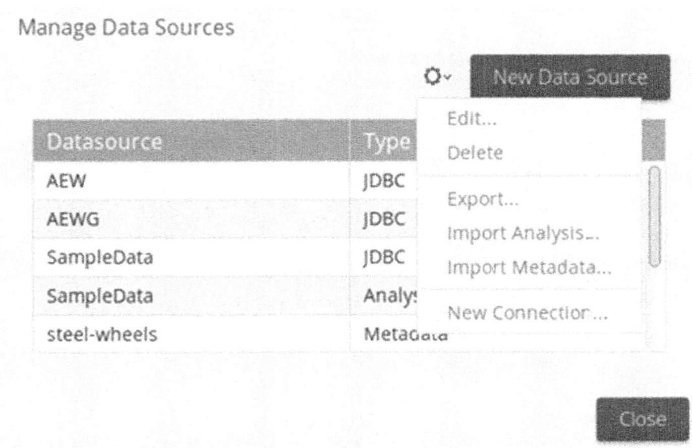

Fuente: Josep Curto.

Seleccionamos el fichero y le damos un nombre a la capa de metadatos.

Figura 82. Publicación del esquema de metadatos

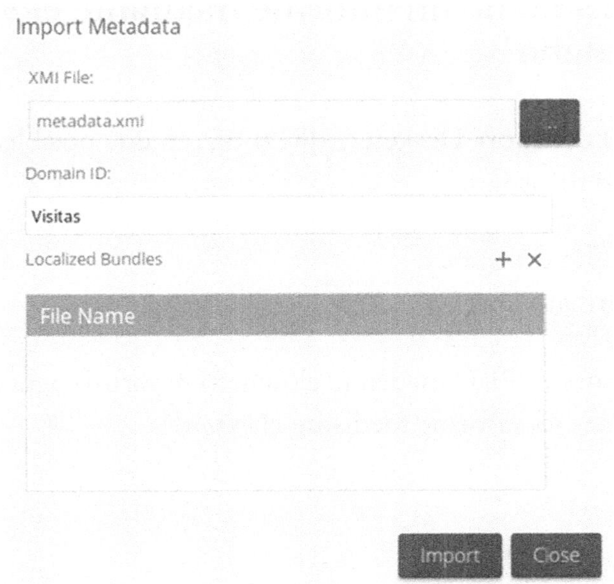

Fuente: Josep Curto.

Una vez importado, tendremos acceso a la capa de metadatos.

Figura 83. Esquema de metadatos publicado

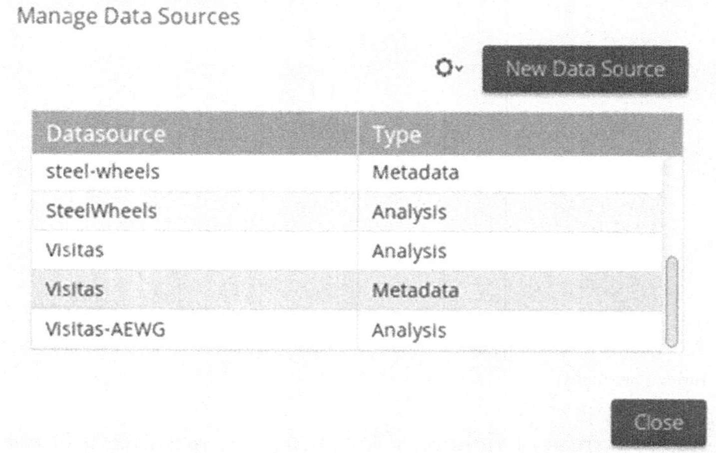

Fuente: Josep Curto.

3.2. Diseño de un informe mediante el *wizard* en Pentaho

Pentaho Report Designer (PRD) ofrece dos posibles formas para crear informes:

- Mediante el *wizard*.
- En formato libre.

Iniciamos el PRD mediante el fichero report-designer.sh. Elegimos crear un informe mediante el *wizard*.

Figura 84. Iniciar PRDW

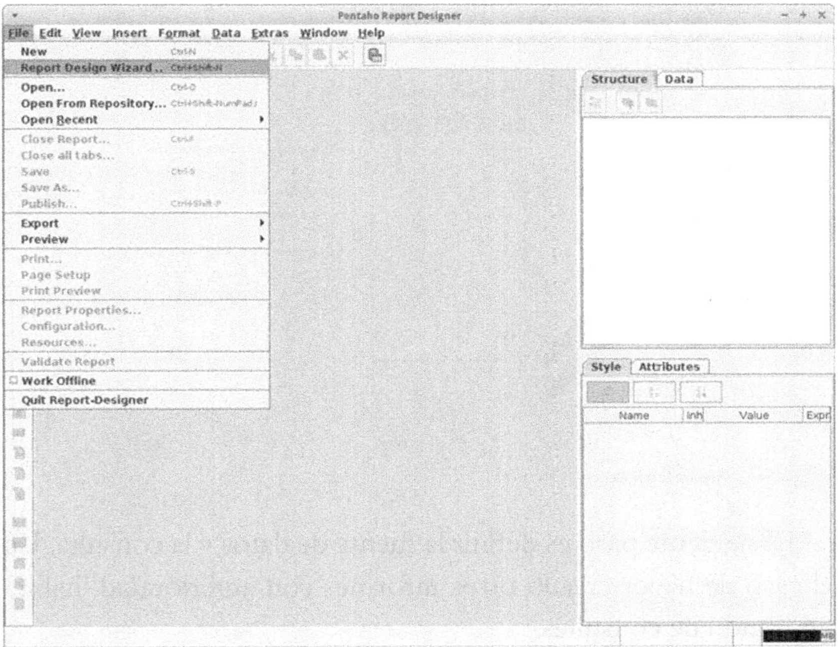

Fuente: Josep Curto.

La herramienta nos guía por el proceso de creación del informe. El primer paso es elegir una de las plantillas[42] disponibles. Elegimos, por ejemplo, *cobalt*.

42. El conjunto de plantillas puede extenderse, por ejemplo, para tener una plantilla corporativa.

Figura 85. Elección de plantilla

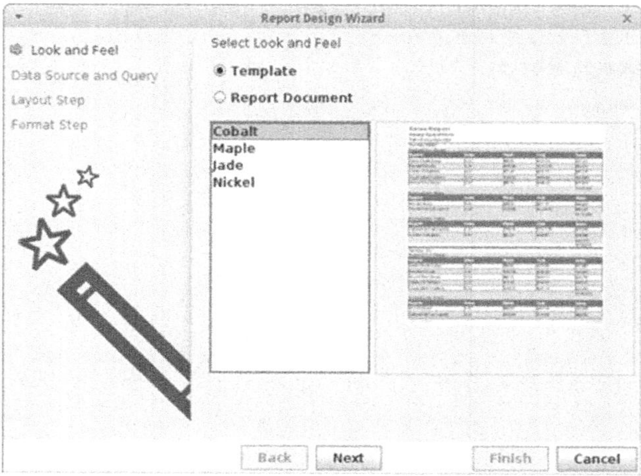

Fuente: Josep Curto.

El siguiente paso es definir la fuente de datos y la consulta. En el caso de haber creado otros informes con anterioridad, habría un listado de consultas.

Figura 86. Elección de consulta y fuente de datos

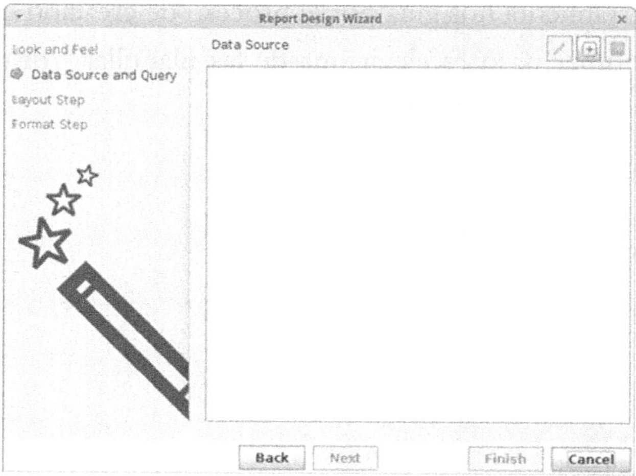

Fuente: Josep Curto.

Pulsamos el botón + en la esquina superior y se abrirá un nuevo menú que mostrará los tipos de fuentes de datos disponibles. Están soportadas múltiples entradas de datos (desde la capa de metadatos hasta base de datos pasando por OLAP). Tenemos a nuestra disposición tres: base de datos, OLAP y metadatos. Elegimos la primera y nos conectaremos mediante JDBC.

Figura 87. Fuente de datos disponibles

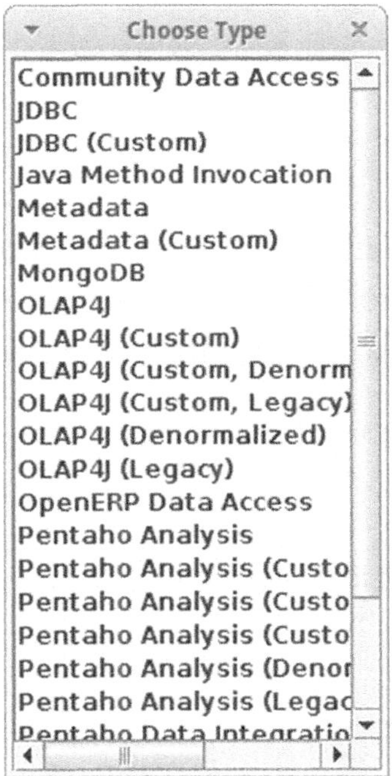

Fuente: Josep Curto.

Inicialmente no hay disponible ninguna conexión. A medida que trabajamos con la herramienta, van guardándose las conexiones disponibles y las consultas.

Figura 88. Interfaz de consultas y conexiones

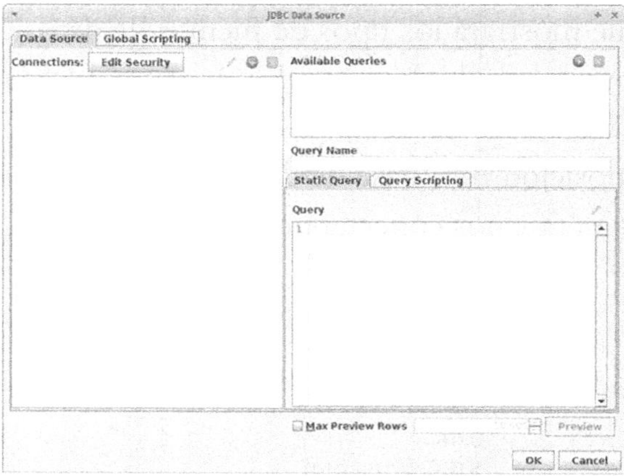

Fuente: Josep Curto.

Necesitamos definir la conexión y el conjunto de datos que será usado en nuestro informe. De nuevo completamos un menú similar para definir la conexión de base de datos.

Figura 89. Conexión con AEW

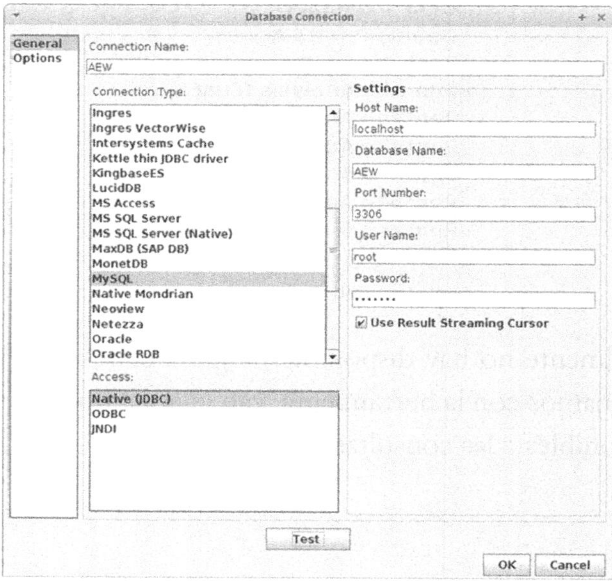

Fuente: Josep Curto.

En este caso, creamos una consulta para recuperar las visitas agrupadas por resultado y año. La consulta es:

```
SELECT
     'd_fecha'.'anyo' as year,
     'd_resultado'.'num_resultado' as resultado,
     count('h_visita'.'numero_visitas') as visitas
FROM
 'd_fecha' INNER JOIN 'h_visita' ON
 'd_fecha'.'id_fecha' = 'h_visita'.'id_fecha'
     INNER JOIN 'd_resultado' ON
     'h_visita'.'id_resultado' = 'd_resultado'.'id_resultado'
GROUP BY year, resultado
```

Esta consulta la podemos construir mediante la aplicación o simplemente escribiéndola en espacio disponible tal y como ilustra la siguiente imagen:

Figura 90. Consulta SQL

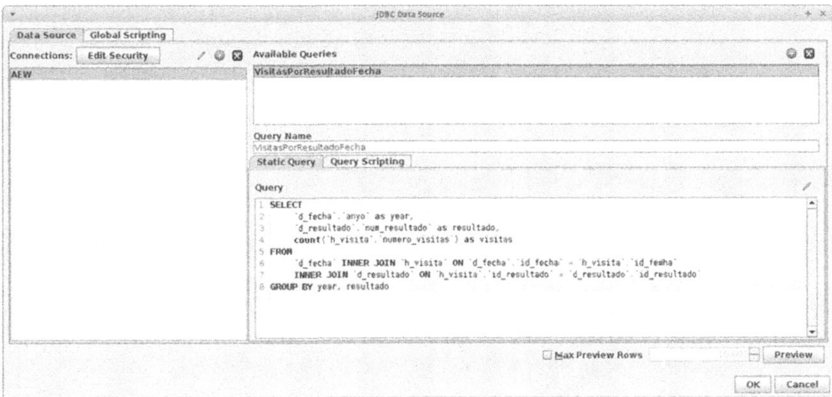

Fuente: Josep Curto.

Podemos visualizar la consulta para comprobar que los resultados son correctos.

Figura 91. Visualización de la consulta

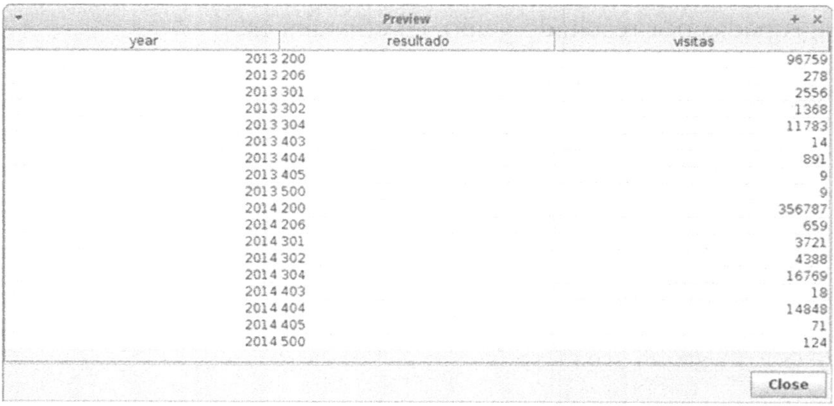

year	resultado	visitas
2013	200	96759
2013	206	278
2013	301	2556
2013	302	1368
2013	304	11783
2013	403	14
2013	404	891
2013	405	9
2013	500	9
2014	200	356787
2014	206	659
2014	301	3721
2014	302	4388
2014	304	16769
2014	403	18
2014	404	14848
2014	405	71
2014	500	124

Fuente: Josep Curto.

Una vez definida la conexión y la consulta, las tenemos disponibles para nuestro informe.

Figura 92. Selección de la consulta

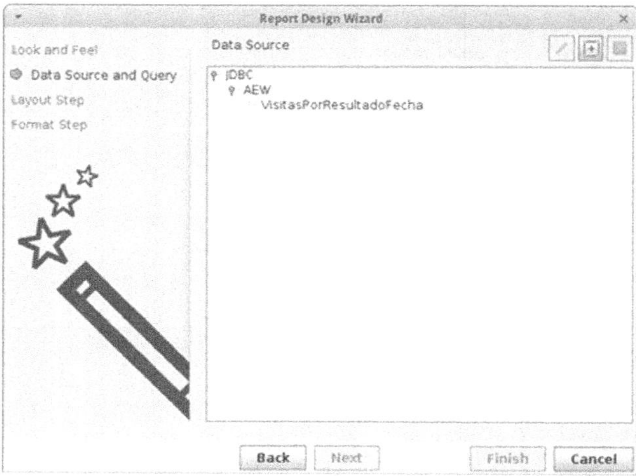

Fuente: Josep Curto.

El siguiente paso es definir el nivel de agregación. Por ejemplo, en nuestro caso decidimos que vamos a mostrar agregar la información por año y que el detalle será las visitas por resultados.

Figura 93. Definición nivel agregación

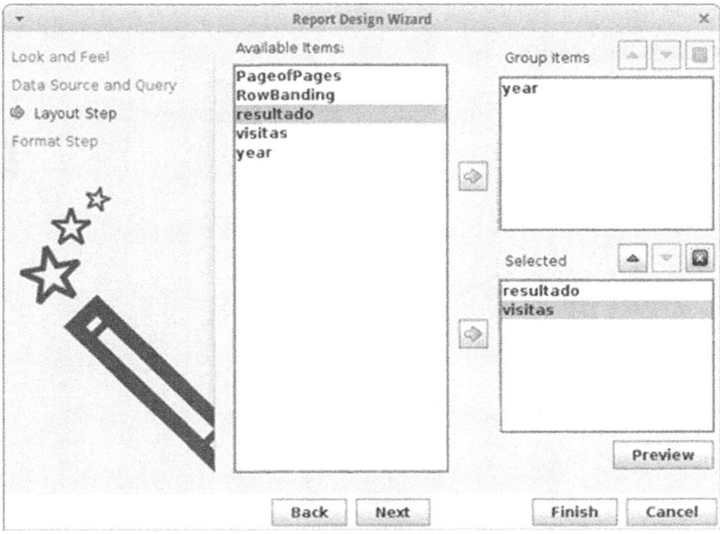

Fuente: Josep Curto.

El paso final es ajustar detalles estéticos por cada campo.

Figura 94. Ajustar detalles estéticos

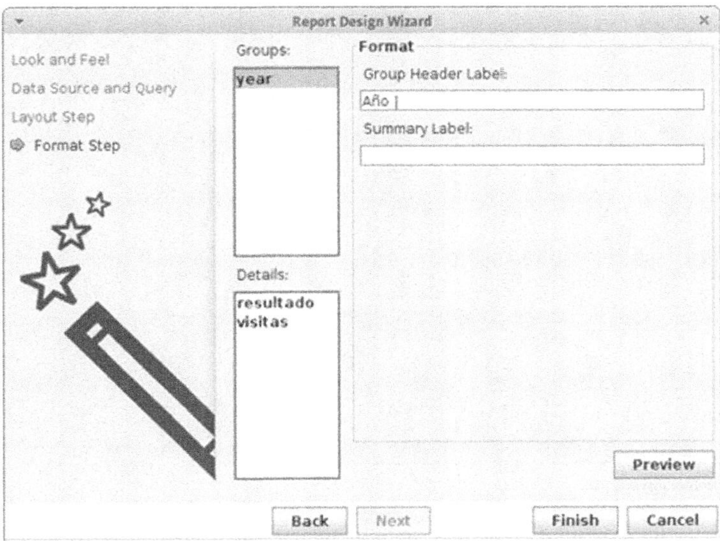

Fuente: Josep Curto.

Y finalmente, ajustamos los títulos, subtítulos y el pie de página.

Figura 95. Ajustar finales

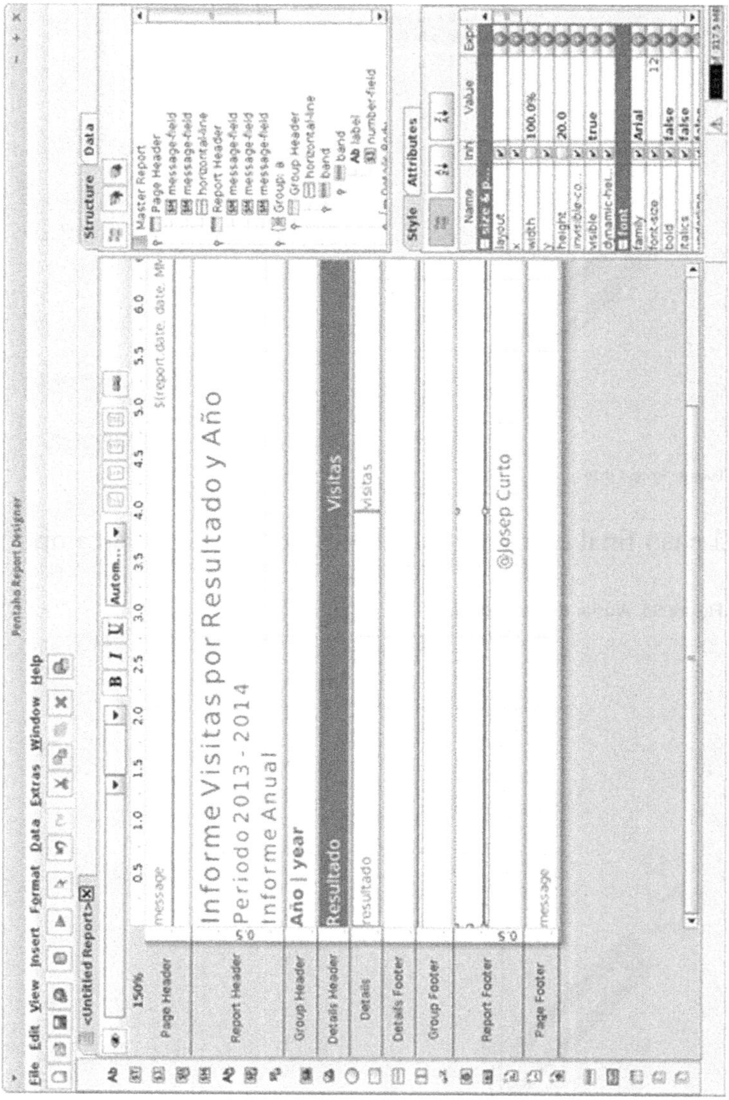

Fuente: Josep Curto.

Podemos visualizar el informe y lo guardamos para posteriores ejecuciones.

Figura 96. Informe visitas por resultado y año

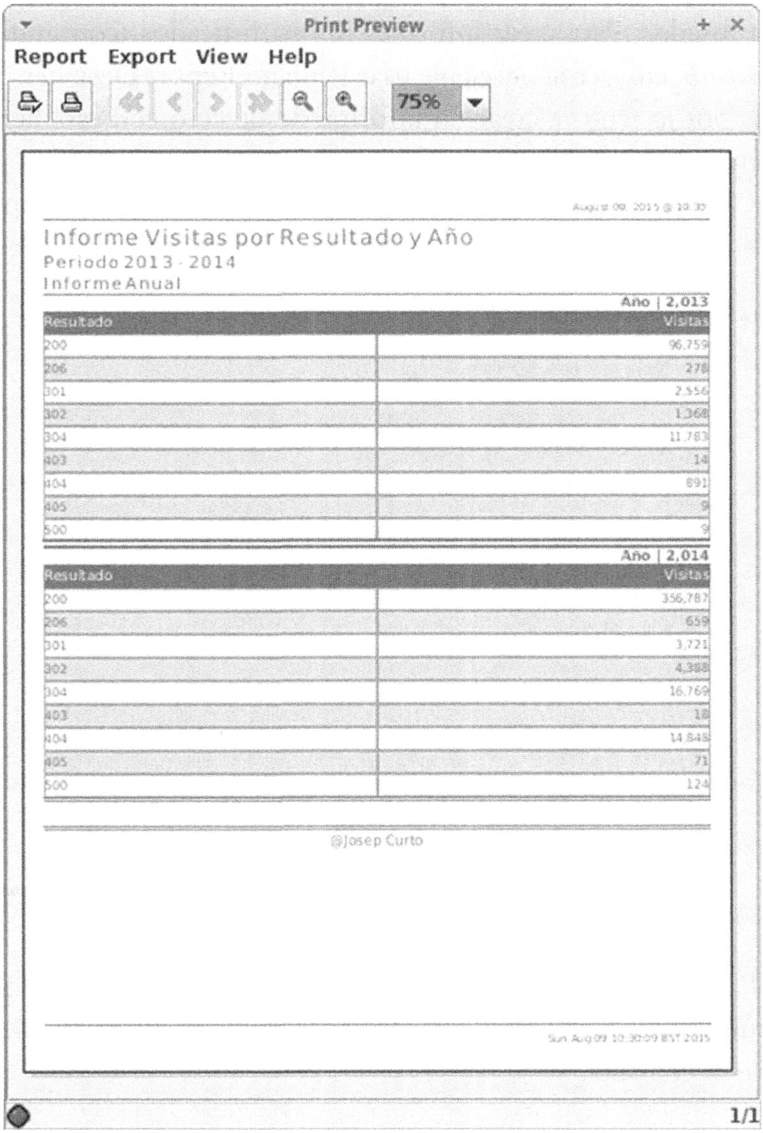

Fuente: Josep Curto.

3.3. Diseño de un informe mediante Pentaho Report Designer

Aunque el *wizard* permite crear informes, básicamente estos son listados. Para crear informes más sofisticados (con gráfico, *subreports*, etc.), es aconsejable usar Pentaho Report Designer. Vamos por lo tanto a crear un informe desde cero con esta herramienta.

Un está divididos en bandas que debemos ir completando progresivamente.

Figura 97. Estructura de bandas

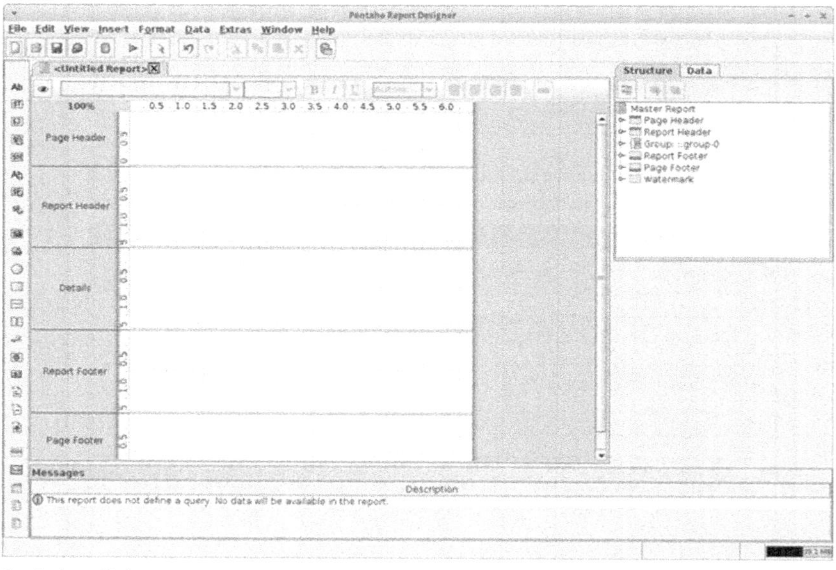

Fuente: Josep Curto.

El primer paso es crear la consulta vinculada al informe. Debemos, como en el caso anterior, añadir una conexión (AEW) y crear la consulta.

Figura 98. Creación de nueva fuente de datos

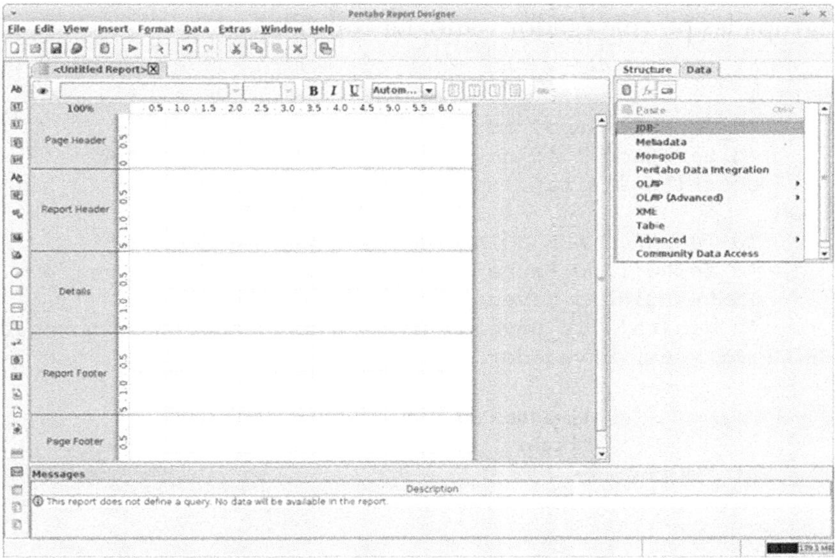

Fuente: Josep Curto.

Para ello, creamos una nueva fuente de datos (*data source*) mediante JDBC. Puesto que ya hemos creado anteriormente la conexión AEW, la tendremos a nuestra disposición.

Figura 99. Espacio de creación de consultas

Fuente: Josep Curto.

En este caso, creamos una consulta para recuperar las visitas agrupadas por navegador y año. La consulta es:

```
SELECT
     'd_fecha'.'anyo' as year,
     'd_navegador'.'d_navegador' as navegador,
     count('h_visita'.'numero_visitas') as visitas
FROM
     'd_fecha' INNER JOIN 'h_visita' ON
     'd_fecha'.'id_fecha' = 'h_visita'.'id_fecha'
     INNER JOIN 'd_navegador' ON
     'h_visita'.'id_navegador' = 'd_navegador'.'id_navegador'
GROUP BY year, navegador
```

Figura 100. Consulta de visitas por navegador y año

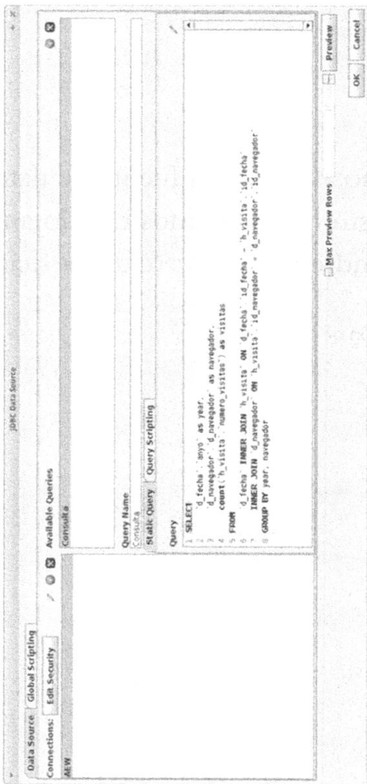

Fuente: Josep Curto.

Ahora podemos incluir todos los elementos que queremos en el informe. Estos elementos se añaden a partir del menú lateral de elementos:

- Un *label* con una referencia a la temática del informe (análisis de estadísticas web) en *page header*.
- En la misma banda añadimos fecha de ejecución del informe y una línea horizontal. Además, reducimos el tamaño de la banda.
- En la banda de *report header* añadimos el título del informe y el logo de la UOC.
- En el *page footer* añadimos quién ha hecho el informe (por ejemplo, el departamento IT), el número de páginas (que es una función que se debe crear primero en el lateral, en la pestaña de datos) y una línea horizontal.
- En la banda *details*, vamos a considerar un ejemplo fácil de crear un listado, lo que hacemos es arrastrar los tres campos de la consulta y alinearlos horizontalmente.
- Creamos también unas etiquetas para cada uno de los campos en la banda *report header*.
- Para enriquecer este informe respecto el anteriormente creado, incluimos un gráfico de barras (completamos chart-title, category-column, value-columns y series-by-field como mínimo) para representar las visitas por años.

De esta manera, tendremos el siguiente informe.

Figura 101. Informe final

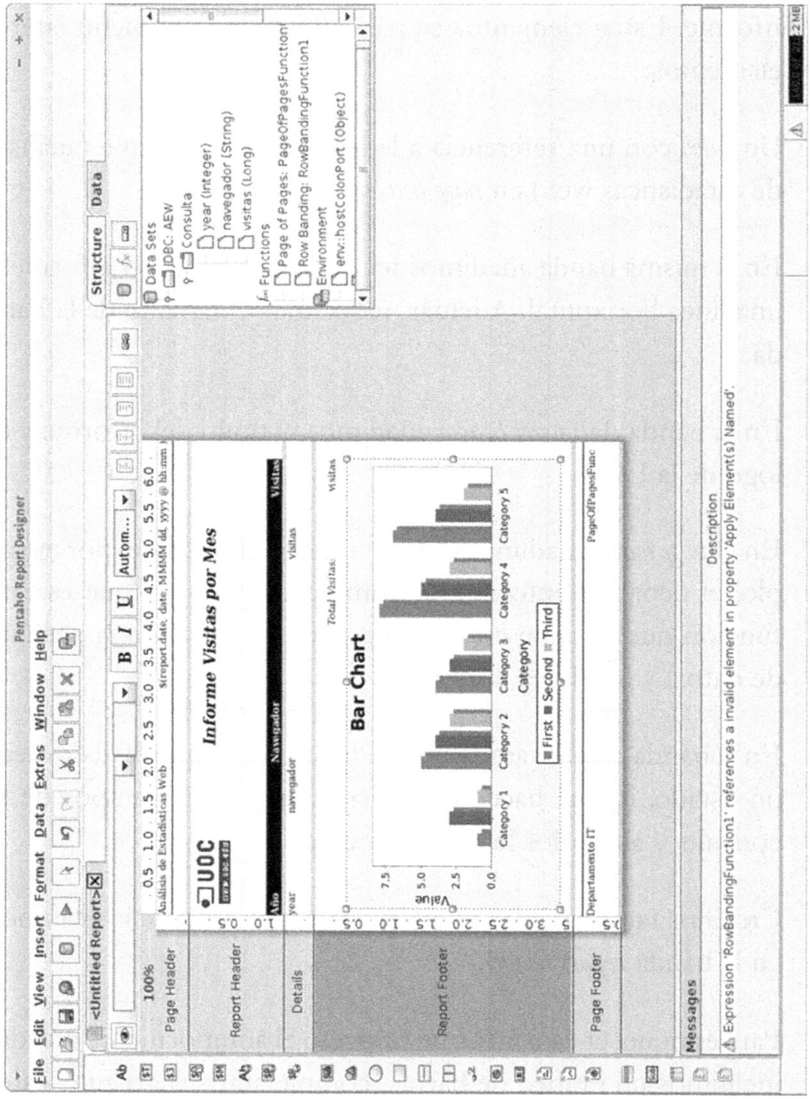

Fuente: Josep Curto.

En la siguiente imagen adjuntamos el detalle de configuración del gráfico.

Figura 102. Parámetros gráfico

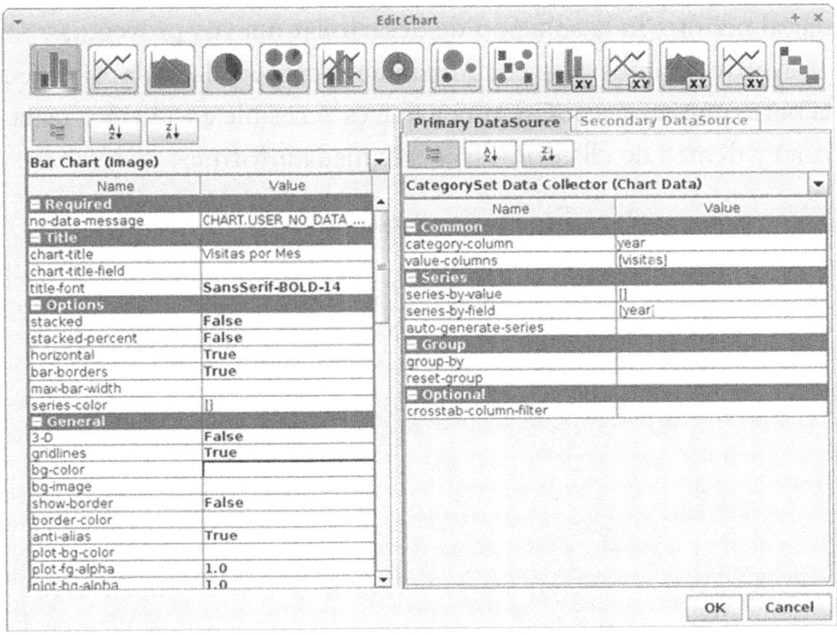

Fuente: Josep Curto.

El resultado final es un informe de tres páginas con un gráfico al final.

3.4. Publicación de informes en el servidor

En los anteriores apartados hemos revisado cómo crear un informe. Consideremos el primer informe que hemos creado (y al que hemos nombrado como ejemplo1.prpt) y vamos ahora a publicarlo para que esté disponible para todos los usuarios.

Este proceso se realiza de nuevo teniendo en cuenta el servidor. Vamos a la sección Browse. Accedemos a una estructura de soluciones (carpetas) para gestionar proyectos en Pentaho Server. Es posible apreciar que hay diversas soluciones ya publicadas (la propia de ejemplo, Steel Wheels), así como otras que buscan ayudar al neófito en la solución de desarrollar nuevos proyectos.

Aprovechamos para crear una nueva carpeta llamada AEW en la parte pública (lo que significa que es accesible a todos los usuarios) y dentro de ella otra carpeta llamada informes.

Figura 103. Estructura de soluciones en Pentaho

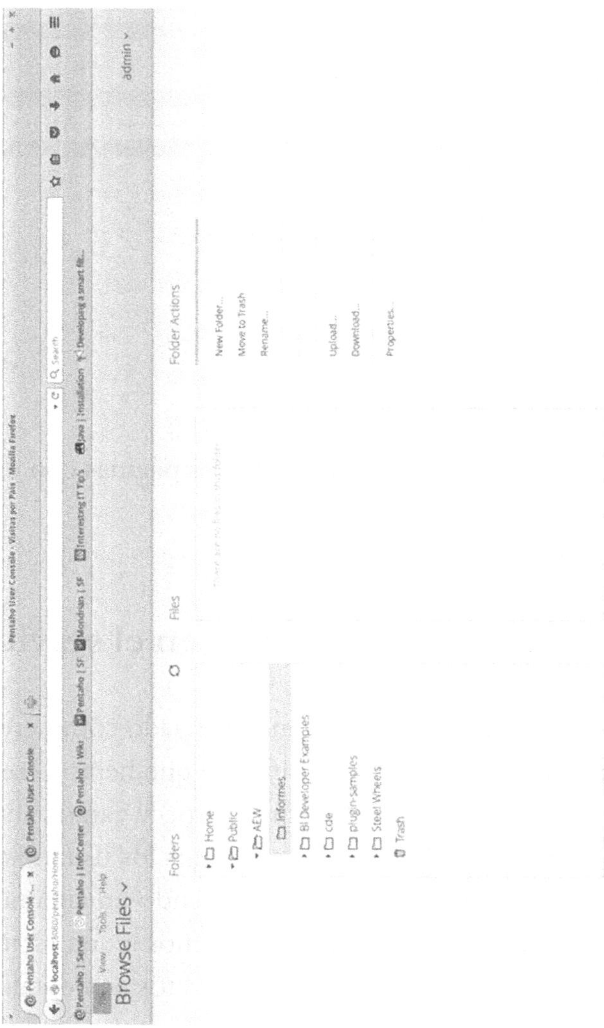

Fuente: Josep Curto.

Pulsamos Upload y seleccionamos el informe que hemos creado previamente.

Figura 104. Proceso de publicación de un objeto

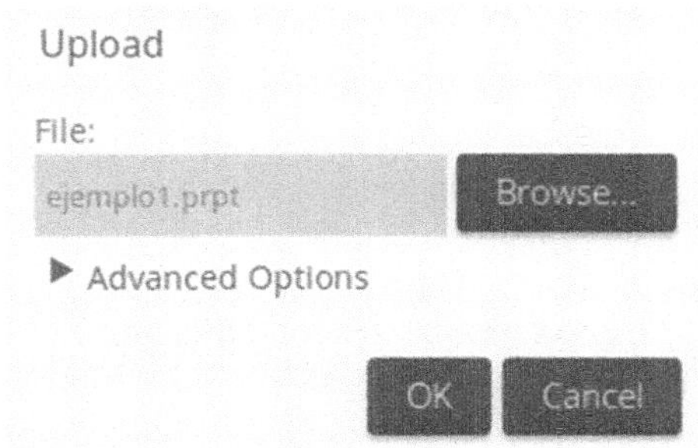

Fuente: Josep Curto.

Una vez pulsemos OK, tendremos el informe disponible.

Figura 105. Informe disponible

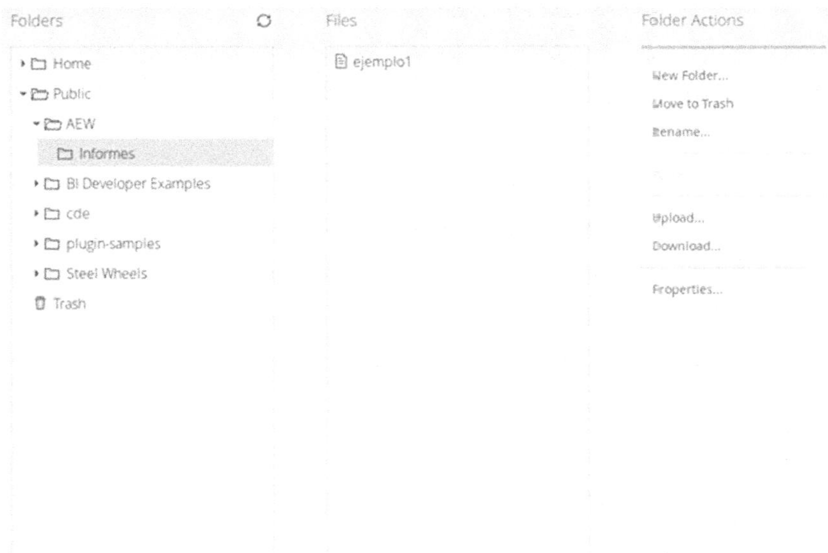

Fuente: Josep Curto.

Si pulsamos en el informe, tendremos la opción de abrirlo, lo que hará que se ejecute el informe en el servidor.

Figura 106. Informe ejecutado en el servidor

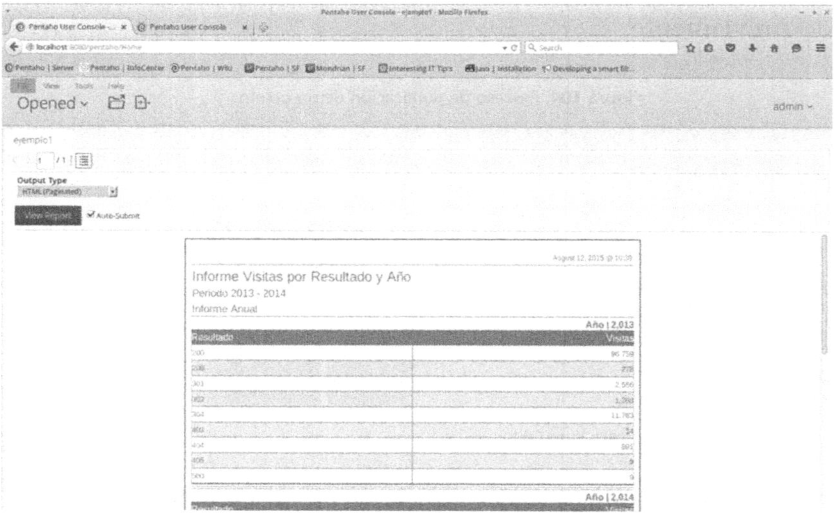

Fuente: Josep Curto.

Abreviaturas

CSV *Comma separated value.*
CWM *Common warehouse metamodel.*
EJB *Enterprise javabeans.*
EPS *Encapsulated postscript.*
HTML *Hypertext markup language.*
JDBC *Java database connection.*
MDX *Multidimensional expressions.*
ODBC *Open database connectivity.*
ODS *Operational data store.*
OLAP *Online analytical processing.*
PDF *Portable document format.*
PNG *Portable network graphics.*
POJO *Plain old java object.*

PSV *Pipe separated value.*
RTF *Rich format text.*
SQL *Structured query language.*
SSV *Semi-colon separated value.*
SVG *Scalable vector graphics.*
TSV *Tabular separated value.*
XML *Extensible markup language.*
WAQR *Web ad-hoc query reporting.*

Bibliografía

Bouman, R.; Van Dongen, J. (2009). *Pentaho® Solutions: Business Intelligence and Data Warehousing with Pentaho® and MySQL.* Indianápolis: Wiley Publishing.

García Mattío, M.; Bernabeu, D. R. (2013/2009). *Pentaho Reporting 5.0 by Example: a begginer's guide.* Birmingham: Packt Publishing.

Patil, M. R.; Ramazzina, S. (2015). *Pentaho Reporting 5 for Java Developers* (2.ª ed.). Birmingham: Packt Publishing.

Capítulo VI
Diseño de cuadros de mando

Introducción

Tanto los informes como OLAP son herramientas que proporcionan información a los usuarios finales. La gran cantidad de información que normalmente incluyen estas herramientas las puede hacer inadecuadas para usuarios que necesiten tomar decisiones de manera rápida a partir de ellas.

Cuadro de mando proviene del término francés *tableau de bord* y permite mostrar información consolidada a alto nivel. Se focaliza en:

- Presentar una cantidad reducida de aspectos de negocio.
- Usar mayoritariamente elementos gráficos.
- Incluir elementos interactivos para potenciar el análisis en profundidad y la comprensión de la información consultada.

El cuadro de mando es una herramienta muy popular dado que permite entender muy rápidamente la situación de negocio y resulta muy atractivo visualmente. Por ello, todas las soluciones del mercado incluyen este tipo de soluciones. La oferta se diferencia principalmente en el nivel de madurez del proceso de creación del cuadro de mando, en las opciones disponibles de visualización y en la capacidad de trabajar con flujos continuos de datos y el reflejo de dichos cambios en tiempo real. Los cuadros de mando permiten el análisis visual de la información, lo que se conoce como *visual analytics*[43].

El cuadro de mando suele usarse también para la **dirección por objetivos** (DPO), que consiste en identificar las áreas clave para la organización y definir los resultados esperados para cada una de ellas y para cada uno de los puestos directivos. Para cada área y directivo, se establecen metas coordinadas y negociadas que se convierten en indicadores de metas que permiten seguir la evolución de la meta en un periodo de tiempo determinado. En definitiva, el cuadro de mando proporciona en este escenario soporte al establecimiento de planes de acción para lograr los objetivos y controlar su camino hacia estos.

Las últimas tendencias que están afectando a los cuadros de mando incluyen *data visualization* y *data storytelling*. La primera hace referencia a la inclusión de una mayor cantidad de elementos gráficos para la comprensión del dato y al uso de criterios para utilizar dichos elementos. La segunda se refiere a que la herramienta permite construir y explicar historias de negocio fundamentadas en datos y hechos para explicar qué ha sucedido. No todas las herramientas del mercado incluyen esta tendencia, sino que solo se encuentra en algunos productos innovadores.

El objetivo de este capítulo es presentar el concepto de cuadro de mando y ejemplificarlo mediante Pentaho.

43. Las herramientas *visual analytics* incluyen gráficos como: *tree maps*, *heat maps*, *scatter plot*, diagramas de Venn, etc., que permiten tomar decisiones sobre datos que tienen muchas categorías y que es posible ordenar mediante las métricas de negocio que se analizan.

1. Cuadro de mando como herramienta de monitorización

Un cuadro de mando permite monitorizar los procesos de negocio dado que muestra información crítica a través de elementos gráficos de fácil comprensión. Este tipo de herramientas, cuya periodicidad de refresco suele ser cercana al tiempo real, son de gran utilidad para todos aquellos usuarios encargados de tomar decisiones diariamente.

Estos sistemas pueden encontrarse integrados en *suites* de *business intelligence* o ser simplemente aplicaciones independientes.

Es necesario, antes de continuar, introducir una definición formal de cuadro de mando: se entiende por **cuadro de mando** o ***dashboard*** el sistema que informa de la evolución de los parámetros fundamentales de negocio de una organización o de un área de esta.

La información que se presenta en un cuadro de mando se caracteriza por:

- Usar diferentes elementos (gráficos, tablas, alertas, etc.).
- Combinar los elementos de manera uniforme y precisa.
- Basar la información presentada en indicadores clave de negocio.
- Presentar las tendencias de negocio para propiciar la toma de decisiones.

¿A qué se parece un cuadro de mando? La siguiente imagen nos presente un ejemplo que combina algunos de los diferentes elementos anteriores para el control de una compañía aérea. Este cuadro de mando permite conocer la evolución de las principales magnitudes financieras, pero al mismo tiempo aquellas específicas al negocio, como pasajeros, combustible o el rendimiento de rutas.

Figura 107. Ejemplo de cuadro de mando

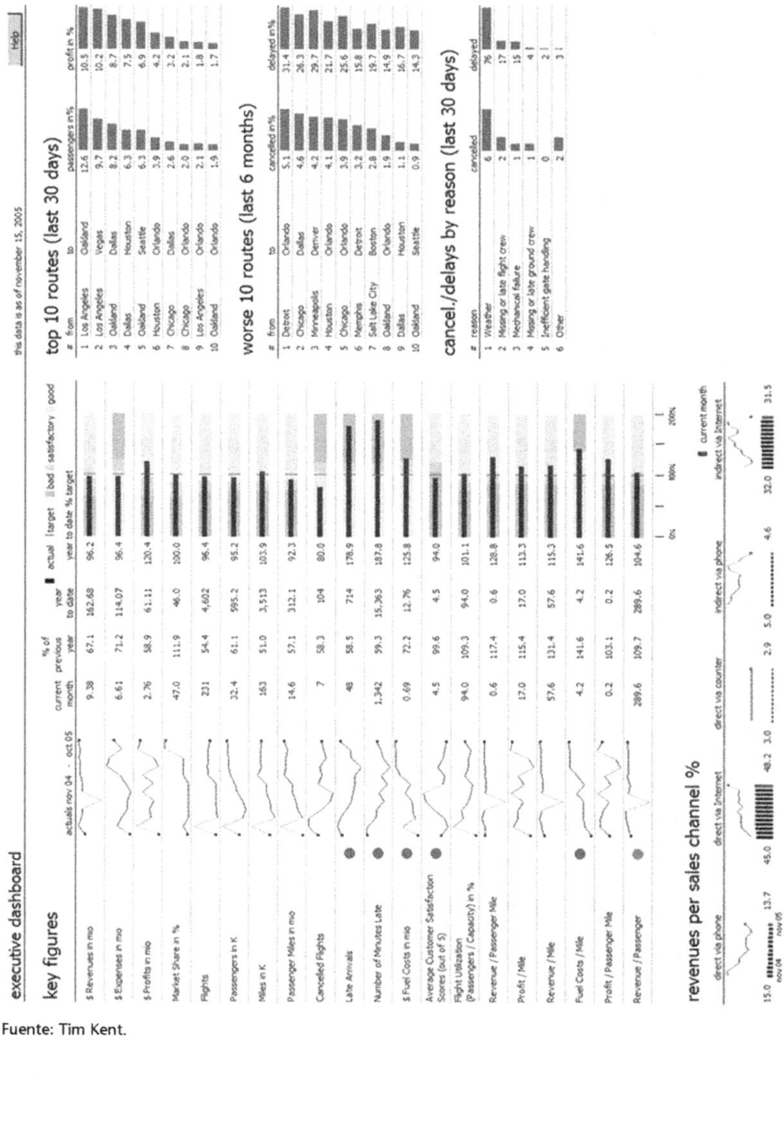

Fuente: Tim Kent.

La tipología de usuarios que necesitan estas herramientas es la siguiente:

- Alta dirección, con el objetivo de comprender lo que sucede en el negocio.
- Gerentes, que deben monitorizar procesos de negocio.
- Usuarios de negocio, que necesitan de poder hacer un análisis exploratorio del dato.

Por lo tanto, el cuadro de mando aporta valor a nivel estratégico, táctico y operativo.

1.1. Elementos de un cuadro de mando

Principalmente, un cuadro de mando está formado por diversos elementos combinados. La gran mayoría de estos elementos ya han sido presentados anteriormente, pero vamos a recordar los principales y remarcar cada elemento con un recuadro negro sobre el ejemplo presentado exceptuando aquellos que no forman parte de este ejemplo.

1) Tabla: tiene forma de matriz y permite presentar una gran cantidad de información. La tabla puede ser estática, dinámica o incluso ser un análisis OLAP. Se persigue con este elemento presentar información de manera estructurada al usuario final.

Figura 108. Elemento tabla en un cuadro de mando

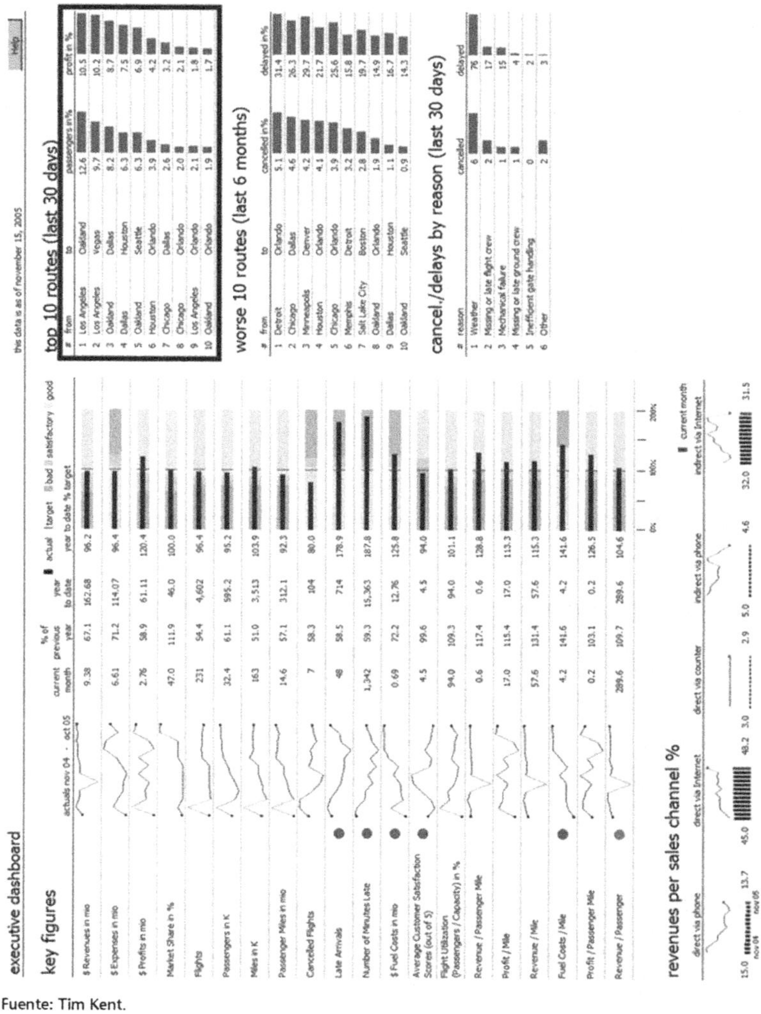

Fuente: Tim Kent.

2) Métricas: valores que recogen el proceso de una actividad o los resultados de esta. Estas medidas proceden del resultado de la actividad de negocio. Como ya sabemos, existen diferentes tipos de métricas. En un cuadro de mando, se suelen usar KPI.

Figura 109. Elemento métrica en un cuadro de mando

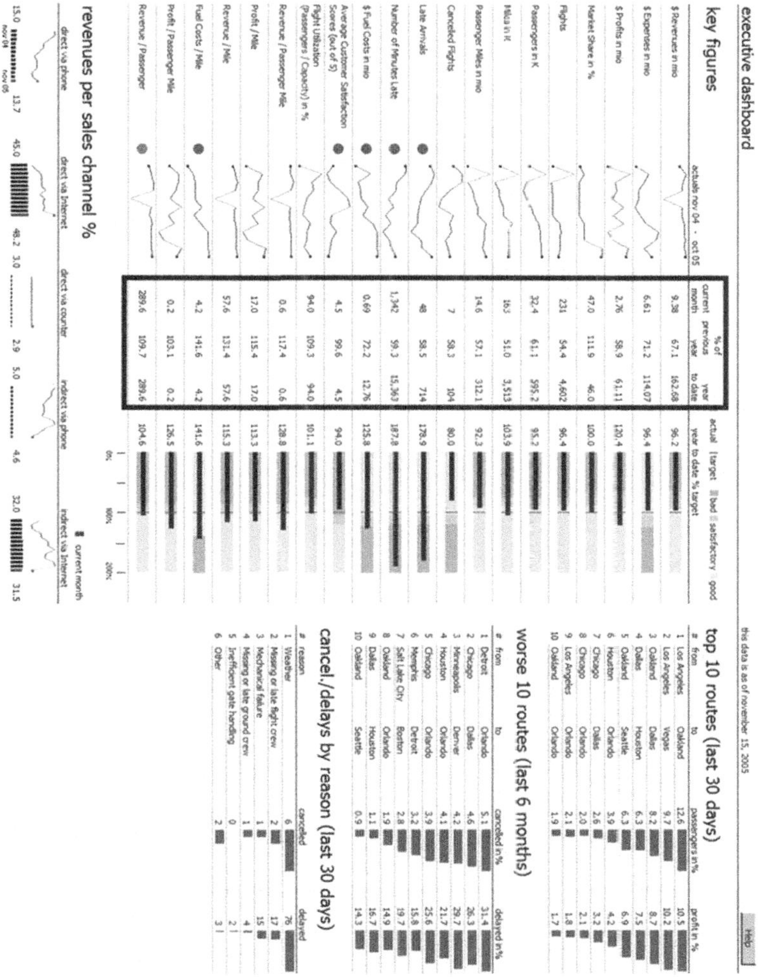

Fuente: Tim Kent.

3) Listas: comúnmente formadas por KPI. En el caso de que el cuadro de mando solo esté formado por este tipo de elemento, se denomina *scorecard*. En nuestro ejemplo, la tabla de *key figures*.

4) Gráficos: este elemento persigue el objetivo de mostrar información con un alto impacto visual que sirva para obtener información agregada o con mucha más rapidez que a través de tablas. El gráfico puede estar formado por la superposición de diferentes tipos de visualización.

Figura 110. Elemento gráfico en un cuadro de mando

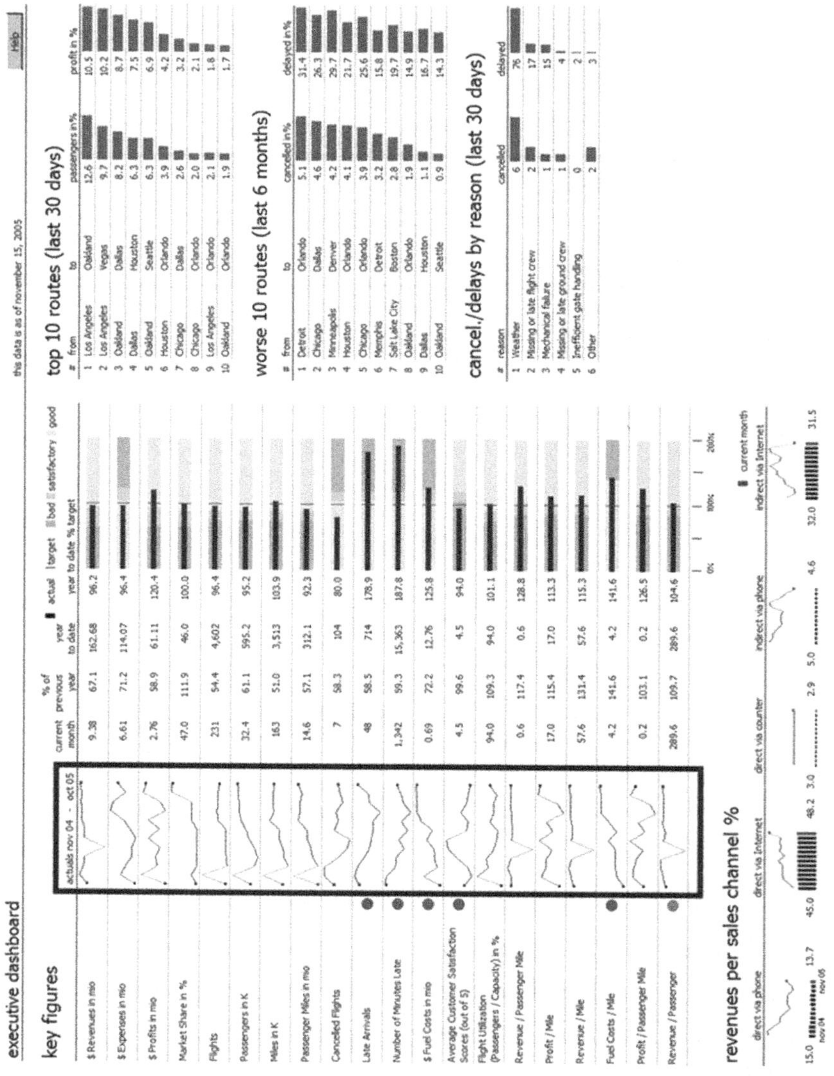

Fuente: Tim Kent.

5) Mapas: este elemento permite mostrar información geolocalizada. No toda la información es susceptible de estar en este tipo de formato. Se combina con otros elementos para presentar el detalle de la información.

Figura 111. Elemento mapa en un cuadro de mando

Fuente: Yahoo! News.

6) Alertas visuales y automáticas: consisten en alertas que informan del cambio de estado de información. Pueden estar formadas por elementos gráficos como fechas o colores y deben estar automatizadas en función de reglas de negocio encapsuladas en el cuadro de mando.

Figura 112. Elemento alertas en un cuadro de mando

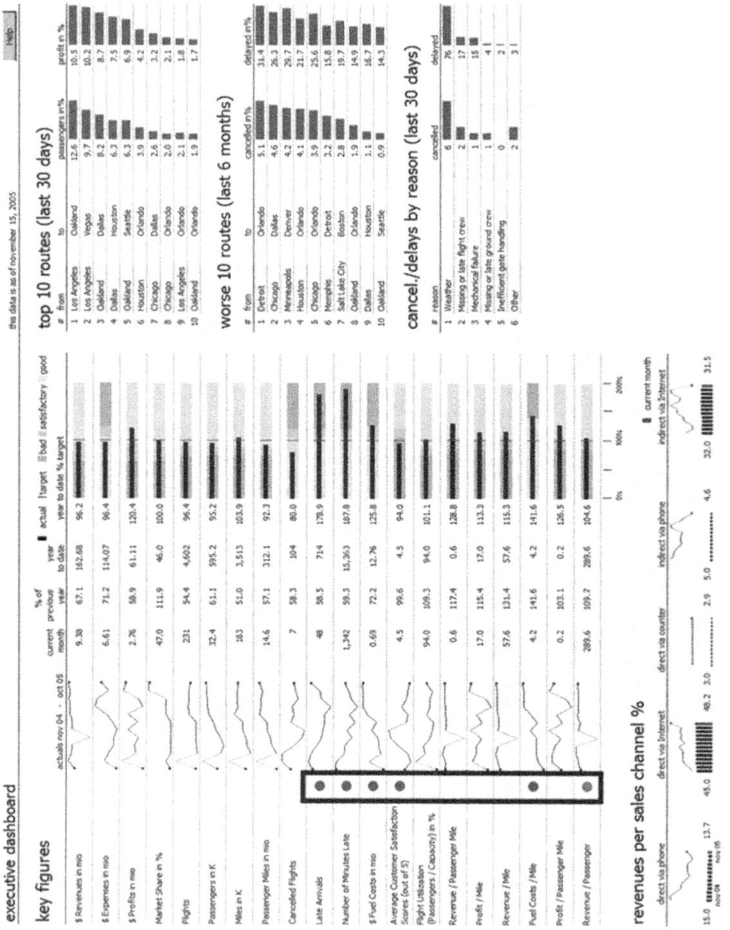

Fuente: Tim Kent.

7) Menús de navegación: facilitan al usuario final realizar operaciones con los elementos del cuadro de mando.

El cuadro de mando, por lo tanto, comparte la mayoría de los elementos de los informes.

1.2. Proceso de creación de un cuadro de mando

El proceso de crear un cuadro de mando es un proceso iterativo que combina varios pasos:

1) Identificar la necesidad de negocio y los potenciales usuarios del cuadro de mando.

2) Elegir los datos que mostrar en el cuadro de mando. En este punto es necesario tener en cuenta las necesidades del usuario final.

3) Elegir el formato de presentación. A partir la información que mostrar y las necesidades del cliente, es posible determinar qué tipo de elemento de un cuadro de mando es el más adecuado. Se recomienda realizar un boceto.

4) Combinar datos y presentación conjuntamente. Una vez tenemos los diferentes elementos, se realiza un boceto con todos ellos.

Figura 113. Ejemplo de boceto

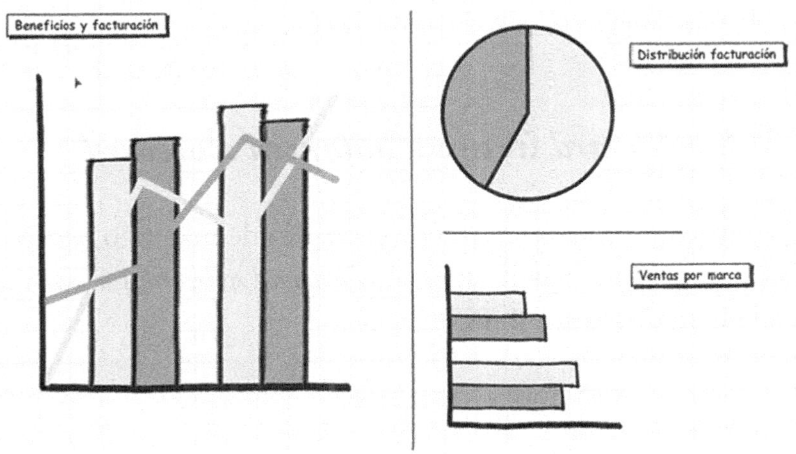

Fuente: Josep Curto.

5) Planificar la interactividad del usuario.

Figura 114. Ejemplo de planificación de interactividad

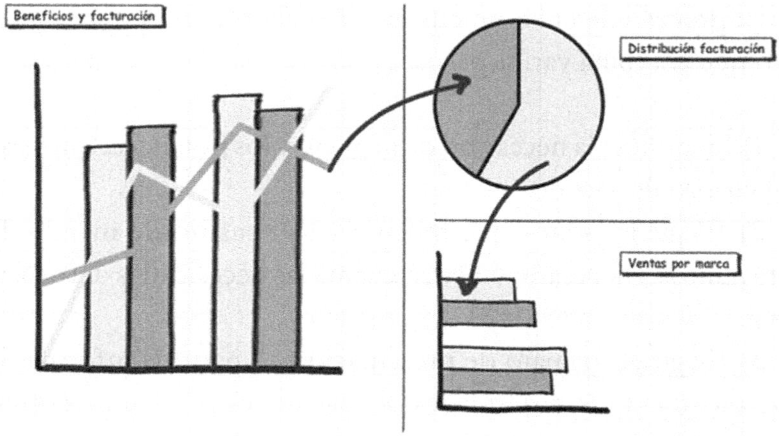

Fuente: Josep Curto.

6) Implementación del cuadro de mandos. En este punto entra la herramienta seleccionada e incluye los siguientes pasos:

- Conseguir los datos y formatearlos para conseguir los KPI.
- Formatear los elementos del cuadro de mando en función de las capacidades de la solución elegida.

1.3. *Dashboard* frente a *balanced scorecard*

Frecuentemente se confunde el cuadro de mando o *dashboard* con el cuadro de mando integral o *balanced scorecard*. La razón es la similitud de los nombres.

Se entiende por ***balanced scorecard*** el método de planificación estratégica basado en métricas y procesos ideado por los profesores Kaplan y Norton, que relaciona factores medibles de procesos con la consecución de objetivos estratégicos.

La teoría del *balanced scorecard* surgió en los años noventa como respuesta ante la necesidad de analizar las organizaciones desde un punto de vista diferente al financiero, que se estaba quedando obsoleto. El objetivo era establecer un nuevo modelo de medidas que permitiera conocer mejor las organizaciones.

Para ello, el instituto Nolan Norton patrocinó un estudio de un año cuyo objetivo era definir un *scorecard* corporativo; en él participaron varias compañías de múltiples sectores y de ahí surgió el concepto de *balanced scorecard*, que organizaba indicadores clave de negocio en cuatro grandes grupos o perspectivas: financiera, cliente, interna e innovación y aprendizaje.

Balanced refleja que los indicadores tratan de ser un equilibrio entre los objetivos a corto y largo plazo, entre las medidas financieras y las no financieras, entre los indicadores de retraso o liderazgo y entre las perspectivas internas y externas.

Por ello, el *balanced scorecard* permite traducir la estrategia de la empresa en un conjunto comprensible de medidas de rendimiento que proporcionen el marco de medida estratégica y de sistema de gestión.

Un cuadro de mando integral está formado por los siguientes elementos:

a) Perspectiva: punto de vista respecto al cual se monitoriza el negocio. Según esta metodología, toda empresa tiene cuatro perspectivas: financiera, de cliente, de procesos y de aprendizaje y crecimiento; no obstante, puede extenderse o reducirse en número de perspectivas. Vamos a detallar las perspectivas clásicas:

- **Financiera**: permite medir las consecuencias económicas de las acciones tomadas en la organización. Incorpora la visión de los accionistas y mide la creación de valor de la empresa.
- **Cliente**: refleja el posicionamiento de la empresa en el mercado o en los segmentos de mercado donde quiere competir.
- **Interna**: pretende explicar las variables internas consideradas como críticas, así como definir la cadena de valor generado por los procesos internos de la empresa.
- **Aprendizaje y crecimiento**: identifica la infraestructura que la organización debe construir para crear crecimiento y valor a largo plazo.

b) Objetivos que cumplir en cada una de las perspectivas.

c) Líneas estratégicas: engloban los objetivos que siguen una relación de causalidad.

d) Indicadores: son principalmente KPI.

e) Relaciones causa-efecto: permiten comprender cómo la consecución de un objetivo impacta en otro.

f) Planes de acción: acciones que se realizan para la consecución de un objetivo.

g) Pesos relativos: importancia de un objetivo dentro de una perspectiva o de una línea estratégica.

h) Matriz de impacto: permite dirimir cómo un plan de acción afecta a los objetivos y en qué medida lo hace.

Gráfico 28. Perspectivas tradicionales del CMI

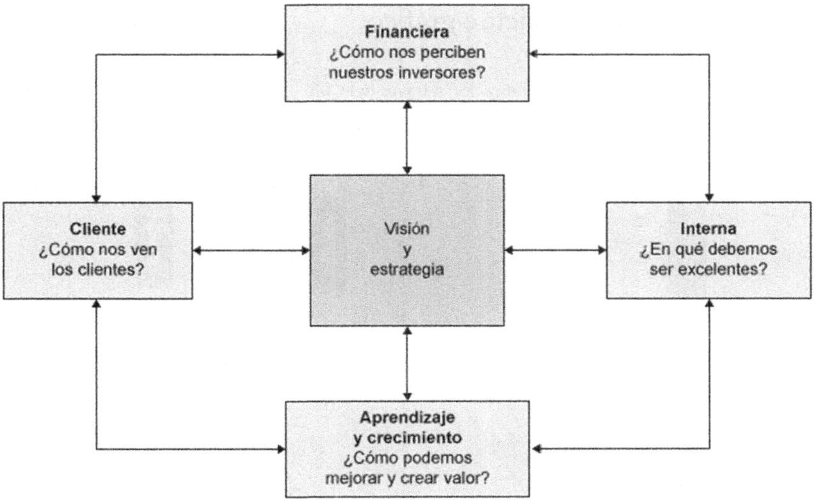

Fuente: Josep Curto.

El proceso de construcción de un cuadro de mando integral es el siguiente:

- Definir las perspectivas de negocio. Frecuentemente, las perspectivas clásicas son suficientes para representar la estrategia.
- Definir los objetivos estratégicos para cada perspectiva.
- Definir planes de acción para conseguir dichos objetivos.
- Definir indicadores para monitorizar la consecución de los objetivos.
- Definir las relaciones de causalidad entre los objetivos.
- Identificar las líneas estratégicas a las que pertenecen los objetivos estratégicos.

Este proceso se estructura a través de un mapa estratégico que podemos ver en el siguiente gráfico:

Gráfico 29. Ejemplo de planificación a través del CMI

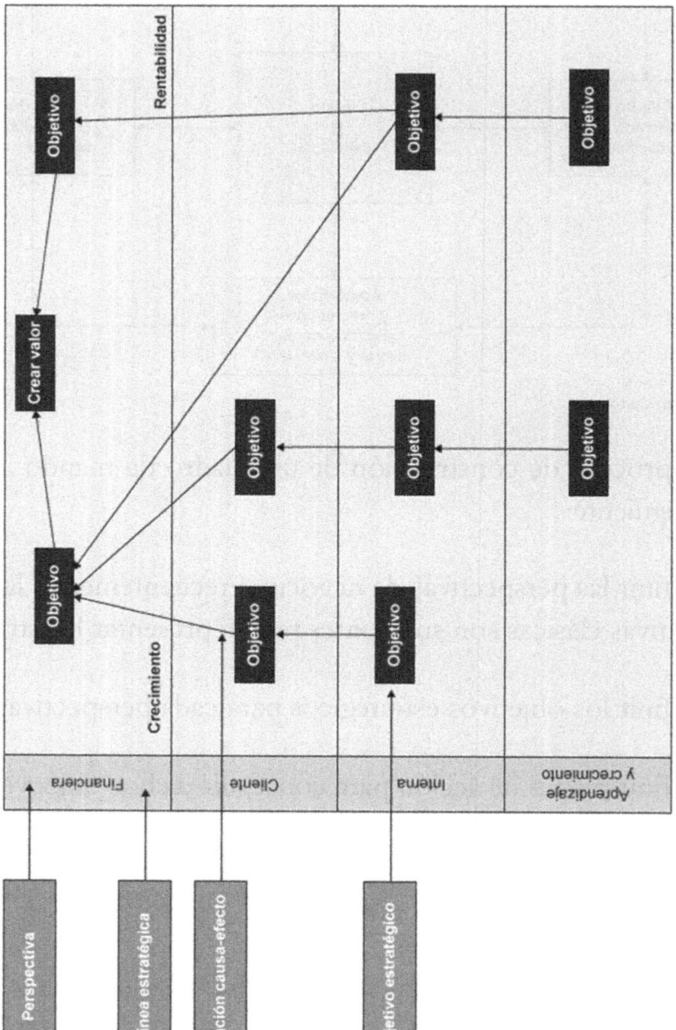

Fuente: Josep Curto.

Un punto importante que cabe destacar es que un *balanced scorecard* debe ser flexible y ágil, por lo que la recopilación de información debe llevarse a cabo de forma rápida, sencilla y en el tiempo oportuno para que las acciones que se deriven puedan tomarse de manera eficaz.

La implantación de un cuadro de mando integral proporciona los siguientes beneficios:

- Define y clarifica la estrategia.
- Suministra una imagen del futuro mostrando el camino que conduce a él.
- Comunica la estrategia a toda la organización.
- Permite alinear los objetivos personales con los departamentales.
- Facilita la vinculación entre el corto y el largo plazo.
- Permite formular con claridad y sencillez las variables más importantes objeto de control.
- Constituye un instrumento de gestión.
- Facilita el consenso en toda la empresa al explicitar el modelo de negocio de la organización y traducirlo en indicadores.
- Permite comunicar los planes de la empresa, aunar los esfuerzos en una sola dirección y evitar la dispersión. En este caso, el CMI actúa como un sistema de control por excepción.
- Permita detectar de manera automática desviaciones en el plan estratégico u operativo, e incluso indagar en los datos operativos de la compañía hasta descubrir la causa original que dio lugar a esas desviaciones.

Por lo tanto, las diferencias entre un cuadro de mando y un cuadro de mando integral son las siguientes:

Tabla 6.

	Cuadro de mando	Cuadro de mando integral
Objetivo	Monitorizar un área de negocio y tomar decisiones operativas y/o tácticas	Definir la estrategia de una organización y enlazar la estrategia con la operativa a través de planes de acción
Elementos	Tablas, gráficos, listas, alertas, menús, mapas, etc.	Perspectivas, objetivos, indicadores, metas, etc.

Está claro ahora que son herramientas diferentes que responden a necesidades distintas y que no hay que confundir.

2. Cuadros de mando en el contexto de Pentaho

Como la gran mayoría de las soluciones de BI en el mercado, Pentaho soporta el desarrollo y la visualización de cuadros de mando. En el caso de esta plataforma, ambas cosas se realizan desde el navegador web y, por lo tanto, no existe una herramienta de escritorio como hemos visto hasta ahora. Los cuadros de mando están basados en JSP, HTML y JavaScript.

Principalmente, existen dos opciones:

- Pentaho Dashboard Designer (PDD): herramienta de diseño de cuadros de mando que ofrece Pentaho tan solo a sus clientes de suscripción.
- Community Dashboard Editor (CDE): herramienta de diseño de cuadros de mando que ha creado la comunidad para que la versión *community* también tenga cubierta está necesidad.

Resumiendo:

Tabla 7.

	Community	*Enterprise*
Visor de cuadros de mando	Pentaho Server (con el correspondiente motor de desarrollo)	
Desarrollo de cuadros de mando	Community Dashboard Editor (CDE)	Pentaho Dashboard Designer

Trataremos cada uno de esos puntos en los siguientes apartados.

2.1. Community Dashboard Editor (CDE)

CDE es una herramienta de creación de cuadros de mando orientada a desarrolladores. Esta herramienta permite:

- Incrustar cuadro de mando en el servidor o páginas web usando iFrame o la integración HTML nativa.
- Construir cuadros de mando responsivos, es decir, optimizado al tipo de dispositivo de manera automática, usando el *framework* Bootstrap.
- Definir los privilegios de usuario de forma individual o por grupos.
- Autoguardar parámetros por sesión de usuario.
- Exponer parámetros del cuadro de mando en la URL.
- Navegar en profundidad en cualquier dimensión de cualquier cuadro o tabla.
- Hacer gráficos o tablas que responden interactivamente el uno al otro.
- Exportar cualquier gráfico simple o tabla a .csv; .xls; .png.
- Definir filtros globales que afectan al cuadro de mando en un proyecto.

- Desarrollar e incluir los *widgets* a la medida para casos de uso específicos de negocio.

Además, permite conectarse a las mismas fuentes de datos que Pentaho:

- Hadoop: Hadoop, Cloudera, Hadapt, Hortonworks, MAPR, etc.
- NoSQL: MongoDB, Apache HBase, DataStax, Cassandra, etc.
- Bases de datos analíticas: Greenplum, Vertica, Teradata Aster, Vectorwise, Infobright, Netezza, etc.
- Bases de datos relacionales: Oracle, DB2, MySQl, Postgres, MSSQL, etc.

CDE está fundamentado en una serie de tecnologías desarrolladas en los últimos años por Webdetails, compañía ha fue adquirida por Pentaho para mejorar sus capacidades de visualización. Estas tecnologías son:

a) Community Dashboard Framework (CDF): que proporciona la capa de funcionalidad soportada en los cuadros de mando (desde su estructura a su interacción).

b) Community Data Access (CDA): que proporciona soporte para el uso de diferentes fuentes de datos.

c) Community Chart Components (CCC): que proporciona soporte para el uso de diferentes tipos de gráficos y que está basada en Protovis[44].

d) Community Chart Generator (CCG): que habilita la generación de los gráficos.

44. Ya no está en desarrollo y sus creadores ahora soportan D3.js.

CDE permite construir cuadros como el de la figura basados en CSS y que pueden incluir elementos creados con Pentaho, por ejemplo vistas OLAP.

Figura 115. Ejemplo de cuadro de mando con CDE

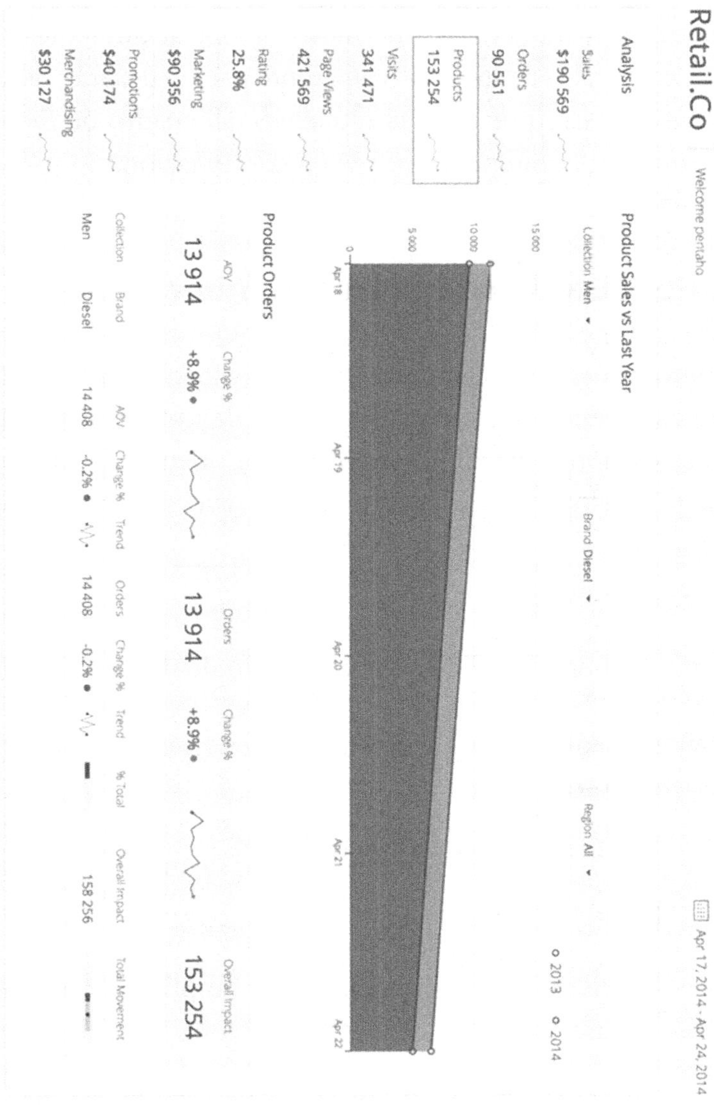

Fuente: Webdetails.

Este *plugin* está incluido por defecto en Pentaho Server y se puede ir actualizando mediante el *marketplace*. El *plugin* ofrece una arquitectura que permite minimizar la dificultad de uso de las librerías AJAX y el API de Pentaho para la confección de cuadros de mando.

La arquitectura del *plugin* permite comunicar diferentes capas y API de Pentaho de manera trasparente para el usuario, que solo debe preocuparse por crear el esqueleto del cuadro de mando y sus elementos, como podremos ver a continuación.

2.2. Pentaho Dashboard Designer (PDD)

Como ya hemos comentado, Pentaho ofrece a sus clientes de suscripción una herramienta de diseño de cuadros de mando. PDD se diferencia de CDE en una mayor orientación al usuario, lo que posibilita crear un cuadro con un nivel menor de conocimientos.

Este *plugin* incluye:

- Capacidad de crear y guardar un cuadro de mando.
- Usar elementos preexistentes (informes, gráficos, OLAP) como elementos.
- Usar plantillas preexistentes de cuadros de mando con un formato preestablecido.
- Usar plantillas de visualizaciones que amplían los elementos gráficos base.

Figura 116. Ejemplo de cuadro de mando con PDD

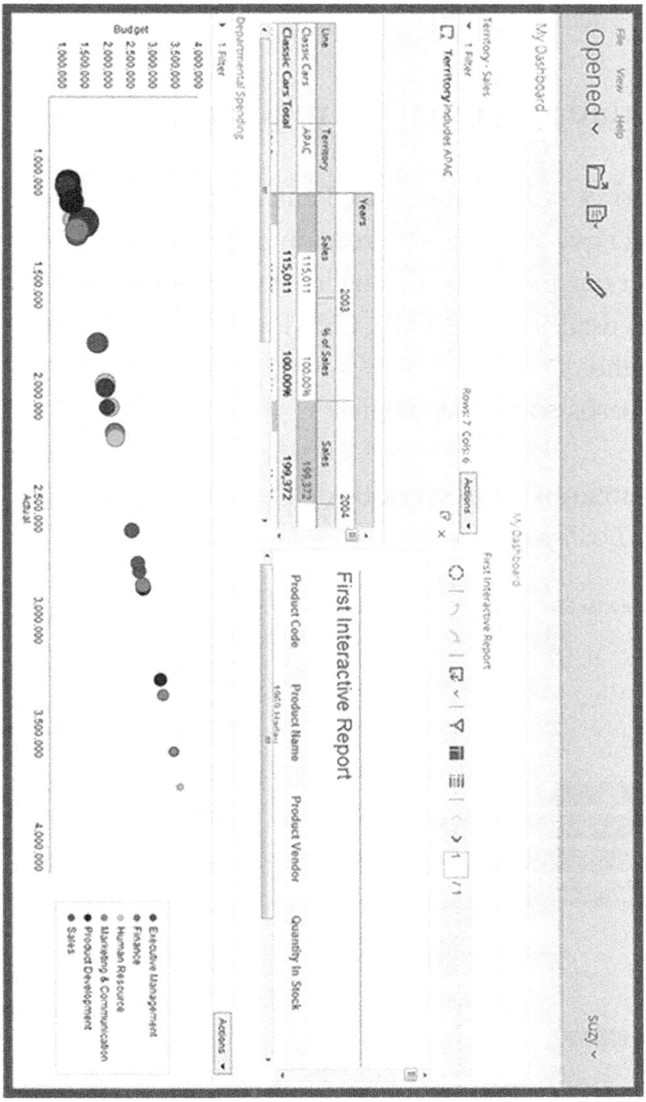

Fuente: Josep Curto.

3. Caso práctico

3.1. Cuadro de mando mediante CDE

Como ya se ha comentado, Pentaho Server incluye CDE, herramienta que simplifica la creación de un *dashboard.* Es necesario remarcar que para crear un cuadro de mandos en Pentaho las tecnologías usadas son: HTML, CSS, JavaScript, XML y las acciones de Pentaho.

Los pasos son los siguientes:

1) Entramos en el servidor de Pentaho. Pulsamos *Create New* > *CDE Dashboard.*

Figura 117. Iniciar CDE

Fuente: Josep Curto.

2) La interfaz de CDE presenta diferentes secciones. Menú superior con las opciones de crear y guardar un cuadro de mando, así como las diferentes vistas para crear objetos: estructura, componentes y datos. Finalmente, tenemos la posibilidad de previsualizar el cuadro de mando que estamos creando. Tenemos también un área de trabajo, en la que podemos modificar las propiedades de los diferentes elementos que estamos creando.

Figura 118. Interfaz CDE

Fuente: Josep Curto.

3) Vamos a crear un cuadro de mando basado en una plantilla y modificarla progresivamente para ajustarla a nuestras necesidades. Seleccionamos *Two Columns Template*. Tenemos que ajustar la cabecera, el pie de página y el contenido de las dos columnas.

Figura 119. Selección de plantillas en CDE

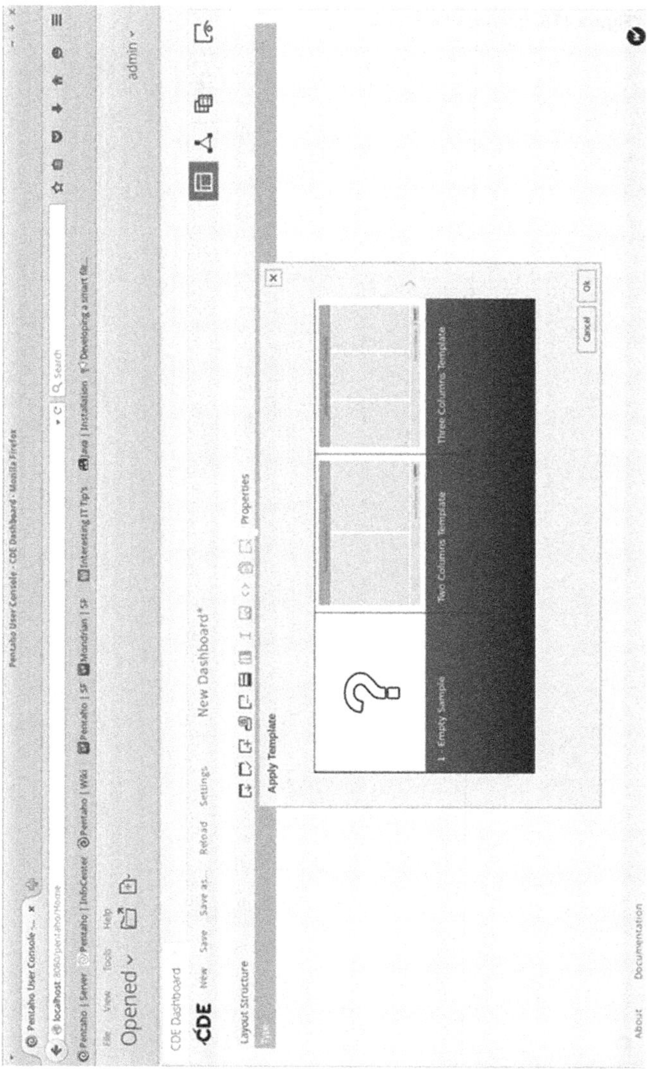

Fuente: Josep Curto.

4) Para poder modificar e ir previsualizando los cambios, debemos guardar el cuadro de mandos. Lo hacemos en la carpeta Public > AEW > Cuadro de Mandos, que previamente hemos creado. Por defecto, esta plantilla tiene varias filas (*row*): cabecera, espacio, área central, espacio y pie de página.

Figura 120. Guardar el cuadro de mando

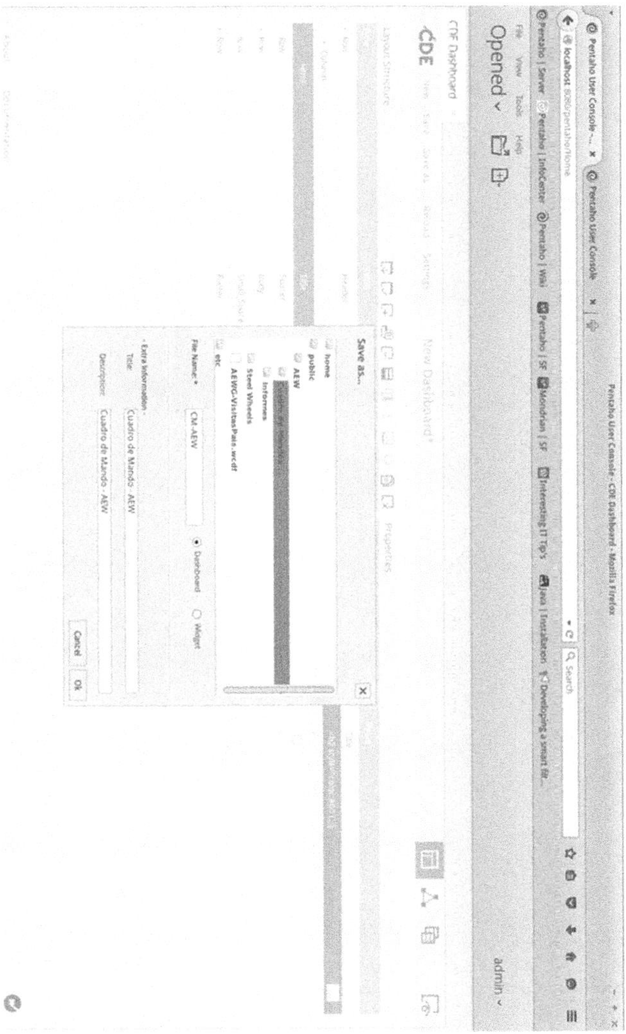

Fuente: Josep Curto.

5) Empezamos modificando la cabecera. Cambiamos el color (no color) y el título.

Figura 121. Modificación del color de la cabecera

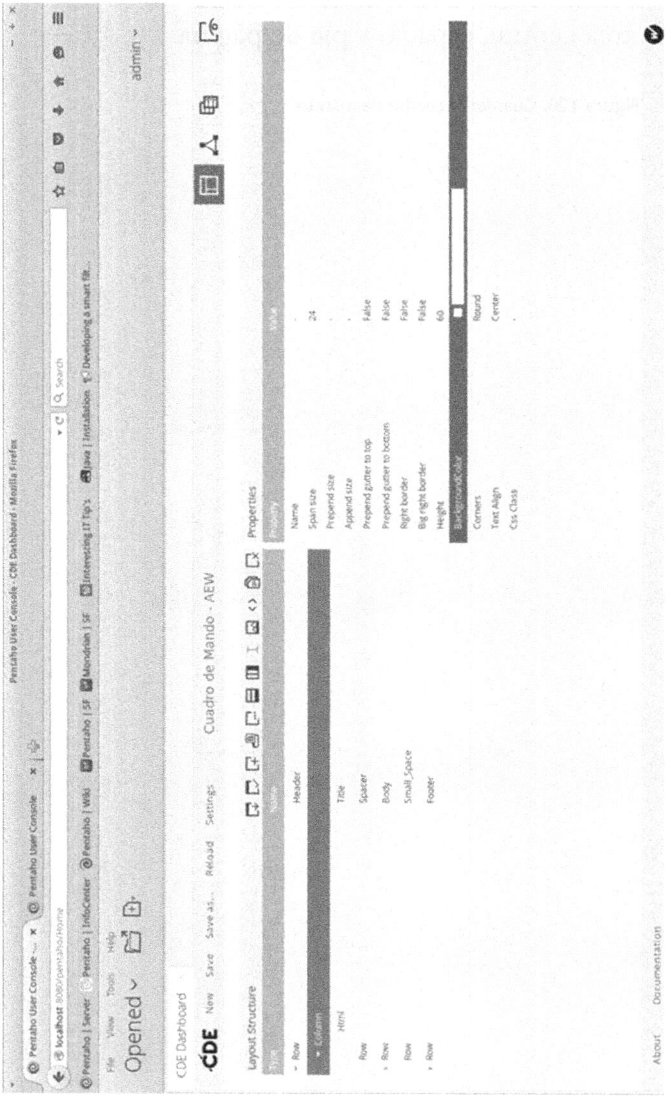

Fuente: Josep Curto.

Figura 122. Modificación del título de la cabecera

Fuente: Josep Curto.

6) Hacemos exactamente lo mismo con el pie de página. Es decir, cambiamos el color, el contenido y la imagen (por el logo de Terrer).

Figura 123. Modificación del color del pie de página

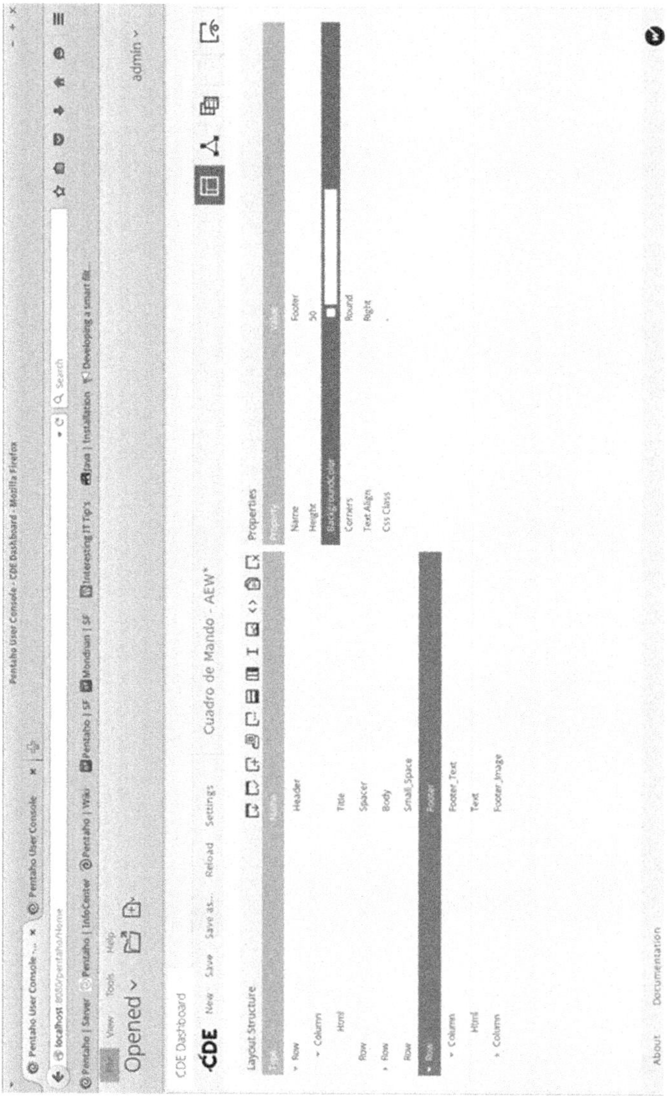

Fuente: Josep Curto.

Figura 124. Modificación del contenido del pie de página

Fuente: Josep Curto.

Figura 125. Modificación de la imagen del pie de página

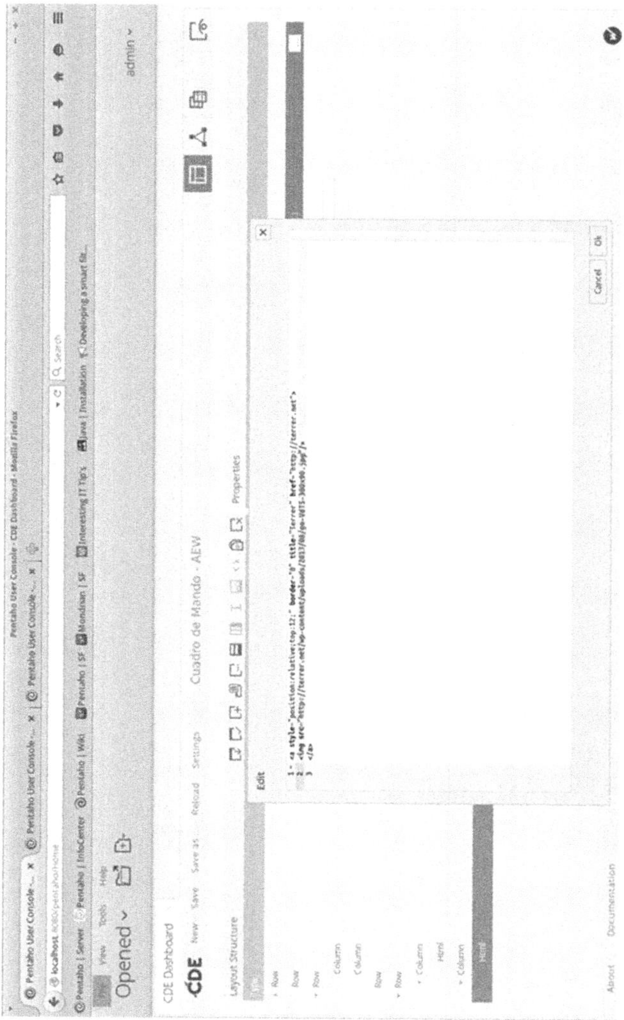

Fuente: Josep Curto.

7) Ahora es el momento de trabajar el contenido del cuadro de mando. En cada una de las columnas (llamadas Panel_1 y Panel_2) vamos a añadir un gráfico. Primero debemos crear el conjunto de datos, es decir la consulta, y después el gráfico.

Nuestra primera consulta será una consulta MDX. Debemos configurar el nombre, el JNDI (en nuestro caso AEW que debemos tener previamente creada) y el esquema OLAP (que debemos tener también previamente creada).

Figura 126.

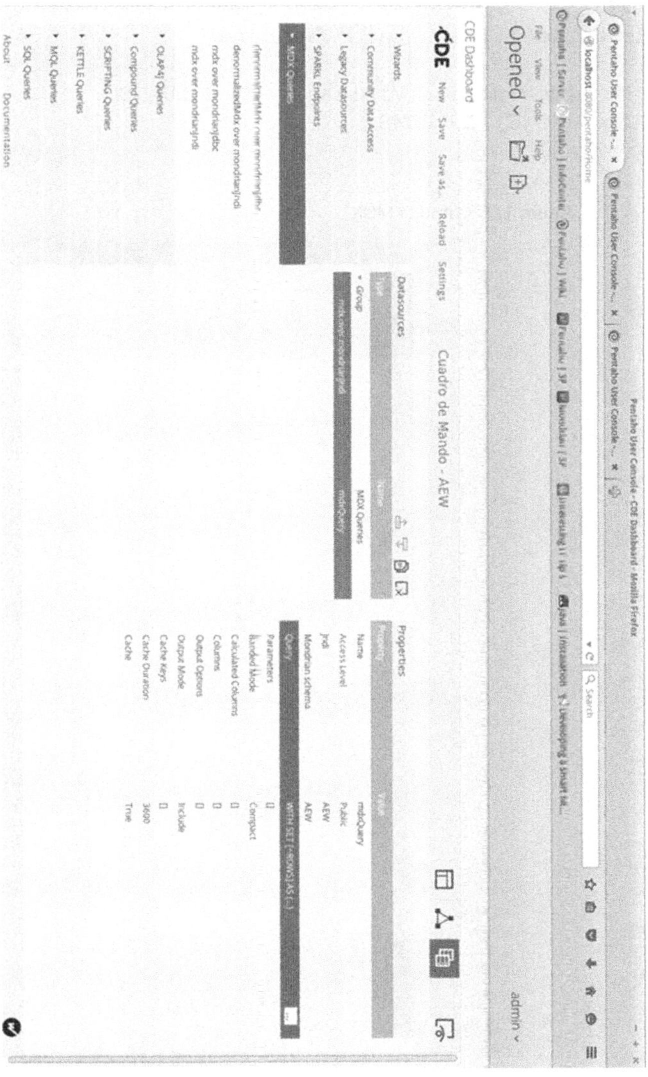

Fuente: Josep Curto.

Nuestra consulta será el nombre de visitas por resultado. Esta consulta podemos construirla con Saiku Analytics, por ejemplo, y recuperarla para nuestro conjunto de datos.

La consulta es:

```
WITH
SET [~ROWS] AS
    {[Resultado].[Resultado].Members}
SELECT
NON EMPTY {[Measures].[Visitas]} ON COLUMNS,
NON EMPTY [~ROWS] ON ROWS
FROM [Visitas]
```

Figura 127. Consulta MDX

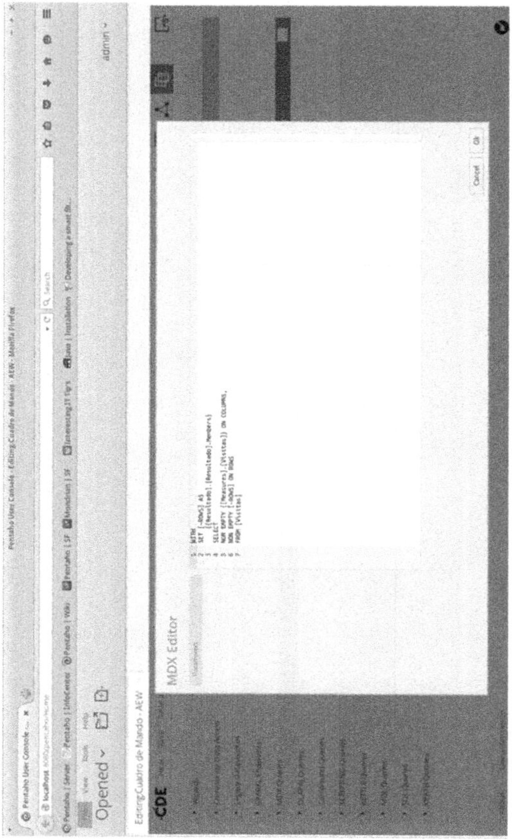

Fuente: Josep Curto.

El siguiente paso es crear el gráfico. Creamos un *bar chart*. Debemos configurar el título, el conjunto de datos, el tamaño y dónde debe mostrarse el gráfico, en este caso Panel_1.

Figura 128. Configuración del primer gráfico

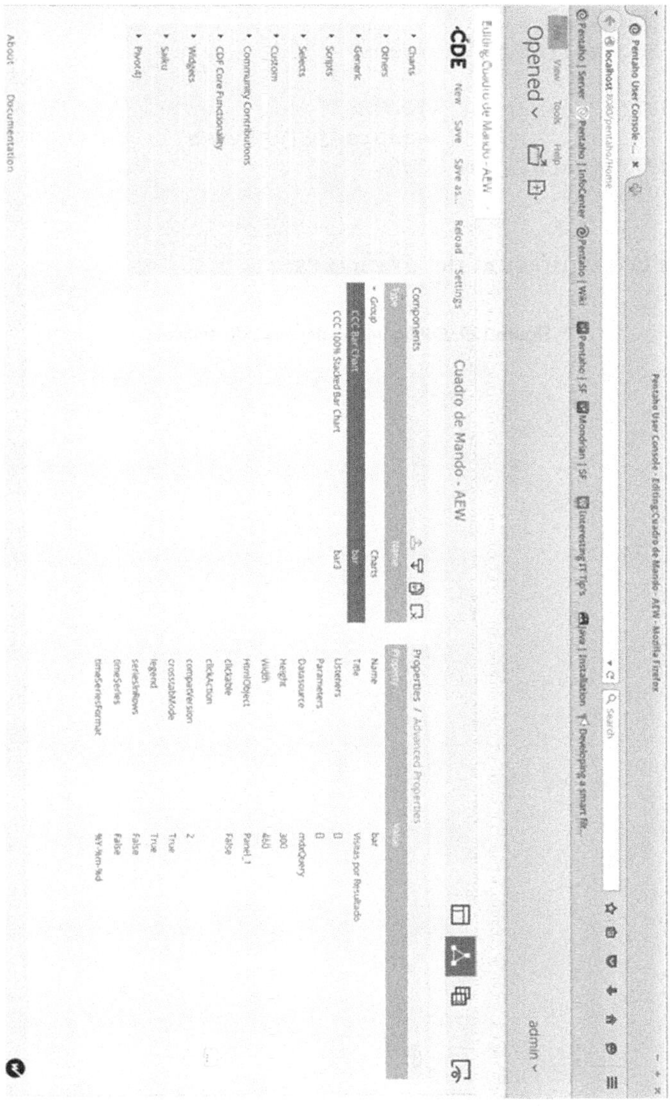

Fuente: Josep Curto.

Esto mismo podemos hacerlo para el otro gráfico, que recoge las visitas por año y resultado, y cuya consulta es:

```
WITH
SET [~COLUMNS] AS
    {[Resultado].[Resultado].Members}
SET [~ROWS] AS
    {[Fecha].[Anyo].Members}
SELECT
NON EMPTY CrossJoin([~COLUMNS],
                   {[Measures].[Visitas]}) ON COLUMNS,
NON EMPTY [~ROWS] ON ROWS
FROM [Visitas]
```

Y la configuración del gráfico es:

Figura 129. Configuración del segundo gráfico

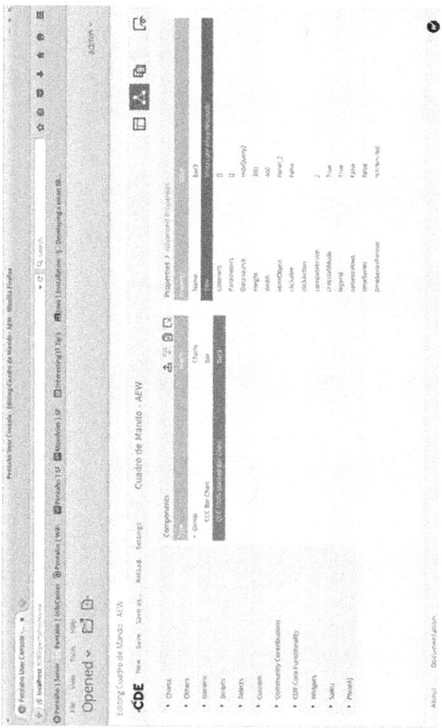

Fuente: Josep Curto.

Finalmente, modificamos el tamaño de *span* de las columnas. El tamaño se ajusta iterativamente una vez creados los elementos.

Figura 130. Modificación *span size* de las columnas

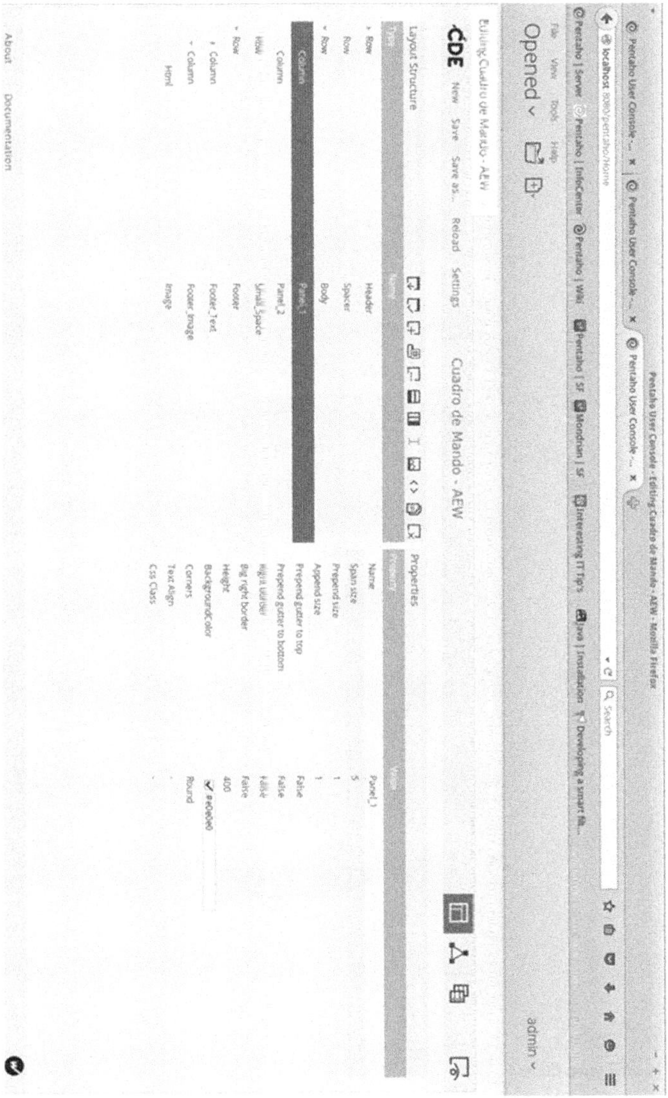

Fuente: Josep Curto.

El resultado final del cuadro de mando es el siguiente:

Figura 131. Cuadro de mando creado con CDE

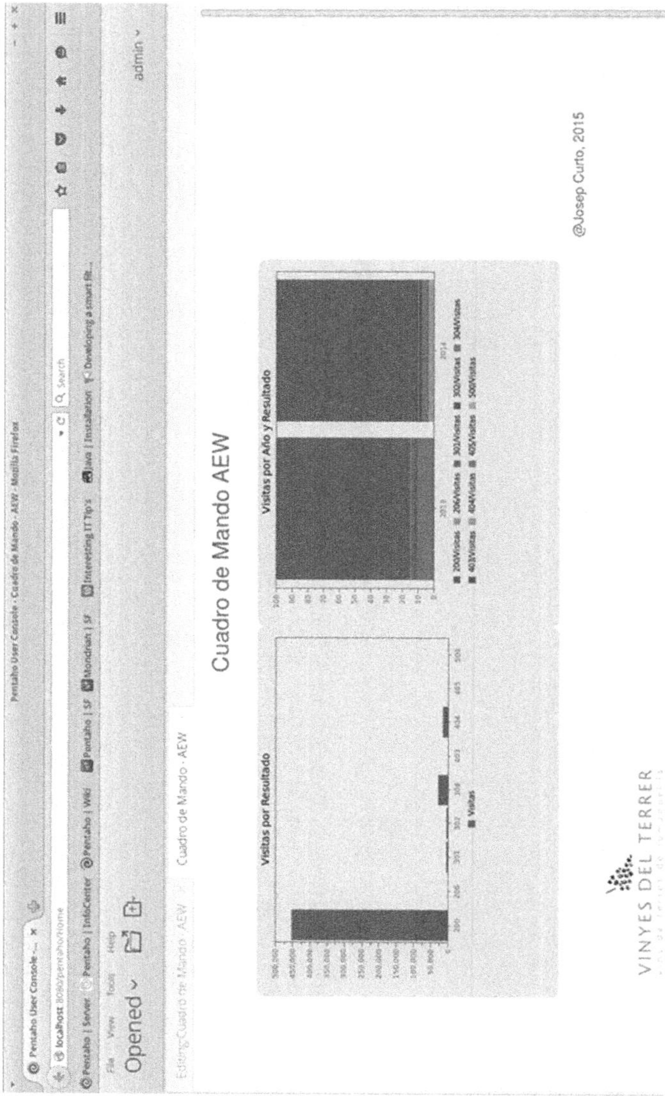

Fuente: Josep Curto.

Está claro que este es un cuadro de mando simple que podría mejorarse añadiendo parámetros, interacción, más contenido y un formato más rico. En todo caso, esto se deja al lector.

Abreviaturas

BSC *Balanced scorecard.*
CDF *Community dashboard framework.*
CMI *Cuadro de mando integral.*
DOLAP *Desktop online analytical processing.*
HTML *Hypertext markup language.*
JSP *Java server page.*
OLAP *Online analytical processing.*

Anexos

1. Consejos para crear un cuadro de mando

Existen diversas metodologías que pueden emplearse para la creación de un cuadro de mando. Estas no son excluyentes, sino que la mayor parte de las veces se complementan entre sí. A la hora de su elección se debe valorar la situación en la que se encuentra inserta la organización y elegir aquella o aquellas que más se adapten al momento.

A continuación se presenta la relación de las más empleadas en el diagnóstico tecnológico:

a) Respecto a la disposición de la página:

- Menos es más: el usuario final tiene una capacidad limitada para analizar información. Es necesario enfatizar la información importante. No es conveniente tener demasiadas vistas por página.

- Regla de la mano: continuando con lo anterior, se debe limitar a cinco el número de elementos por página.

- No usar *scroll*: esto es válido tanto para un cuadro de mandos como para una página web. El usuario avanzado no hará *scroll*.

- Disposición en pantalla: Existen patrones de atención que pueden ser usados al crear un cuadro de mando.

  – *Top-left*: primer punto de atención. Lugar natural donde disponer la información más importante.

  – *Center*: segundo punto de atención. Lugar natural donde disponer la segunda información más importante.

  – *Top-right*, *bottom-left*: partes neutrales.

  – *Bottom-right*: nadie se fija. No poner información relevante.

- Usar menús fijos.

- Reducir la cantidad de puntos de navegación por página para evitar la confusión y la sobreinformación.

- Concentrarse en la página principal donde los usuarios centran la mayor parte de su atención.
- Usar componentes gráficas y destacarlas.
- Destacar los vínculos con un color significativo (por ejemplo, azul).

b) Respecto al contenido:

- Usar dos decimales y escalar números grandes. Para el usuario es complicado entender números grandes y pequeños.
- Hacer foco en la comprensión de los datos y la información que se transmite, no solo en la belleza.
- Recordar que un dato sin contextualizar no significa nada.
- Tener claro que no todos los gráficos tienen sentido para todo tipo de datos.
- Usar fuentes claras para la lectura.
- Usar la misma familia de colores para todos los gráficos.
- No basarse solo en colores, dado que hay usuarios que no ven bien los colores.
- Alinear el texto.
- Acentuar texto con fondos de color opuesto.
- Si es posible, usar CSS.

2. Consideraciones sobre el uso de tablas y gráficos

Las tablas y los gráficos son dos de los principales elementos usados en la creación de un cuadro de mando. Existen varios consejos para mejorar el uso de estos elementos.

En el momento de considerar tablas como elemento de análisis, se debe tener en cuenta:

- Si las tablas serán estáticas o dinámicas (es decir, si el usuario tendrá capacidad de interactuar con la información y acceder a nuevos datos, aparte de los mostrados por defecto).

- La posibilidad de crear informes asimétricos (un informe asimétrico es aquel en el que el diseño de filas y columnas no es uniforme), de manera que se muestren en un mismo eje una combinación de ciertos valores de varias dimensiones (útil, por ejemplo, para análisis financieros).

- El número de ejes o dimensiones que tendrá la tabla. Un número excesivo puede dificultar la lectura y comprensión de los datos.

- La posibilidad de crear informes con codificación de color (o semafórica), de modo que se puedan establecer alertas visuales de fácil comprensión que permitan detectar cambios rápidamente y tomar decisiones de manera más ágil.

- La posibilidad de permitir *drill-through* pulsando un valor concreto de nuestra tabla.

- El enlace entre los resultados de tablas y gráficos.

- La posibilidad de usar facilidades de manejo de las tablas, como *drag & drop* (arrastrar y soltar), *drill-down* (profundizar niveles dentro de una jerarquía), etc.

- Posibilidad de enlazar los elementos de los ejes o de los valores con una URL externa o un fichero (Excel, PDF, etc.).

En el momento de considerar gráficos como elemento de análisis, se debe tener en cuenta que:

- Es importante tener en cuenta que el gráfico se debe ajustar a los datos mostrados y es necesario usar tipos diferentes para enriquecer el análisis.

- Es muy importante poder customizar los gráficos. Es decir, poder cambiar colores, leyendas, fuentes, etc.

- Es importante poder enlazar dinámicamente tablas y gráficos.

- En los gráficos que aportan mucha información es importante devolver datos cuando el cursor señale un espacio concreto de este.

- Pueden necesitar funcionalidades como *drill* hacia otros visualizadores como tablas, otros gráficos, documentos, etc.

- Hay que evitar incluir excesiva información en cada gráfico, pues no resultaría muy útil para el análisis.

Bibliografía

Bouman, R.; Van Dongen, J. (2009). *Pentaho® Solutions: Business Intelligence and Data Warehousing with Pentaho® and MySQL*. Indianápolis: Wiley Publishing.

Eckerson, W. (2005). *Performance Dashboards: Measuring, Monitoring and Managing Your Business*. Hoboken: Wiley & Sons.

Few, S. (2006). *Information Dashboard Design: The Effective Visual Communication of Data*. Sebastopol: O'Reilly Media.

Few, S. (2009). *Now You See It: Simple Visualization Techniques for Quantitative Analysis*. Sebastopol: O'Reilly Media.

Kaplan, R. S.; Norton, D. P. (1996). *The balance scorecard: translating strategy into action*. Boston: Harvard Business School Press.

Rassmussen, N. y otros (2009). *Business Dashboards: A Visual Catalog for Design and Deployment*. Hoboken: Wiley Publishing.

Capítulo VII
Tendencias en *business intelligence*

Introducción

En los capítulos anteriores se han tratado los principales conceptos de la inteligencia de negocio, a saber, *data warehouse*, procesos ETL, análisis OLAP, *reporting* y cuadros de mando.

Sin embargo, como ya se ha comentado en el capítulo «Introducción a la *business intelligence*», la inteligencia de negocio aúna múltiples estrategias, tecnologías y metodologías. De la misma forma que la tecnología, la sociedad y los modelos de negocio han evolucionado, la inteligencia de negocio está cambiando y madurando drásticamente para responder y adaptarse a dichos cambios.

A lo largo de este capítulo vamos a revisar varias etapas en este mercado y hablaremos de las diferentes tendencias actuales. El objetivo es presentar cómo están evolucionando los sistemas actuales, las necesidades del mercado y las principales tendencias que marcarán el futuro.

1. El mercado de BI hasta 2009

Previamente al año 2008, el mercado de BI había alcanzado una madurez significativa con múltiples actores ofreciendo soluciones que cubrían la mayoría de las funcionalidades del BI (ETL, *data warehouse*, *reporting*, cuadro de mandos y OLAP). Esta madurez propició una fuerte consolidación del mercado durante el periodo 2005-2009 y lo segmentó de la siguiente manera:

- Grandes agentes/fabricantes externos que complementaron su portafolio de soluciones empresariales con plataformas BI. En este ámbito, las principales marcas son: Oracle, que adquirió Hyperion; SAP, que adquirió Business Objects; IBM, que se hizo con el control de Cognos, y otras soluciones del mercado.

- Empresas tradicionales del mercado. Que se mantienen con un portafolio especializado. Como, por ejemplo, Information Builders o Microstrategy.

- Empresas de nicho especializadas en un ámbito concreto de la inteligencia de negocio como, por ejemplo, *data warehouse* (Teradata, Netezza, Vertica, etc.), la integración de datos (Informatica, Talend, etc.), análisis visual (Datawatch, etc.), análisis dinámico y flexible (QlikView, Tableau, etc.), etc.

- Empresas *open source* que cubren todo el *stack* tradicional de la inteligencia de negocio y ofrecen soluciones con TCO (*total cost ownership*) reducido, como, por ejemplo, Pentaho y Jaspersoft.

Aunque pudiera parecer extraño, las sinergias de la consolidación no provocaron que la innovación desapareciera del mercado BI, sino que se trasladó de los grandes actores a las empresas pequeñas, que buscaban fundamentar su diferenciación en la innovación.

A modo de recordatorio y análisis retrospectivo, es necesario destacar las tendencias de los años 2008 y 2009 que afectaron al mercado del BI, aunque no entraremos en su detalle.

1) Tendencias en 2008

En el año 2008 las principales tendencias fueron las siguientes:

- Maduración BI a través de la consolidación.
- BI operacional: nueva oportunidad de negocio.
- Análisis: crítico para la ejecución de la estrategia de negocio.
- *Data quality*.
- *BI governance*.
- El valor de la información no estructurada.
- *Appliances*.
- Pragmatismo: gestión de *spreadsheets*.
- SaaS: *BI & internet cloud*.
- Búsqueda de talento BI.

2) Tendencias en 2009

En el año 2009 las principales tendencias fueron estas:

- Adopción del paradigma web 2.0.
- Nueva generación de *dashboards*.
- Visualización avanzada de datos.
- Incremento del uso de soluciones con TCO reducido y *open source*.
- Foco en soluciones verticales y empaquetadas.
- Bases de datos analíticas.
- Distorsión de los presupuestos de IT por la recesión.
- Mejora de la literatura existente.
- Crecimiento federado del BI.
- Discusión entre proyectos incrementales y proyectos globales.

2. 2010: El año de la inflexión

En 2010 hubo varios factores de evolución que influyeron profundamente en el mercado:

1) ***Ubiquitous computing*** (computación ubicua): se caracteriza principalmente por tres factores: por una proliferación de tecnología embebida en dispositivos de múltiple naturaleza, por la integración de la informática en el ámbito personal, de modo que los ordenadores no se perciban como objetos diferenciados, y por el hecho de que nuestros datos o aplicaciones estén disponibles desde cualquier lugar. Esta tendencia está en cierta manera ligada a *the internet of things* (IoT), donde los objetos son capaces de comunicarse a través de sensores conectados a redes que usan el protocolo de internet.

2) ***Cloud computing*** (computación en la nube): es un paradigma[45] que consiste en ofrecer servicios a través de internet. En los últimos años este tipo de servicios se han generalizado entre los principales fabricantes para formar parte de las opciones disponibles de su portafolio de servicios e incluso en algunos casos ser la forma predominante o totalitaria de estos. En la computación en la nube existen diferentes capas:

- SaaS (*software as a service*): es la capa externa y es un modelo de despliegue de software en el que una aplicación es alojada como un servicio ofrecido a los clientes.

- PaaS (*platform as a service*): es la capa intermedia. Nace a partir del modelo de distribución de aplicaciones SaaS. El modelo

45. El término *paradigma* hace referencia, desde finales de la década de 1960, a un modelo o patrón en cualquier disciplina científica u otro contexto epistemológico.

PaaS hace que todas las utilidades necesarias para el ciclo de vida completo de construir y distribuir aplicaciones web estén disponibles en internet, sin descargar software o requerir instalación por parte de desarrolladores, responsables de informática o usuarios finales.

- IaaS (*infraestructure as a service*): es la capa núcleo del servicio. Se refiere al acceso a recursos computacionales que típicamente son poseídos y operados por un proveedor externo, de manera consolidada, en centros de proceso de datos. Los clientes de los servicios de computación en nube compran capacidad computacional bajo demanda y no se preocupan de la tecnología subyacente usada para conseguir el incremente en capacidad del servidor.

3) Economía de la atención: consiste en una fatiga de la atención por sobrecarga de información. Este problema de atención puede ser resumido, desde la óptica de Michael H. Goldhaber, de la siguiente manera: el ancho de banda de datos e información que recibe la gente se está incrementado de manera continua principalmente por dos motivos: la tecnología permite enviar más en menos tiempo y hay más emisores. Podemos entender por banda ancha la cantidad de información que alguien recibe por unidad de tiempo. Por otro lado, es posible entender la atención personal como la cantidad de tiempo que una persona puede dedicar a cada información que recibe. De ambos conceptos se deduce que a mayor ancho de banda, menor capacidad de atención personal.

4) Incremento de la complejidad en la naturaleza del dato: la evolución de las tecnologías de la información ha propiciado que la gran mayoría de los procesos o bien sean digitales o bien puedan monitorizarse mediante sistemas de información.

Por otro lado, estamos en la era de la computación ubicua. Por ello, se generan conjuntos de datos complejos que frecuentemente son complicados de comprender, controlar, monitorizar y analizar. Este fenómeno se conoce como *big data* y, en él, lo importante no es la capacidad de almacenar o procesar el dato, sino el valor que se genera con los datos. Es decir, qué aportan los datos a nuestro modelo de negocio.

5) Mercado altamente dinámico y competitivo: el mercado global en el que participan todas las empresas funciona a una velocidad mucho mayor que antaño gracias a las tecnologías de la información y su aceptación en la sociedad. Por ello, empresas, organizaciones e instituciones deben reaccionar mucho más rápidamente a las necesidades de los clientes, a las acciones de la competencia y a los cambios sociales tanto positivos como negativos mediante la incorporación de aquellas tecnologías que son consideradas ya como una *commodity*[46] como las que no lo son.

6) Empresa extendida: las empresas tienen relaciones con *partners*, proveedores, clientes, competencia e inversores. Todas estas relaciones generan datos de valor que hay que incorporar en la toma de decisiones y que permiten comprender de una manera mucho mejor los procesos de negocio. Este enfoque de considerar que el ámbito de una empresa incluye todos los elementos que interactúan con ella es lo que se conoce como empresa extendida.

7) Democratización de la información: tanto en el contexto de una organización como en la sociedad, las personas están identificando la necesidad de información de valor para la toma de decisiones del día a día. Es decir, no solo las decisiones estratégicas necesitan información de valor, sino también las tácticas y

46. El término alude a mercancía, y mercancía es todo «lo que se puede vender, comprar o intercambiar por otro bien o cosa». Un *commodity* es un producto genérico, básico y sin mayor diferenciación entre sus variedades y destinado a uso comercial.

operativas. Por ello se buscan mecanismos para desplegar procesos que democraticen la información y soporten las acciones de los usuarios de manera no intrusiva.

8) *Open source*: desde hace bastantes años el *open source* no es una tendencia emergente, sino que afecta a los procesos de producción de software de manera profunda. Se trata de un modelo de producción que sigue los siguientes principios:

- Abierto: la comunidad tiene libre acceso, uso y participación del código fuente, así como la posibilidad de usar foros para proporcionar *feedback*.
- Transparencia: la comunidad tiene acceso al *roadmap*, documentación, defectos y agenda de las *milestones*.
- *Early & often*: la información se publica de manera frecuente y pronto a través de repositorios públicos (incluyendo el código fuente).

9) Nuevos modelos de producción: en el seno de las organizaciones, aparecen nuevos modelos de trabajo. Cabe destacar el siguiente: *commons-based peer production* (CBPP), acuñado por Yochai Benkler, que define una nueva forma dentro del contexto de la producción de información o bienes culturales. A grandes rasgos (y desde la perspectiva de la teoría económica), los individuos trabajan de manera más eficiente porque eligen qué tareas realizar en función de sus propias preferencias y habilidades en un ambiente de colaboración, donde la distribución de los resultados de la producción son puestos en el dominio público. En otras palabras, la principal baza del CBPP (a diferencia de otros mecanismos de producción «propietarios») es la «autoselección» como mecanismo de asignación de los recursos relacionados con el talento y la creatividad humana, dado que son los propios individuos, aquellos con mejor conocimiento de sus aptitudes y habilidades, los que deciden en qué tareas participar. Es más, al quedar sus contribuciones en el dominio público se evita la pérdida de eficiencia que supone la «exclusividad de derechos» impuesta por las licencias típicamente utilizadas en otros contextos productivos más tradicionales.

10) ***Social media***: son medios de comunicación social donde el contenido es creado por los usuarios mediante el uso de tecnologías de fácil uso y acceso a través de tecnologías de edición, publicación e intercambio. Estos medios de comunicación pueden adoptar muchas formas diferentes: foros de internet, blogs, wikis, *podcasts*, fotos y vídeo. En un medio social se generan conversaciones basadas en un propósito común y, por lo tanto, la calidad y proyección depende principalmente de las interacciones de las personas y la riqueza del contenido generado. Por ello, a través de estos canales, se genera la oportunidad del uso de la inteligencia colectiva de los usuarios. Entre los *social media* más destacados están Twitter, Facebook, YouTube o Flickr.

11) ***Open knowledge***: es una nueva filosofía que hereda del *open source* y que tiene como objetivo la compartición de datos, información y conocimiento. Últimamente han aparecido diferentes organizaciones para dar a conocer esta iniciativa y facilitar un entorno, tanto tecnológico como legal, para compartir información, como pueden ser The Open Knowledge Foundation, The Open Data Foundation o el portal de proyectos de Open Knowledge llamado KnowledgeForge.

En el contexto de estos factores, se discutieron las siguientes tendencias que afectan al *business intelligence*:

1) *Business intelligence* operacional: la necesidad de democratizar la información entre los usuarios de una organización para mejorar la competitividad ofrece nuevas oportunidades de negocio. Tradicionalmente, las soluciones de inteligencia de negocio han cubierto las necesidades estratégicas y tácticas de las empresas focalizando el servicio en la capa de dirección. La democratización conduce a responder a las necesidades operacionales y consiste en incrustar análisis en los procesos de negocio para poder proporcionar respuestas basadas en información confiable. Esta tendencia es conocida como BI operacional.

2) Gestionar los datos como un activo: los factores apuntan a un crecimiento desproporcionado de datos. A mayor cantidad de datos, mayores problemas con ellos. Por tanto, una de las necesidades básicas es incrementar la calidad de los datos a través de procesos de *data quality*. La calidad de datos es solo una de las iniciativas que cabe tener en cuenta respecto a los datos. Es necesario desplegar políticas de *data governance* y *master data management* (MDM).

- *Data governance* aúna personas, procesos y tecnología para cambiar el modo como los datos son adquiridos, gestionados, mantenidos, transformados en información, compartidos en el contexto de la organización como conocimiento común y sistemáticamente obtenidos por la empresa para mejorar la rentabilidad.

- MDM consiste en un conjunto de procesos y herramientas que define y gestiona de manera consistente las entidades de datos no transaccionales de una organización. Busca, por lo tanto, recopilar, agregar, identificar, asegurar la calidad y la persistencia y distribuir los datos de manera uniforme en dicho contexto.

3) Una revolución tecnológica: uno de los principales puntos discutidos en la implantación de soluciones de inteligencia de negocio es la dificultad inherente asociada a estos sistemas a varios niveles: despliegue, mantenimiento y uso. Cada vez más, los compradores son capaces de analizar el mercado antes de tomar una decisión de compra ante este tipo de sistemas y, por lo tanto, buscan y demandan una menor complejidad en las soluciones BI. Esto provoca que los fabricantes estén apostando por desarrollar un portafolio de soluciones que buscan incrementar un ROI[47] más rápido asociado a un despliegue, mantenimiento y uso más ágil. De esta manera, nos encontramos:

- Uso de máquinas virtuales o *appliances* para el despliegue de soluciones de *business intelligence*. Estas soluciones conjugan software (*suite* BI + base de datos + sistema operativo) y/o hardware optimizado para tareas de inteligencia de negocio. Este tipo de despliegue facilita la gestión y el crecimiento de los sistemas.

- Aparición de BI SaaS. Poco a poco van apareciendo soluciones BI que ofrecen parte o toda su funcionalidad en modalidad SaaS. Aún quedan por resolver ciertos retos, como los relacionados con la integración de datos y la confianza.

47. Es el acrónimo de *return on investment* y hace referencia al retorno de inversión asociado a un proyecto.

- Mejora e inclusión de las soluciones de análisis predictivo (que son una evolución de las herramientas de minería de datos) como uno de los módulos básicos en las *suites* de inteligencia de negocio.

- Enfoque pragmático respecto a las hojas de cálculo. Uno de los principales problemas en el contexto de las organizaciones es el uso de Excel como herramientas de análisis. Este tipo de herramientas fomenta la aparición de silos de información y problemas de integridad de datos. Algunos fabricantes optan por un enfoque en el que gestionan de manera eficiente el uso de Excel como interfaz de trabajo.

- Inclusión de algoritmos avanzados de gestión de grandes cantidades de datos en los motores del *data warehouse*. Entre los diferentes enfoques tenemos: uso de técnicas de consulta en paralelo de estructuras *grid*, uso de bases de datos en columnas, uso de motores *in memory* combinados con soluciones de compresión de datos para reducir la huella de los datos, es decir, el espacio físico que ocupa el dato.

- Uso de sistemas de almacenamiento no relacional provenientes de las empresas de social media, como LinkedIn, Facebook o incluso Google. Entre estas soluciones tenemos protocolos como Hadoop o Map/Reduce. Este tipo de enfoques se combinan con los anteriores para mejorar la escalabilidad.

- Uso de sistemas motores *complex event processing* (CEP), que permiten detectar eventos importantes a nivel de negocio y que permiten enlazar las soluciones de inteligencia de negocio con la operativa a un nivel de eficacia mucho mayor. *Complex event processing* permite monitorizar grandes flujos de datos en busca de eventos de negocio importantes que deban mostrar alertas y, por lo tanto, generar acciones.

4) El impacto del *open source business intelligence* (OSBI): desde hace muchos años existen soluciones de inteligencia de negocio *open source*, y eso puede parecer sorprendente dado que el eco mediático destacable se sitúa en los últimos cuatro o cinco años. En este libro hemos estado trabajando con una de estas soluciones, pero el impacto se sitúa en todas las capas de la inteligencia de negocio.

5) Una necesidad crítica: en los últimos años las empresas han identificado que la inteligencia de negocio es una necesidad crítica para la estrategia de negocio. Por ello, actualmente están ejerciendo una influencia positiva sobre la tecnología para cubrir sus necesidades. Por ejemplo, en:

- Mejorar la capacidad de análisis.
- Facilitar el análisis de grandes volumetrías de datos mediante técnicas visuales.
- Demandar capacidades de integración de datos corporativos estructurados con todo tipo de datos, ya sean estructurados o no.
- Crear soluciones que permitan el desarrollo de elementos de análisis de manera colaborativa.

3. 2015: el año del dato

Es necesario comentar que el proceso de calado de las tendencias puede ser lento. Algunas de las tendencias de los años 2008, 2009 y 2010 aún son prioridades para muchas organizaciones y distan de estar completamente consolidadas. Pero es necesario dar un salto a la actualidad.

2015 se ha caracterizado a nivel mundial por ser un periodo en el que *big data* se ha transformado en la principal tendencia en el mercado. Cabe comentar que aunque se perciben como mercados independientes, la realidad es que la generación de valor pasa por combinar de manera adecuada las diferentes estrategias de negocio que existen. Podemos destacar las siguientes tendencias que han marcado este año:

1) Madurez del *big data*. En el contexto del *big data* se ha pasado de un foco en la tecnología a un foco en los casos de negocio. Se han empezado a identificar casos de uso, tanto verticales como horizontales, lo que permite comprender mejor los beneficios de esta estrategia. La implementación de *big data* hace unos años requería profundos conocimientos técnicos. Actualmente, estamos hablando ya de ecosistemas, soluciones y plataformas preparadas para las necesidades empresariales y casos de uso encapsulados que son más fáciles y rápidos de implementar. Las tecnologías de *big data* cada vez son más maduras y esto está permitiendo su adopción.

2) Más allá de Hadoop. Hadoop es una de las principales tecnologías en el mercado de *big data* y a veces se confunden estos términos. Pero es solo una de las que existen y que permiten capturar, procesar, almacenar y analizar datos. Para ciertas aplicaciones de negocio es necesario combinar varias tecnologías con el fin de generar el valor del dato. Por ello, en realidad estamos en un escenario más allá de Hadoop. Han emergido una nueva serie de tecnologías que complementan y/o sustituyen Apache Hadoop, como es el caso de Apache Spark.

3) La siguiente revolución: HW. La gran mayoría de las tecnologías de *big data* están vinculadas con el software. Pero la gestión del dato requiere estrategias vinculadas con el hardware también. Ejemplos como los de Facebook, apalancándose en el uso de almacenamiento flash, abren la puerta a los futuros tratamientos de los datos.

4) Convergencia BI/BA/*big data*. Los casos de uso de *big data* están demostrando que el valor no está en la capacidad de almacenar o procesar el dato, sino en la capacidad de generar valor. El valor se genera o bien a través de la inteligencia de negocio o bien de la analítica de negocio. Por ello, estamos observando una progresiva convergencia de las tecnologías en los proyectos.

5) Analítica pervasiva. Actualmente las empresas se están transformando en organizaciones digitales. Eso significa que cada proceso e interacción deja un rastro susceptible de ser analizado. Pero no solo se trata de entender el proceso, sino de optimizarlo y aquí es donde desempeña un papel fundamental el *analytics*. Estamos viendo cómo cada vez más empresas están optimizando sus procesos de negocio en múltiples sectores a partir de los datos y del uso de algoritmos.

6) Tiendas de aplicaciones analíticas. Es cierto que las organizaciones se están digitalizando y tienen cada vez más interés en este tipo de estrategias. Sin embargo, no todas las empresas tienen las competencias necesarias para diseñar e implementar estas iniciativas. Algunas empresas crearán equipos internos, otras se apoyarán en el *outsourcing*, pero hay una tercera vía. Y son tiendas de aplicaciones analíticas a la carta, con usos analíticos encapsulados, fáciles de consumir y usar. De hecho, en áreas como el análisis de sentimiento ya tenemos este tipo de posibilidades; tan solo es necesario conectar el dato y empezar a generar valor.

7) Visualización de datos y *storytelling*. Teniendo en cuenta que estamos usando conjuntos de datos más complejos y al mismo tiempo técnicas más sofisticadas, se incrementa al mismo tiempo la explicación, la comunicación del valor. Aquí es donde estamos siendo afortunados y estamos viviendo una explosión de nuevas tecnologías y estrategias vinculadas con la visualización del dato para explicar mejor sus relaciones, y también con el uso de las historias para justificar y explicar el uso de hechos y datos.

4. Más allá del 2015

Pero no podemos quedarnos en lo que ha pasado o está pasando, debemos mirar ya al futuro y tener en cuenta alguna de las tendencias que potencialmente marcarán los siguientes años.

1) La emergencia del CDO. Al transformase el dato en un activo crucial para el desarrollo de nuevos productos o servicios, un nuevo rol está emergiendo: el *chief data office*. Este rol tiene la responsabilidad de gestionar todas las iniciativas de datos en la organización y debería apuntar a cinco prioridades principales:

- Encontrar formas de explotar los datos actuales en la organización.
- Aumentar el valor del dato mediante la combinación de fuentes internas y externas.
- Identificar formas de monetizar el dato.

- Asegurar privacidad y seguridad para con el dato.
- Establecer la gobernanza del dato.

2) Computación cognitiva[48]**, *deep learning***[49] **y *machine learning***[50]. A medida que las organizaciones van madurando sus capacidades analíticas y sus demandas se van volviendo más sofisticadas y se quieren resolver problemas más sofisticados, estamos viviendo un auge de la computación cognitiva, *deep learning* y *machine learning* en las plataformas de BI.

3) Emergencia de ecosistemas y arquitecturas. Conforme aparecen más casos de uso, han emergido nuevas arquitecturas, como las arquitecturas Kappa y Lambda para dar respuestas a la necesidad de combinar procesamiento en tiempo real y en lotes. Al mismo tiempo, los ecosistemas evolucionan a mucha velocidad para incluir mayores prestaciones profesionales, como seguridad o *data governance*, así como más componentes de conectividad y de procesamiento. Captar la atención de los desarrolladores en el ecosistemas resulta clave para el éxito de la tecnología base.

4) Fusiones y adquisiciones en el mercado. El final del año 2015 se ha caracterizado por una creciente cantidad de fusiones y adquisiciones de empresas en este sector. Uno de los fenómenos más interesantes es que estas adquisiciones ya no son solo feudo de empresas como IBM, SAP u Oracle; empresas como Monsan-

48. Hace referencia a hardware y/software que simula el funcionamiento del cerebro humano para tomar decisiones. El aprendizaje se fundamenta en instrucciones y experiencia. Por ejemplo, Watson Analytics es un sistema cognitivo creado por IBM.
49. Hace referencia a una nueva área dentro de *machine learning*, cuyo foco es la inteligencia artificial fundamentada en un grupo de algoritmos que intentan crear modelos abstractos de datos usando diferentes capas de transformaciones o estructuras. Entre estos algoritmos nos encontramos las redes neuronales.
50. Hace referencia a una rama de la informática que ha evolucionado desde el estudio y reconocimiento de patrones hacia la inteligencia artificial. Se fundamenta en diferentes tipos de algoritmos clasificados en aprendizaje supervisado, no supervisado y basado en refuerzos.

to, Telefónica o BBVA, por poner algunos ejemplos, también han comprado empresas para reforzar o adquirir sus capacidades analíticas.

5) Crecimiento de la oferta mundial. McKinsey estima que habrá un *gap* en el talento analítico de más de doscientos mil profesionales en 2018. Incluso con la explosión de programas académicos en todo el mundo, este problema va a persistir durante mucho tiempo. Esto abre la puerta a la aparición de múltiples nuevos actores que proporcionen servicios profesionales en esta área. Por contextualizar en España, según Delfos Research hay más de trescientas empresas con sede en el país que ofrecen *big data*, *business analytics* y *business intelligence*[51].

6) Cuarta revolución industrial. La internet de las cosas, los sistemas ciberfísicos (CPS)[52], la analítica de datos, *big data* y la cultura *maker*[53] están fundamentando una nueva manera de organizar los medios de producción. Esta nueva manera corresponde a lo que se denomina fábricas inteligentes, capaces de una mayor adaptabilidad a las necesidades y a los procesos de producción, así como a una asignación más eficaz de los recursos, lo que abre la vía a una nueva revolución industrial. No solo se trata de la digitalización de las fábricas, sino también del uso del dato y las tecnologías de la información para la optimización y automatización de los procesos de esta.

51. El listado de empresas se encuentra disponible en la primera guía de estrategias de datos.
52. Se trata de una plataforma de componentes informáticos que se coordina e integra eficazmente con los procesos físicos con el objetivo de controlarlos.
53. El término hace referencia a un movimiento contemporáneo que representa una extensión basada en la tecnología de la cultura DIY (hágalo usted mismo) con intereses en actividades orientadas a la ingeniería, como la electrónica, la robótica o la impresión 3D.

Abreviaturas

ASP *Application service provider.*
BA *Business analytics.*
BI *Business intelligence.*
BICC *Business intelligence competency center.*
CBPP *Commons-based peer production.*
CDO *Chief data officer.*
CRM *Customer relationship management.*
IaaS *Infraestructure as a service.*
MDM *Master data management.*
NoSQL *Not-only SQL.*
OLAP *On-line analytical processing.*
OS *Open source.*
PaaS *Platform as a service.*
ROI *Return on investment.*
SaaS *Software as a service.*
SW Software.
TCO *Total cost ownership.*

Anexo

Recursos en *business intelligence*

A continuación se recopilan algunas de las principales fuentes de información para estar al día en el mercado *business intelligence.* Cabe comentar que esta lista de recursos ha ido evolucionando con el tiempo y que ha sido seleccionada por su relevancia con respecto a los contenidos de este libro.

1) Portales

Los portales aúnan a los principales expertos del mercado con el objetivo de que ofrezcan su opinión y conocimiento a sus lectores.

- BeyeNETWORK. El principal portal de expertos y noticias de *business intelligence* donde escriben expertos reconocidos a nivel mundial. URL: http://www.b-eye-network.com.
- BI-SPAIN. Portal de noticias de *business intelligence* tanto de ámbito nacional como internacional. URL: http://www.bi-spain.com.
- Dataprix. Portal en español que intenta aunar contenidos propios y de diferentes fuentes en un mismo marco con el objetivo de compartir conocimiento. URL: http://www.dataprix.com.
- AllTops Business Intelligence. Agregador de noticias de *business intelligence* de diferentes fuentes. URL: http://business-intelligence.alltop.com.
- Information Management (anteriormente DM Review). Portal creado en 1997 y relanzado bajo su nombre actual en 20067 que busca ser el referente el sector. URL: http://www.information-management.com.
- SmartData Collective. Otra comunidad de expertos en *business intelligence* y aplicaciones empresariales. URL: http://smartdatacollective.com.
- Intelligence Enterprise. portal con artículos especializados sobre tecnología que incluye artículos sobre *business intelligence* y *big data*. URL: http://www.intelligententerprise.com.

2) Comunidades

Las comunidades buscan compartir experiencias, problemas, soluciones y conocimientos comunes. Están formadas por profesionales del sector y, normalmente, vinculadas a una tecnología. Se han seleccionado las siguientes:

- BBBT. Comunidad de analistas y profesionales independientes en el mundo del análisis de datos. URL: www.bbbt.us.
- Open Business Intelligence. Comunidad creada por TodoBI para el mundo *open source business intelligence*. URL: http://www.redopenbi.com.
- SQL Server Central. Comunidad de desarrolladores de SQL Server, con grupos dedicados al desarrollo de proyectos de *data warehousing*. URL: http://www.sqlservercentral.com.
- SQL Server Data Mining. Comunidad de desarrolladores de minería de datos con la solución de Microsoft.
- Data Quality Pro. Comunidad de profesionales interesados en la calidad de datos. URL: http://www.dataqualitypro.com.
- Data Science Central. Comunidad que trata temas vinculados con la ciencia de los datos. URL: http://www.datasciencecentral.com/.

3) Blogs

La blogósfera incluye gran cantidad de expertos que comparten su conocimiento por medio de interesantes artículos. Cabe destacar:

- Josep Curto. Página personal del autor sobre *business intelligence*, *business analytics* y *big data*. URL: www.josepcurto.com.
- Informatica++. #Business Intelligence#. Categoría de *business intelligence* del blog de los Estudios de Informática,

Multimedia y Telecomunicación de la UOC. URL: http://informatica.blogs.uoc.edu/category/business-intelligence-2/.

- TodoBI. Uno de los blogs más antiguos de BI en España, creado por Emilio Arias, fundador de Stratebi. URL: http://www.todobi.blogspot.com.
- Business Intelligence fácil. Blog creado por Pau Urquizu en el que se tratan temáticas de BI. URL: http://www.businessintelligence.info.
- Business Intelligence Blog. Blog creado por José María Arce, experto en el análisis de datos. URL: http://josemariaarce.blogspot.com.
- SQL Server Sí! Blog de Salvador Ramos. Especialista *business intelligence* en tecnologías Microsoft. URL: http://www.sqlserversi.com.
- ¿Dónde está Avinash cuando se le necesita? Blog de Gemma Muñoz, cofounder & CEO @elartedemedir y socia @kschoolcom. URL: http://dondeestaavinashcuandoselenecesita.com.
- Business Inteligence. Blog de Howard Dresner, conocido por haber acuñado el término moderno de BI. URL: www.businesssintelligence.blogspot.com.
- Upstream Info. Blog de Augusto Albeghi. URL: http://augusto-aldeghi.squarespace.com/.
- Business Analytics News. Blog de Marcus Borba, consultor y analista independiente. URL: http://mjfbbooks.blogspot.com.
- Peter Thomas. Experto en *business intelligence*. URL: http://peterthomas.wordpress.com.
- James Dixon. Blog de James Dixon, CTO de Pentaho. URL: http://jamesdixon.wordpress.com.

- The open book on BI. Blog de Brian Gentile, VP Analytics en TIBCO JasperSoft. URL: http://openbookonbi.blogspot.com.
- Julian Hyde. Blog de Julian Hyde, creador de Mondrian. URL: http://julianhyde.blogspot.com/.
- Timo Elliot. Blog de Timo Elliot de SAP, evangelista de productos de análisis de datos. URL: http://timoelliott.com.

Además, recomendamos el siguiente recopilatorio de blogs sobre *data science*: https://github.com/rushter/data-science-blogs.

4) Institutos

Existen ciertas entidades que desde hace años establecen guías, cursos y análisis para el desarrollo de proyectos de inteligencia de negocio.

- The Data Warehouse Institute (TDWI). Una de las principales instituciones del sector especialista en formaciones que realiza diversos estudios a lo largo del año. URL: http://www.tdwi.org.
- The MDM Institute. Fundado con el objetivo de recopilar toda la información respecto a MDM en el mercado. URL: http://www.tcdii.com.
- The Data Governance Institute. Afiliado con BeyeNETWORK, persigue recopilar prácticas de Data Governance. URL: http://www.datagovernance.com.

5) Másteres

En los últimos años hemos asistido a una explosión en el ámbito de la educación vinculada con *big data* y *analytics*, al mismo tiempo que la aparición de MOOC[54] sobre estas temáticas.

En el ámbito español, cabe destacar el máster en *business intelligence* de la Universitat Oberta de Catalunya (modalidad *online* con una duración de dos años). Se trata de uno de los principales másteres en *business intelligence* de España y está formado por dos itinerarios y seis especializaciones, que cubren los principales conocimientos necesarios para desarrollar una carrera profesional en este ámbito. Ha cumplido diez años y ofrece dos ediciones al año. URL: http://estudios.uoc.edu/es/masters-posgrados-especializaciones/master/informatica-multimedia-telecomunicacion/inteligencia-negocio-big-data/presentacion.

Otros programas reconocidos son los de EOI y UPC, a los que se han unido algunos creados en los últimos años, como U-TAD o IE Business School. Cabe comentar que el Centro de Excelencia de Big Data en Barcelona ha creado una lista de la formación disponible en Cataluña: http://www.bigdatabcn.com/activitats/acces-a-loferta-formativa-en-big-data/.

En el ámbito internacional, la oferta se ha ido multiplicando también. Las universidades y escuelas de negocio más prestigiosas están ofreciendo su propio programa. Kdnuggets tiene una lista clasificada por áreas geográficas y países, que si bien no es exhaustiva, puede servir de referencia: http://www.kdnuggets.com/education/index.html.

54. Es el acrónimo de *massive online open course* y hace referencia a cursos de libre acceso a través de la web que soportan una gran cantidad de estudiantes al mismo tiempo.

En el ámbito de MOOC, destacamos las siguientes webs donde es necesario ir revisando de manera periódica los cursos disponibles:

- Coursera: www.coursera.org.
- edX: http://www.edx.org.
- MiriadaX: http://www.miriadax.net.

6) Análisis de mercado

Existen múltiples empresas que se especializan en el análisis del estado del mercado *business intelligence* y *big data*. Destacamos:

- BARC Research. Empresa especializada desde hace años en el mercado de datos. Ha ido cambiando de nombre desde OLAP Report a BI veredict a su forma actual. URL: http://barc-research.com.
- Gartner. Empresa de análisis de mercado que dedica alguno de sus cuadrantes mágicos, así como otros informes, a la inteligencia de negocio y *big data*. URL: http://www.gartner.com.
- Forrester Research. Empresa de análisis de mercado que dedica alguno de sus *waves* a la inteligencia de negocio. URL: http://www.forrester.com.
- IDC. Empresa de análisis de mercado que dedica parte de sus informes a *business intelligence*, *business analytics* y *big data*. URL: www.idc.com.
- Delfos Research. Empresa especializada en la investigación de mercado de datos y en la transformación digital. URL: www.delfosresearch.com.

7) *Social media*

YouTube/Vimeo/TED

Se han convertido en tres de los principales canales de comunicación y promoción de contenidos. La gran mayoría de los fabricantes de *business intelligence* y *big data* tienen su propio canal en YouTube y/o Vimeo y es recomendable seguirlos en el caso de estar interesados por conocer en mayor detalle su oferta y su visión. Destacamos como recurso el canal de los Estudios de Informática, Multimedia y Telecomunicación (EIMT) de la Universitat Oberta de Catalunya: UOC EIMT, Canal en Vimeo de EIMT al que pertenecen los diferentes programas y especializaciones de la UOC vinculados con *big data* y *business intelligence*. URL: https://vimeo.com/eimt.

También destacamos las charlas en TED vinculadas al tema de *big data* y *analytics*:

- Charlas sobre *big data* en TED: http://www.ted.com/search?q=big+data.
- Charlas sobre *analytics* en TED: http://www.ted.com/search?q=analytics.
- Charlas sobre *data visualization* en TED: http://www.ted.com/search?q=data+visualization.

Facebook

Como en el caso de YouTube, en Facebook, poco a poco, también están apareciendo algunas organizaciones y empresas. Recomendamos seguirlos en el caso de estar interesados por conocer en mayor detalle su oferta y su visión.

Slideshare

Comprada por LinkedIn, permite compartir presentaciones y documentos. Algunos expertos y organizaciones comparten algunas presentaciones realmente interesantes. Destacamos:

- TDWI: http://www.slideshare.net/tdwi.
- Mark Madsen: http://www.slideshare.net/mrm0.
- Darren Cunningham: http://www.slideshare.net/dcunni07.
- Josep Curto: http://www.slideshare.net/josep.curto.
- Timo Elliot: http://www.slideshare.net/timoelliott.
- Jos van Dongen: http://www.slideshare.net/jvdongen.

Twitter

Es uno de los canales de *social media* que está creciendo más rápidamente a razón de las interesantes conversaciones que se generan. Shawn Rogers ha creado una lista de cuentas de Twitter de *business intelligence*. Es posible consultarla en: http://spreadsheets.google.com/ccc?key=ppfitTGNfaCuf1l9u4Au4JQ.

Por otro lado, destacamos:

a) Empresas

- Hortonworks: http://twitter.com/Hortonworks.
- Cloudera: http://twitter.com/Cloudera.
- Platfora: http://twitter.com/Platfora.
- MapR: http://twitter.com/MapR.
- Teradata: http://twitter.com/Teradata.
- Jitterbit: http://twitter.com/jitterbit.
- Qlikview: http://twitter.com/QlikView.
- Eobjects: http://twitter.com/eobjects.
- JasperSoft: http://twitter.com/Jaspersoft.
- Pentaho: http://twitter.com/pentaho.

- IBM Cognos: http://twitter.com/ibm.
- TDWI: http://twitter.com/TDWI.
- Tibco Spotfire.
- Infobright: http://twitter.com/infobright.
- Information Management: http://twitter.com/infomgmt.
- Microstrategy: http://twitter.com/microstrategy.

b) Expertos

- Peter Thomas: http://twitter.com/PeterJThomas.
- Matt Assay: http://twitter.com/mjasay.
- Marcus Borba: http://twitter.com/marcusborba.
- James Dixon: http://twitter.com/jamespentaho.
- Pedro Alves: http://twitter.com/pmalves.
- Will Gorman: http://twitter.com/wpgorman.
- Matt Casters: http://twitter.com/mattcasters.
- Curt Monash: http://twitter.com/CurtMonash.
- Josep Curto: http://twitter.com/josepcurto.
- Lance Walter: http://twitter.com/lancewalter.
- Diego Arenas: http://twitter.com/darenasc.
- Wayne Ekerson: http://twitter.com/weckerson.
- Mark Madsen: http://twitter.com/markmadsen.
- Julian Hyde: http://twitter.com/julianhyde.
- Seth Grimes: http://twitter.com/SethGrimes.
- Richard Hackathorn: http://twitter.com/hackathorn.
- Salvador Ramos: http://twitter.com/salvador_ramos.
- Mervyn Adrian: http://twitter.com/merv.

LinkedIn

Existen múltiples grupos en LinkedIn; de todos ellos destacamos solo uno por su comunidad y la calidad de sus contenidos, Kdnuggets: https://www.linkedin.com/grp/home?gid=54257.

8) Eventos

Recomendamos los siguientes eventos por su calidad en contenidos y ponentes:

- Strata Conference: http://strataconf.com.
- Big Data Spain: http://www.bigdataspain.org.
- Big Data Science Fighters: http://datasciencefighters.com.

9) Recursos

Los siguientes recursos resultan de utilidad en el momento de implementar un proyecto de inteligencia de negocio:

- KPI Library. Blog que recopila indicadores clave de negocio (KPI, *key performance indicador*) por áreas de negocio y temáticas con el objetivo de facilitar la identificación de indicadores de rendimiento en proyectos de *business intelligence*. URL: http://www.kpilibrary.com.
- KDNuggets. Web que recopila toda la información existente sobre minería de datos. URL: http://www.kdnuggets.com.
- Thearling. Web que recopila artículos e información sobre minería de datos. URL: http://www.thearling.com.

10) Soluciones *open source*

En el terreno de empresas *open source business intelligence* destacan las siguientes:

- Pentaho. Una de las soluciones completas líderes del mercado *open source*, que integra ETL, *reporting*, OLAP, *data mining* y *dashboards*. URL: http://www.pentaho.com.
- JasperSoft. Una de las soluciones completas líderes del mercado *open source*, que integra ETL, *reporting*, OLAP, *data mi-*

ning y *dashboards*. Comparte motor OLAP con Pentaho y su herramienta de ETL es la de Talend. URL: http://www.jaspersoft.com.

- LucidDB. Base de datos en columnas *open source*, óptima para análisis OLAP. URL: http://www.luciddb.org.
- SpagoBI. Una de las soluciones completas líderes del mercado *open source* que integra ETL, *reporting*, OLAP, *data mining* y *dashboards*. Se diferencia del resto en que solo existe una versión *community* y que es completamente modular. URL: https://www.spagoworld.org/.
- OpenReports. Solución que se basa en la integración de los tres motores de *reporting open source* existente y el motor OLAP Mondrian. URL: http://oreports.com.
- OpenI. Solución *business intelligence* basada en Mondrian. URL: http://www.openi.org.
- MonetDB. Base de datos en columnas *open source*, óptima para análisis OLAP. URL: http://monetdb.cwi.nl.
- Ingres. Base de datos relacional de gran escalabilidad y rendimiento. Ofrece *appliances* con JasperSoft, SpagoBI y Alfresco. URL: http://www.ingres.com.
- Infobright. Motor analítico de gran rendimiento para procesos de *data warehousing*. Integrada con MySQL. URL: http://www.infobright.com.
- RapidMiner. Solución de minería de datos madura. Ofrece versión comercial y comunitaria. URL: http://rapidminer.com.
- PMML. PMML (Predictive Model Markup Languaje) es una *markup language* para el diseño de procesos estadísticos y de minería de datos. Usado por la gran mayoría de las soluciones del mercado. URL: http://sourceforge.net/projects/pmml.
- Jitterbit. Solución EAI que permite la integración de datos y aplicaciones. URL: http://www.jitterbit.com.

- Teiid. Solución EAI que permite la integración de datos y aplicaciones. URL: http://www.jboss.org/teiid.
- Vainilla / BPM-Conseil. *Suite business intelligence* de origen francés que nace con el objetivo de suplir las carencias de Pentaho y que cubre las principales necesidades de un proyecto de inteligencia de negocio. URL: http://www.bpm-conseil.com.
- DataCleaner. Solución *open source* para la calidad de datos. URL: http://eobjects.org.
- Palo BI Suite. Solución *open source* para la gestión de *spreadmarts*, planificación y presupuestación basada en un motor MOLAP. URL: http://www.jedox.com.
- Octopus. Solución *open source* para el desarrollo de procesos ETL. URL: http://www.together.at/.
- Xineo. Solución *open source* para el desarrollo de procesos ETL. URL: http://sourceforge.net/projects/cb2xml.
- CloverETL. Solución *opensource* para el desarrollo de procesos ETL. URL: http://www.cloveretl.com.
- BabelDoc. Solución *open source* para manipular flujos de datos. URL: http://sourceforge.net/projects/babeldoc.
- Joost. Solución *open source* para el desarrollo de procesos ETL sobre ficheros XML. URL: http://joost.sourceforge.net.
- jRubik. Cliente OLAP para Mondrian. URL: http://rubik.sourceforge.net.
- Talend. Versátil y potente solución *open source* para el desarrollo de procesos ETL que genera *scripts* en Perl o Java. También tiene productos de *data quality* y MDM. URL: http://www.talend.com.
- CB2XML. Solución *open source* para exportar ficheros XML a Cobol. URL: http://sourceforge.net/projects/cb2xml.

- Transmorpher. Solución *open source* para construir procesos de ETL en ficheros XLST. URL: http://transmorpher.gforge.inria.fr.
- Apatar. Solución *opensource* para el desarrollo de procesos ETL. URL: http://apatar.com.
- BIRT. Solución completa *opensource* para la creación de informes con capacidades de integración en cualquier aplicación J2EE. Auspiciado por Actuate y la fundación Eclipse. URL: http://www.eclipse.org/birt/phoenix.
- R-project. Solución completa estadística y de *data mining* proveniente del contexto universitario. Information Builders ha creado un módulo gráfico para incluirla en su paquete de soluciones. URL: http://www.r-project.org.
- Weka. Solución completa de *data mining* basada en algoritmos de aprendizaje automático procedente del contexto universitario. Ha sido comprada por Pentaho. URL: http://www.cs.waikato.ac.nz/ml/weka.
- MySQL. Base de datos *open source*, actualmente propiedad de Oracle, que puede ser usada en proyectos de *data warehousing*. URL: www.mysql.com.
- PostgreSQL. Base de datos *open source* que puede ser usada en proyectos de *data warehousing*. URL: www.postgresql.org.
- EnterpriseDB. Base de datos *open source* orientada a proyectos de *data warehousing* basada en PostgreSQL. URL: http://www.enterprisedb.com.
- GreenPlum. Base de datos *open source* especializada en procesos de *data warehousing* que permite el uso de tecnologías *grid* como Map Reduce. URL: http://www.greenplum.org.
- MongoDB. Base de datos *open source* NoSQL orientada a documentos. URL: www.mongodb.com.

- Neo4j. Base de datos *open source* NoSQL orientada a grafos. URL: http://neo4j.com.

11) Soluciones propietarias

Destacamos algunas de las principales empresas de inteligencia de negocio:

a) *Suites* BI tradicionales

- Information Builders. Plataforma de desarrollo de aplicaciones BI. También tienen una solución de integración sumamente potente con más de trescientos conectores. URL: http://www.informationbuilders.com.
- IBM Cognos. IBM ha comprado Cognos y SPSS para incluir en su portafolio de productos una potente solución de inteligencia de negocio. URL: http://www-01.ibm.com/software/data/cognos.
- SAP. SAP ofrece múltiples soluciones, entre las que destaca SAP Hana. URL: http://www.sap.com.
- Microstrategy. Una de las pocas soluciones de BI que no han sido compradas. Destaca por su potente capa de elementos de análisis. No incluye una herramienta de ETL. Actualmente existe una versión gratuita de funcionalidades reducidas. URL: http://www.microstrategy.com.
- Oracle. Oracle ha comprado Hyperion y otras soluciones para tener una *suite* de productos de BI versátil y completa. URL: http://www.oracle.com.
- Panorama. Es una de las empresas tradicionales del sector y frecuentemente hace productos innovadores que son comprados por otras empresas. URL: http://www.panorama.com.

- Apesoft. Empresa española que ofrece una *suite* flexible con un enfoque basado en Excel siguiendo un enfoque pragmático. URL: http://www.apesoft.com.
- Opentext. Empresa que ha comprado Actuate (y esta a su vez, Quiterian) y ofrece una solución completa de *business intelligence* y *analytics* propietaria que ofrece su motor de *reporting* BIRT en versión *open source*. URL: http://www.opentext.com.

b) Minería de datos

- SAS. Solución de minería de datos que incluye otros módulos que la convierten en una *suite* completa. URL: http://www.sas.com.
- Delta Miner. Solución que incluye algoritmos de minería de datos en cuadros de mando e informes. URL: http://www.bissantz.com.
- Kxen. Solución de minería de datos orientada como un *framework* analítico. URL: http://www.kxen.com.

c) Mobile BI

- PushBI. Empresa orientada a soluciones de movilidad en el entorno de la inteligencia de negocio.
- RoamBI. Empresa localizada en soluciones de movilidad para inteligencia de negocio. URL: http://www.roambi.com.

d) ETL

- Informatica. Empresa con potentes soluciones de integración de datos así como de *data management*. URL: http://www.informatica.com.

- Expressor. Solución para integración de datos mediante el uso de capa de metadatos. URL: http://www.expressor-software.com.

e) *Data warehouse*

- Teradata. Empresa que ofrece una solución *appliance* (hardware + software) para realizar *analytics*. URL: http://www.teradata.com.
- Paraccel. Empresa que ofrece una solución *appliance* para realizar *analytics*.
- Asterdata. Empresa que ofrece una solución *appliance* para realizar *analytics*; además, incluye el uso de Map Reduce. URL: http://www.asterdata.com.
- Kognitio. Solución para *data warehousing* no basada en hardware que permite consultas masivas en paralelo, instalable en sistemas de IBM, HP u otros. URL: http://www.kognitio.com.
- I-lluminate. Empresa que ofrece una solución de *data warehouse* basada en la correlación de datos.
- Dataupia. Ofrece una *appliance* para la implantación de un *data warehouse*. URL: http://www.dataupia.com.

f) Visualización

- DataWatch. Solución *in-memory* de análisis visual de grandes volúmenes de datos cercano a tiempo real. URL: http://www.datawatch.com.
- QlikView. Solución *in-memory* basada en AQL que proporciona un desarrollo ágil de informes y cuadros de mandos dinámicos. URL: http://www.qlikview.

- Tableau Software. Flexible solución orientada a crear elementos visuales de análisis para usuarios finales. URL: http://www.tableausoftware.com.
- Lyza. Solución orientada al usuario final multiplataforma que potencia el desarrollo colaborativo.
- Tibco Spotfire. Solución de inteligencia de negocio que destaca por sus capacidades de visualización. http://spotfire.tibco.com.

g) SaaS

- GoodData. *Business intelligence* en modalidad SaaS que pone el foco en el aspecto colaborativo. URL: http://www.gooddata.com.
- BIRST. *Business intelligence* en modalidad SaaS. URL: http://www.birst.com.
- Sisense. Otra solución que ofrece BI en modalidad SaaS. URL: http://www.sisense.com.

h) CEP/*streaming* de datos

- SQLStream. Motor para realizar *streaming* de datos casi a tiempo real. URL: http://www.sqlstream.com.
- Progress Software. Motor de CEP que ofrece capacidades de extraer de flujos en tiempo real e incorporarlos a un motor de eventos y establecer una monitorización. URL: http://www.progress.com.

i) NoSQL

- MarkLogic. Base de datos NoSQL orientada a documentos: www.marklogic.com.

12) *Big data*

Hay una explosión de fabricantes en el contexto de *big data*. Muchos de estos fabricantes combinan opciones *open source* y soporte, mientras que otros, a partir de los componentes de Apache Hadoop, Spark o Flink, han creado una plataforma de pago. Destacamos:

- Hortonworks. URL: www.hortonworks.com.
- Cloudera. URL: www.cloudera.com.
- MapR. URL: www.mapr.com.
- Platfora. URL: www.platfora.com.
- Databricks. URL: www.databricks.com.
- Datameer. URL: www.datameer.com.
- DataStax. URL: www.datastax.com.
- Stratio. URL: www.stratio.com.
- Splunk. URL: www.splunk.com.
- Palantir. URL: www.palantir.com.
- DataArtisans: http://data-artisans.com.

Además, recomendamos este listado de tecnologías/fabricantes: https://github.com/onurakpolat/awesome-bigdata y, similar, pero en el contexto de visualización: https://github.com/fasouto/awesome-dataviz.

Bibliografía

Varios autores (2009, 2010, 2011, 2012, 2013, 2014, 2015, 2016). *Gartner Magic Quadrant for BI.* Gartner.

Varios autores (2014, 2015, 2016). *Gartner Magic Quadrant for Big Data.* Gartner.

Varios autores (2009, 2010, 2011, 2012, 2013, 2014, 2015, 2016). *Gartner Magic Quadrant for Data Integration.* Gartner.

Varios autores (2009, 2010, 2011, 2012, 2013, 2014, 2015, 2016). *Gartner Magic Quadrant for Data Warehouse.* Gartner.

Varios autores (2009, 2010, 2011, 2012, 2013, 2014, 2015, 2016). *The Forrester Wave: BI.* Forrester Research.

Varios autores (2009, 2010, 2011, 2012, 2013, 2014, 2015, 2016). *The Forrester Wave: Data Warehouse.* Forrester Research.

Varios autores (2009, 2010, 2011, 2012, 2013, 2014, 2015, 2016). *Worldwide Business Intelligence and Business Analytics Market Forecast.* IDC Research.

Varios autores (2014, 2015, 2016). *Data Strategies Market.* Delfos Research.